統計でみる都道府県のすがた

Statistical Observations of Prefectures

2024

総務省統計局

Statistics Bureau,

Ministry of Internal Affairs and communications

Japan

　社会・人口統計体系は、国民生活全般の実態を示す地域別統計データを収集・加工し、体系的に編成したものです。

　本書は、社会・人口統計体系の報告書として取りまとめた「社会生活統計指標－都道府県の指標－2024」の中から、主な指標値を選定し、各都道府県の指標が一覧できるように再編成したものです。各指標について都道府県別順位を付していますが、これは飽くまでも数値を見やすくするための目安としての利用に供するために付したものです。

　本書が、「社会生活統計指標－都道府県の指標－2024」と共に、国、地方公共団体等の各種行政施策、学術研究、地域分析等各方面で広く利用されることを期待します。

　なお、「統計でみる市区町村のすがた」も刊行しています。これら3部作に掲載されているデータは、過去のデータも含めて政府統計の総合窓口（e－Ｓｔａｔ）からも利用できますので、併せて御活用いただければ幸いです。

　　令和6年（2024年）2月

　　　　　　　　　　　　　　　　　　　　　　　総務省統計局長

　　　　　　　　　　　　　　　　　　　　　　　岩　佐　哲　也

Preface

The System of Social and Demographic Statistics of Japan is the systematic compilation of statistical data collected and processed by districts demonstrating the real living conditions of the country's population.

This report presents major indicators from the "Social Indicators by Prefecture 2024", which is a report that summarizes the system of social and demographic statistics of Japan, and recompiles such information to allow that indicators be observed by prefectures in a glance. Each indicator is ranked by prefecture in order to make it easily understandable.

I hope that this report will be widely used in various fields for administrative policy, academic research, regional analysis etc.

Furthermore, we have also published the "Statistical Observations of Municipalities". All contents of these reports are accessible from the web site of the Statistics Bureau, Ministry of Internal Affairs and Communications or the Portal Site of Official Statistics of Japan (e-Stat).

February 2024

IWASA Tetsuya
Director-General
Statistics Bureau
Ministry of Internal Affairs and Communications
Japan

目　　次

I　社会生活統計指標

II　基礎データの説明

Contents

指標名及び指標計算式
Name and Formulae of Indicators

　本表は、指標名及び各指標に付した指標コードと指標値の算出に用いた指標計算式の一覧表である。

　指標値の算出に当たって用いている基礎データについては、社会・人口統計体系の報告書「社会生活統計指標－都道府県の指標－2024」を参照のこと。

指 標 コ ー ド の 説 明

　１．指標コードは統計指標の項目符号を示す。

　　　なお、４欄目の「指標計算式」にあるコードは、基礎データの項目符号を示す。

　２．２桁目のアルファベットは分野区分を示す。

　３．３、４桁目の数字は大分類を示す。

　４．５桁目の数字は小分類を示す。

　５．６、７桁目の数字は項目を示す。

　６．８、９桁目の数字は副区分を示す。

　コードによる指標計算式の分母に【－１】が付されている場合は、分子のデータの年度の前年度のデータを用いていること、【＋１】が付されている場合は、同じく翌年度のデータを用いていることを示す。

No.	指標コード	指標名	指標計算式	単位	ページ
1	#A011000	総人口	A1101 総人口	万人	2
2	#A0110001	総人口(男)	A110101 総人口(男)	万人	2
3	#A0110002	総人口(女)	A110102 総人口(女)	万人	2
4	#A01601	外国人人口(人口10万人当たり)	A1700/A1101 外国人人口／総人口	人	2
5	#A01101	全国総人口に占める人口割合	A1101/A1101(全国) 総人口／全国総人口	%	3
6	#A01201	総面積1km²当たり人口密度	A1101/B1101 総人口／総面積(北方地域及び竹島を除く)	人	3
7	#A01202	可住地面積1km²当たり人口密度	A1101/B1103 総人口／可住地面積	人	3
8	#A01302	昼夜間人口比率	A6108 昼夜間人口比率	%	3
9	#A01401	人口集中地区人口比率(対総人口)	A1801/A1101 人口集中地区人口／総人口	%	3
10	#A03501	15歳未満人口割合(対総人口)	A1304 15歳未満人口割合	%	4
11	#A03503	65歳以上人口割合(対総人口)	A1306 65歳以上人口割合	%	4
12	#A03502	15～64歳人口割合(対総人口)	A1305 15～64歳人口割合	%	4
13	#A03401	年少人口指数	A1301/A1302 15歳未満人口×100／15～64歳人口	—	4
14	#A03402	老年人口指数	A1303/A1302 65歳以上人口×100／15～64歳人口	—	5
15	#A03403	従属人口指数	(A1301＋A1303)/A1302 (15歳未満人口＋65歳以上人口)×100／15～64歳人口	—	5
16	#A05101	人口増減率	(A1101/A1101【-1】)-1 (総人口／総人口(前年度))－1	%	5
17	#A05201	自然増減率	(A4101-A4200)/A1101 (出生数－死亡数)／総人口	%	5
18	#A05202	粗出生率(人口千人当たり)	A4101/A1101 出生数／総人口	—	5
19	#A05203	合計特殊出生率	A4103 合計特殊出生率	—	6
20	#A05204	粗死亡率(人口千人当たり)	A4200/A1101 死亡数／総人口	—	6
21	#A0521901	年齢調整死亡率(男)(人口千人当たり)	A424001 年齢調整死亡率(男)	—	6
22	#A0521902	年齢調整死亡率(女)(人口千人当たり)	A424002 年齢調整死亡率(女)	—	6
23	#A05205	年齢別死亡率(0～4歳)(人口千人当たり)	A4201/A1201 死亡数(0～4歳)／0～4歳人口	—	7
24	#A05218	年齢別死亡率(65歳以上)(人口千人当たり)	A4231/A1303 死亡数(65歳以上)／65歳以上人口	—	7
25	#A05307	転入超過率	(A5103-A5104)/A1101 (転入者数－転出者数)／総人口	%	7
26	#A05308	転入率	A5103/A1101 転入者数／総人口	%	7
27	#A05309	転出率	A5104/A1101 転出者数／総人口	%	7
28	#A05304	流入人口比率(対総人口)	A6106/A1101 流入人口(他県に常住している人口)／総人口	%	8
29	#A05305	流出人口比率(対総人口)	A6104/A1101 流出人口(他県で従業・通学している人口)／総人口	%	8
30	#A06103	一般世帯数	A710101 世帯数(一般世帯)	万世帯	8
31	#A0610101	全国一般世帯に占める一般世帯割合	A710101/A710101(全国) 世帯数(一般世帯)／世帯数(全国一般世帯)	%	8

No.	指標コード	指標名	指標計算式	単位	ページ
32	#A06102	一般世帯の平均人員	A710201/A710101 一般世帯人員数／世帯数(一般世帯)	人	9
33	#A06202	核家族世帯の割合(対一般世帯数)	A810102/A710101 核家族世帯／世帯数(一般世帯)	%	9
34	#A06205	単独世帯の割合(対一般世帯数)	A810105/A710101 単独世帯／世帯数(一般世帯)	%	9
35	#A06301	65歳以上の世帯員のいる世帯割合(対一般世帯数)	A8111/A710101 65歳以上の世帯員のいる世帯／世帯数(一般世帯)	%	9
36	#A06302	夫65歳以上、妻60歳以上の夫婦のみの世帯割合(対一般世帯数)	A8201/A710101 夫65歳以上、妻60歳以上の夫婦のみの世帯数／世帯数(一般世帯)	%	9
37	#A06304	65歳以上世帯員の単独世帯の割合(対一般世帯数)	A8301/A710101 65歳以上世帯員の単独世帯数／世帯数(一般世帯)	%	10
38	#F01503	共働き世帯割合(対一般世帯数)	F1501/A710101 共働き世帯数／世帯数(一般世帯)	%	10
39	#A06601	婚姻率(人口千人当たり)	A9101/A1101 婚姻件数／総人口	―	10
40	#A06602	離婚率(人口千人当たり)	A9201/A1101 離婚件数／総人口	―	10
41	#B011001	総面積(北方地域及び竹島を含む)	B1102 総面積(北方地域及び竹島を含む)	100km²	12
42	#B01101	面積割合(北方地域及び竹島を除く)(対全国総面積)	B1101/B1101(全国) 総面積／全国総面積(北方地域及び竹島を除く)	%	12
43	#B01202	森林面積割合(北方地域及び竹島を除く)(対総面積)	B1106/B1101 森林面積／総面積(北方地域及び竹島を除く)	%	12
44	#B01204	自然公園面積割合(北方地域及び竹島を除く)(対総面積)	B2101/B1101 自然公園面積／総面積(北方地域及び竹島を除く)	%	12
45	#B01301	可住地面積割合(北方地域及び竹島を除く)(対総面積)	B1103/B1101 可住地面積／総面積(北方地域及び竹島を除く)	%	13
46	#B02101	年平均気温	B4101 年平均気温	℃	13
47	#B02102	最高気温(日最高気温の月平均の最高値)	B4102 最高気温(日最高気温の月平均の最高値)	℃	13
48	#B02103	最低気温(日最低気温の月平均の最低値)	B4103 最低気温(日最低気温の月平均の最低値)	℃	13
49	#B02201	年平均相対湿度	B4111 年平均相対湿度	%	13
50	#B02401	日照時間(年間)	B4108 日照時間(年間)	時間	14
51	#B02402	降水量(年間)	B4109 降水量(年間)	mm	14
52	#B02303	降水日数(年間)	B4106 降水日数(年間)	日	14
53	#C01321	1人当たり県民所得(平成27年基準)	C122101 1人当たり県民所得	千円	16
54	#C01121	県内総生産額対前年増加率(平成27年基準)	(C1121/C1121【-1】)-1 (県内総生産額／県内総生産額(前年度))-1	%	16
55	#C01125	県民所得対前年増加率(平成27年基準)	(C1221/C1221【-1】)-1 (県民所得／県民所得(前年度))-1	%	16
56	#C01126	県民総所得(名目)対前年増加率(平成27年基準)	(C1328/C1328【-1】)-1 (県民総所得(名目)／県民総所得(名目)(前年度))-1	%	16
57	#C02206	従業者1～4人の事業所割合(対民営事業所数)	C210801/C2108 従業者1～4人の民営事業所数／民営事業所数	%	17
58	#C02209	従業者100～299人の事業所割合(対民営事業所数)	C210806/C2108 従業者100～299人の民営事業所数／民営事業所数	%	17
59	#C02210	従業者300人以上の事業所割合(対民営事業所数)	C210807/C2108 従業者300人以上の民営事業所数／民営事業所数	%	17
60	#C03206	従業者1～4人の事業所の従業者割合(対民営事業所従業者数)	C220801/C2208 従業者1～4人の民営事業所の従業者数／民営事業所従業者数	%	17
61	#C03209	従業者100～299人の事業所の従業者割合(対民営事業所数)	C220806/C2208 従業者100～299人の民営事業所の従業者数／民営事業所従業者数	%	17
62	#C03210	従業者300人以上の事業所の従業者割合(対民営事業所数)	C220807/C2208 従業者300人以上の民営事業所の従業者数／民営事業所従業者数	%	18

No.	指標コード	指標名	指標計算式	単位	ページ
94	#D0210201	地方交付税割合(対歳入決算総額)(都道府県財政)	D310103/D3101 地方交付税(都道府県財政)／歳入決算総額(都道府県財政)	％	25
95	#D0210301	国庫支出金割合(対歳入決算総額)(都道府県財政)	D310108/D3101 国庫支出金(都道府県財政)／歳入決算総額(都道府県財政)	％	26
96	#D0220103	住民税(人口1人当たり)(都道府県・市町村財政合計)	(D420101＋D420102)/A1101 (都道府県民税＋市町村民税)／総人口	千円	26
97	#D02202	固定資産税(人口1人当たり)(都道府県・市町村財政合計)	(D420201＋D420202)/A1101 固定資産税(都道府県＋市町村財政)／総人口	千円	26
98	#D02206	課税対象所得(納税義務者1人当たり)	C120110/C120120 課税対象所得／納税義務者数(所得割)	千円	26
99	#D0310301	民生費割合(対歳出決算総額)(都道府県財政)	D310303/D3103 民生費(都道府県財政)／歳出決算総額(都道府県財政)	％	27
100	#D0310401	社会福祉費割合(対歳出決算総額)(都道府県財政)	D3103031/D3103 社会福祉費(都道府県財政)／歳出決算総額(都道府県財政)	％	27
101	#D0310501	老人福祉費割合(対歳出決算総額)(都道府県財政)	D3103032/D3103 老人福祉費(都道府県財政)／歳出決算総額(都道府県財政)	％	27
102	#D0310601	児童福祉費割合(対歳出決算総額)(都道府県財政)	D3103033/D3103 児童福祉費(都道府県財政)／歳出決算総額(都道府県財政)	％	27
103	#D0310701	生活保護費割合(対歳出決算総額)(都道府県財政)	D3103034/D3103 生活保護費(都道府県財政)／歳出決算総額(都道府県財政)	％	27
104	#D0310801	衛生費割合(対歳出決算総額)(都道府県財政)	D310304/D3103 衛生費(都道府県財政)／歳出決算総額(都道府県財政)	％	28
105	#D0310901	労働費割合(対歳出決算総額)(都道府県財政)	D310305/D3103 労働費(都道府県財政)／歳出決算総額(都道府県財政)	％	28
106	#D0311001	農林水産業費割合(対歳出決算総額)(都道府県財政)	D310306/D3103 農林水産業費(都道府県財政)／歳出決算総額(都道府県財政)	％	28
107	#D0311101	商工費割合(対歳出決算総額)(都道府県財政)	D310307/D3103 商工費(都道府県財政)／歳出決算総額(都道府県財政)	％	28
108	#D0311201	土木費割合(対歳出決算総額)(都道府県財政)	D310308/D3103 土木費(都道府県財政)／歳出決算総額(都道府県財政)	％	29
109	#D03113	警察費割合(対歳出決算総額)(都道府県財政)	D310309/D3103 警察費(都道府県財政)／歳出決算総額(都道府県財政)	％	29
110	#D03114	消防費割合(対歳出決算総額)(東京都＋市町村財政)	D3203099/(D3203001＋D3203) 消防費(東京都・市町村財政合計)／歳出決算総額(市町村財政＋東京都分)	％	29
111	#D0311501	教育費割合(対歳出決算総額)(都道府県財政)	D310311/D3103 教育費(都道府県財政)／歳出決算総額(都道府県財政)	％	29
112	#D0312301	災害復旧費割合(対歳出決算総額)(都道府県財政)	D310312/D3103 災害復旧費(都道府県財政)／歳出決算総額(都道府県財政)	％	29
113	#D0320101	人件費割合(対歳出決算総額)(都道府県財政)	D310401/D3103 人件費(都道府県財政)／歳出決算総額(都道府県財政)	％	30
114	#D0320201	扶助費割合(対歳出決算総額)(都道府県財政)	D310404/D3103 扶助費(都道府県財政)／歳出決算総額(都道府県財政)	％	30
115	#D0320301	普通建設事業費割合(対歳出決算総額)(都道府県財政)	D310406/D3103 普通建設事業費(都道府県財政)／歳出決算総額(都道府県財政)	％	30
116	#D0330103	歳出決算総額(人口1人当たり)(都道府県・市町村財政合計)	(D3103＋D3203)/A1101 歳出決算総額(都道府県＋市町村財政・東京都分)／総人口	千円	30
117	#D0330203	民生費(人口1人当たり)(都道府県・市町村財政合計)	(D310303＋D320303)/A1101 民生費(都道府県＋市町村財政)／総人口	千円	31
118	#D0330303	社会福祉費(人口1人当たり)(都道府県・市町村財政合計)	(D3103031＋D3203031)/A1101 社会福祉費(都道府県＋市町村財政)／総人口	千円	31
119	#D0330403	老人福祉費(65歳以上人口1人当たり)(都道府県・市町村財政合計)	(D3103032＋D3203032)/A1303 老人福祉費(都道府県＋市町村財政)／65歳以上人口	千円	31
120	#D0330503	児童福祉費(17歳以下人口1人当たり)(都道府県・市町村財政合計)	(D3103033＋D3203033)/A1407 児童福祉費(都道府県＋市町村財政)／０～17歳人口	千円	31
121	#D0330603	生活保護費(被保護実人員1人当たり)(都道府県・市町村財政合計)	(D3103034＋D3203034)/J1105 生活保護費(都道府県＋市町村財政)／生活保護被保護実人員	千円	31
122	#D0330703	衛生費(人口1人当たり)(都道府県・市町村財政合計)	(D310304＋D320304)/A1101 衛生費(都道府県＋市町村財政)／総人口	千円	32
123	#D0331103	土木費(人口1人当たり)(都道府県・市町村財政合計)	(D310308＋D320308)/A1101 土木費(都道府県＋市町村財政)／総人口	千円	32
124	#D03312	警察費(人口1人当たり)(都道府県財政)	D310309/A1101 警察費(都道府県財政)／総人口	千円	32

No.	指標コード	指標名	指標計算式	単位	ページ
125	#D03313	消防費(人口1人当たり)(東京都・市町村財政合計)	D3203099/A1101 消防費(東京都・市町村財政合計)／総人口	千円	32
126	#D0331403	教育費(人口1人当たり)(都道府県・市町村財政合計)	(D310311+D320310)/A1101 教育費(都道府県＋市町村財政)／総人口	千円	33
127	#D0332003	社会教育費(人口1人当たり)(都道府県・市町村財政合計)	(D3103117+D3203107)/A1101 社会教育費(都道府県＋市町村財政)／総人口	千円	33
128	#D0332103	災害復旧費(人口1人当たり)(都道府県・市町村財政合計)	(D310312+D320311)/A1101 災害復旧費(都道府県＋市町村財政)／総人口	千円	33
129	#D0331503	公立小学校費(児童1人当たり)(都道府県・市町村財政合計)	(D3103112+D3203102)/E250102 小学校費(都道府県＋市町村財政)／小学校児童数(公立)	千円	33
130	#D0331603	公立中学校費(生徒1人当たり)(都道府県・市町村財政合計)	(D3103113+D3203103)/E350101 中学校費(都道府県＋市町村財政)／中学校生徒数(公立)	千円	33
131	#D0331703	公立高等学校費(生徒1人当たり)(都道府県・市町村財政合計)	(D3103114+D3203104)/E4512 高等学校費(都道府県＋市町村財政)／高等学校生徒数(公立)	千円	34
132	#D0331804	特別支援学校費(公立)(児童・生徒1人当たり)(都道府県・市町村財政合計)	(D3103115+D3203105)/E5801 特別支援学校費(都道府県＋市町村財政)／特別支援学校生徒数(公立)	千円	34
133	#D0331903	幼稚園費(児童1人当たり)(都道府県・市町村財政合計)	(D3103116+D3203106)/E1501 幼稚園費(都道府県＋市町村財政)／幼稚園在園者数	千円	34
134	#E0110101	小学校数(6～11歳人口10万人当たり)	E2101/A1409 小学校数／6～11歳人口	校	36
135	#E0110102	中学校数(12～14歳人口10万人当たり)	E3101/A1411 中学校数／12～14歳人口	校	36
136	#E0110103	高等学校数(15～17歳人口10万人当たり)	E4101/A1413 高等学校数／15～17歳人口	校	36
137	#E0110104	幼稚園数(3～5歳人口10万人当たり)	E1101/A1408 幼稚園数／3～5歳人口	園	36
138	#E0110106	認定こども園数(0～5歳人口10万人当たり)	J2540/A1405 認定こども園数／0～5歳人口	園	37
139	#E0110201	小学校数(可住地面積100km²当たり)	E2101/B1103 小学校数／可住地面積	校	37
140	#E0110202	中学校数(可住地面積100km²当たり)	E3101/B1103 中学校数／可住地面積	校	37
141	#E0110203	高等学校数(可住地面積100km²当たり)	E4101/B1103 高等学校数／可住地面積	校	37
142	#E0410201	小学校教員割合(女)(対小学校教員数)	E240102/E2401 小学校教員数(女)／小学校教員数	％	37
143	#E0410202	中学校教員割合(女)(対中学校教員数)	E340102/E3401 中学校教員数(女)／中学校教員数	％	38
144	#E0510301	小学校児童数(小学校教員1人当たり)	E2501/E2401 小学校児童数／小学校教員数	人	38
145	#E0510302	中学校生徒数(中学校教員1人当たり)	E3501/E3401 中学校生徒数／中学校教員数	人	38
146	#E0510303	高等学校生徒数(高等学校教員1人当たり)	E4501/E4401 高等学校生徒数／高等学校教員数	人	38
147	#E0510304	幼稚園在園者数(幼稚園教員1人当たり)	E1501/E1301 幼稚園在園者数／幼稚園教員数	人	39
148	#E05203	公立高等学校生徒比率(対高等学校生徒数)	E4512/E4501 高等学校生徒数(公立)／高等学校生徒数	％	39
149	#E05204	公立幼稚園在園者比率(対幼稚園在園者数)	E1502/E1501 公立幼稚園在園者数／幼稚園在園者数	％	39
150	#E0510205	小学校児童数(1学級当たり)	E2501/E2301 小学校児童数／小学校学級数	人	39
151	#E0510206	中学校生徒数(1学級当たり)	E3501/E3301 中学校生徒数／中学校学級数	人	39
152	#E09213	不登校による小学校長期欠席児童比率(年度間30日以上)(児童千人当たり)	E250802/E2501 不登校による小学校長期欠席児童数(年度間30日以上)／小学校児童数	―	40
153	#E09214	不登校による中学校長期欠席生徒比率(年度間30日以上)(生徒千人当たり)	E350502/E3501 不登校による中学校長期欠席生徒数(年度間30日以上)／中学校生徒数	―	40
154	#E09401	中学校卒業者の進学率	E3801 中学校卒業者の進学率	％	40
155	#E09402	高等学校卒業者の進学率	E4701 高等学校卒業者の進学率	％	40

No.	指標コード	指標名	指標計算式	単位	ページ
156	#E0610102	大学数(人口10万人当たり)	E6102/A1101 大学数／総人口	校	41
157	#E0940302	出身高校所在地県の県内大学への入学者割合(対大学入学者数)	E470201/E470205 当該県の高校出身者で当該県の大学入学者数／大学入学者数(高校所在地による)	%	41
158	#E0610202	大学収容力指数(高等学校卒業者のうち大学進学者数)	E6403×100/E460220【-1】 大学入学者数×100／高等学校卒業者のうち大学進学者数(前年度)	―	41
159	#E0610101	短期大学数(人口10万人当たり)	E6101/A1101 短期大学数／総人口	校	41
160	#E08101	専修学校数(人口10万人当たり)	E7101/A1101 専修学校数／総人口	校	41
161	#E08102	各種学校数(人口10万人当たり)	E7102/A1101 各種学校数／総人口	校	42
162	#E09501	最終学歴が小学・中学卒の者の割合(対卒業者総数)	E9102/E9101 最終学歴人口(小学校・中学校)／最終学歴人口(卒業者総数)	%	42
163	#E09502	最終学歴が高校・旧中卒の者の割合(対卒業者総数)	E9103/E9101 最終学歴人口(高校・旧中)／最終学歴人口(卒業者総数)	%	42
164	#E09503	最終学歴が短大・高専卒の者の割合(対卒業者総数)	E9105/E9101 最終学歴人口(短大・高専)／最終学歴人口(卒業者総数)	%	42
165	#E09504	最終学歴が大学・大学院卒の者の割合(対卒業者総数)	E9106/E9101 最終学歴人口(大学・大学院)／最終学歴人口(卒業者総数)	%	43
166	#E10102	小学校教育費(児童1人当たり)	E8102 在学者1人当たりの学校教育費(小学校)	円	43
167	#E10103	中学校教育費(生徒1人当たり)	E8103 在学者1人当たりの学校教育費(中学校)	円	43
168	#E10104	高等学校教育費(全日制)(生徒1人当たり)	E8104 在学者1人当たりの学校教育費(高等学校・全日制)	円	43
169	#E10101	幼稚園教育費(在園者1人当たり)	E8101 在学者1人当たりの学校教育費(幼稚園)	円	43
170	#E10105	幼保連携型認定こども園教育費(在園者1人当たり)	E810101 在学者1人当たりの学校教育費(幼保連携型認定こども園)	円	44
171	#F0110101	労働力人口比率(対15歳以上人口)(男)	F110101/A141401 労働力人口(男)／15歳以上人口(男)	%	46
172	#F0110102	労働力人口比率(対15歳以上人口)(女)	F110102/A141402 労働力人口(女)／15歳以上人口(女)	%	46
173	#F01201	第1次産業就業者比率(対就業者)	F2201/F1102 第1次産業就業者数／就業者	%	46
174	#F01202	第2次産業就業者比率(対就業者)	F2211/F1102 第2次産業就業者数／就業者	%	46
175	#F01203	第3次産業就業者比率(対就業者)	F2221/F1102 第3次産業就業者数／就業者	%	47
176	#F01301	完全失業率	F1107/F1101 完全失業者数／労働力人口	%	47
177	#F02301	雇用者比率	F2401/F1102 雇用者数／就業者	%	47
178	#F02501	県内就業者比率(対就業者)	F2704/F1102 県内就業者数／就業者	%	47
179	#F02701	他市区町村への通勤者比率(対就業者)	F2705/F1102 他市区町村への通勤者数／就業者	%	47
180	#F02702	他市区町村からの通勤者比率(対就業者)	F2803/F1102 他市区町村からの通勤者数／就業者	%	48
181	#F03103	有効求人倍率	F3103/F3102 月間有効求人数(一般)(年度計)／月間有効求職者数(一般)(年度計)	倍	48
182	#F0350303	高齢就業者割合(65歳以上)(対65歳以上人口)	F2116/A1303 就業者数(65歳以上)／65歳以上人口	%	48
183	#F0350406	高齢一般労働者割合(65歳以上)(対65歳以上人口)	F341206/A1303 一般労働者数(65歳以上)(企業規模10人以上の事業所)／65歳以上人口	%	48
184	#F03602	障害者就職率	F35021 障害者就職率	%	49
185	#F03303	高等学校卒業者に占める就職者の割合(対高等学校卒業者数)	E4604/E4601 高等学校卒業者のうち就職者数／高等学校卒業者数	%	49

No.	指標コード	指標名	指標計算式	単位	ページ
248	#H055031	ごみのリサイクル率	H5614 ごみのリサイクル率	%	64
249	#H055041	ごみ埋立率	H5615／H5609 ごみ最終処分量／ごみ総排出量	%	65
250	#H05505	最終処分場残余容量	H5617 最終処分場残余容量	千m³	65
251	#H06127	小売店数(人口千人当たり)	H6130／A1101 小売店数／総人口	店	65
252	#H06131	大型小売店数(人口10万人当たり)	H6132／A1101 大型小売店数／総人口	店	65
253	#H06132	百貨店、総合スーパー数(人口10万人当たり)	H6133／A1101 百貨店、総合スーパー数／総人口	店	65
254	#H06130	飲食店数(人口千人当たり)	H6131／A1101 飲食店数／総人口	店	66
255	#H06117	理容・美容所数(人口10万人当たり)	H6107／A1101 理容・美容所数／総人口	所	66
256	#H06119	クリーニング所数(人口10万人当たり)	H6108／A1101 クリーニング所数／総人口	所	66
257	#H06121	公衆浴場数(人口10万人当たり)	H6109／A1101 公衆浴場数／総人口	所	66
258	#H06302	郵便局数(可住地面積100km²当たり)	H7501／B1103 郵便局数／可住地面積	局	67
259	#H06306	住宅用電話加入数(人口千人当たり)	H760101／A1101 住宅用電話加入数／総人口	加入	67
260	#H06310	携帯電話契約数(人口千人当たり)	H7604／A1101 携帯電話契約数／総人口	契約	67
261	#H06401	道路実延長(総面積1km²当たり)	H7110／B1101 道路実延長／総面積(北方地域及び竹島を除く)	km	67
262	#H06402	主要道路実延長(総面積1km²当たり)	H7111／B1101 主要道路実延長／総面積(北方地域及び竹島を除く)	km	67
263	#H06406	主要道路舗装率(対主要道路実延長)	H7121／H7111 主要道路舗装道路実延長／主要道路実延長	%	68
264	#H06408	市町村道舗装率(対市町村道実延長)	H7122／H7112 市町村道舗装道路実延長／市町村道実延長	%	68
265	#H07201	市街化調整区域面積比率(対都市計画区域指定面積)	H8102／H8101 市街化調整区域面積／都市計画区域指定面積	%	68
266	#H0720201	住居専用地域面積比率(対用途地域面積)	H810401／H8104 住居専用地域面積／用途地域面積	%	68
267	#H0720206	工業専用地域面積比率(対用途地域面積)	H810407／H8104 工業専用地域面積／用途地域面積	%	69
268	#H08101	都市公園面積(人口1人当たり)	H9201／A1101 都市公園面積／総人口	㎡	69
269	#H08301	都市公園数(可住地面積100km²当たり)	H9101／B1103 都市公園数／可住地面積	所	69
270	#I04105	有訴者率(人口千人当たり)	I8103 有訴者率	―	70
271	#I04104	通院者率(人口千人当たり)	I8104 通院者率	―	70
272	#I04102	一般病院年間新入院患者数(人口10万人当たり)	I821102／A1101 一般病院新入院患者数／総人口	人	70
273	#I0420102	一般病院の1日平均外来患者数(人口10万人当たり)	(I821101／365)／A1101 (一般病院外来患者延数／365日)／総人口	人	70
274	#I0420202	一般病院の1日平均在院患者数(人口10万人当たり)	(I821104／365)／A1101 (一般病院在院患者延数／365日)／総人口	人	71
275	#I05101	標準化死亡率(基準人口＝昭和5年)(人口千人当たり)	A4301 標準化死亡率(日本人)	―	71
276	#I0520101	平均余命(0歳・男)	I1101 平均余命(0歳)(男)	年	71
277	#I0520102	平均余命(0歳・女)	I1102 平均余命(0歳)(女)	年	71
278	#I0520501	平均余命(65歳・男)	I1501 平均余命(65歳)(男)	年	71

No.	指標コード	指標名	指標計算式	単位	ページ
279	#I0520502	平均余命(65歳・女)	I1502 平均余命(65歳)(女)	年	72
280	#I06101	生活習慣病による死亡者数(人口10万人当たり)	I9101/A1102 生活習慣病による死亡者数／日本人人口	人	72
281	#I06102	悪性新生物(腫瘍)による死亡者数(人口10万人当たり)	I9102/A1102 悪性新生物(腫瘍)による死亡者数／日本人人口	人	72
282	#I06103	糖尿病による死亡者数(人口10万人当たり)	I9103/A1102 糖尿病による死亡者数／日本人人口	人	72
283	#I06104	高血圧性疾患による死亡者数(人口10万人当たり)	I9104/A1102 高血圧性疾患による死亡者数／日本人人口	人	73
284	#I06105	心疾患(高血圧性を除く)による死亡者数(人口10万人当たり)	I9105/A1102 心疾患(高血圧性を除く)による死亡者数／日本人人口	人	73
285	#I06106	脳血管疾患による死亡者数(人口10万人当たり)	I9106/A1102 脳血管疾患による死亡者数／日本人人口	人	73
286	#I07105	妊娠、分娩及び産じょくによる死亡率(出産数10万当たり)	I9111/(A4101＋A4270) 妊娠、分娩及び産じょくによる死亡者数／(出生数＋死産数)	―	73
287	#I07101	死産率(出産数千当たり)	A4270/(A4101＋A4270) 死産数／(出生数＋死産数)	―	73
288	#I07106	周産期死亡率(出生数+死産数(妊娠22週以後千当たり)	(A4271＋A4272)/(A4101＋A4271) (死産数(妊娠22週以後)＋早期新生児死亡数)／(出生数+死産数(妊娠22週以後))	―	74
289	#I07102	新生児死亡率(出生数千当たり)	A4280/A4101 新生児死亡数／出生数	―	74
290	#I07104	乳児死亡率(出生数千当たり)	A4281/A4101 乳児死亡数／出生数	―	74
291	#I07201	2,500g未満出生率(出生数千当たり)	I8401/A4101 2,500g未満の出生数／出生数	―	74
292	#I0210103	平均身長(中学2年・男)	I411201 身長(中学2年)(男)	cm	75
293	#I0210104	平均身長(中学2年・女)	I411202 身長(中学2年)(女)	cm	75
294	#I0210203	平均体重(中学2年・男)	I412201 体重(中学2年)(男)	kg	75
295	#I0210204	平均体重(中学2年・女)	I412202 体重(中学2年)(女)	kg	75
296	#I0910103	一般病院数(人口10万人当たり)	I510120/A1101 一般病院数／総人口	施設	75
297	#I0910105	一般診療所数(人口10万人当たり)	I5102/A1101 一般診療所数／総人口	施設	76
298	#I0910107	精神科病院数(人口10万人当たり)	I510110/A1101 精神科病院数／総人口	施設	76
299	#I0910106	歯科診療所数(人口10万人当たり)	I5103/A1101 歯科診療所数／総人口	施設	76
300	#I0950102	一般病院数(可住地面積100k㎡当たり)	I510120/B1103 一般病院数／可住地面積	施設	76
301	#I0950103	一般診療所数(可住地面積100k㎡当たり)	I5102/B1103 一般診療所数／可住地面積	施設	77
302	#I0950104	歯科診療所数(可住地面積100k㎡当たり)	I5103/B1103 歯科診療所数／可住地面積	施設	77
303	#I0910203	一般病院病床数(人口10万人当たり)	I521110/A1101 一般病院病床数／総人口	床	77
304	#I0910205	精神病床数(人口10万人当たり)	I521130/A1101 精神病床数／総人口	床	77
305	#I0910206	介護療養型医療施設数(65歳以上人口10万人当たり)	I5506/A1303 介護療養型医療施設数／65歳以上人口	所	77
306	#I0920101	医療施設に従事する医師数(人口10万人当たり)	I6101/A1101 医療施設医師数／総人口	人	78
307	#I0920201	医療施設に従事する歯科医師数(人口10万人当たり)	I6201/A1101 医療施設歯科医師数／総人口	人	78
308	#I0920301	医療施設に従事する看護師・准看護師数(人口10万人当たり)	(I6401+I6501)/A1101 (看護師数＋准看護師数(医療施設従事者))／総人口	人	78
309	#I0930202	一般病院常勤医師数(100病床当たり)	I611112/I521110 一般病院医師数(常勤)／一般病院病床数	人	78

No.	指標コード	指標名	指標計算式	単位	ページ
310	#I0930302	一般病院看護師・准看護師数(100病床当たり)	(I641111+I651111)/I521110 (一般病院看護師数＋一般病院准看護師数)／一般病院病床数	人	79
311	#I10106	一般病院外来患者数(常勤医師1人1日当たり)	I821101/(I611112×365) 一般病院外来患者延数／(一般病院医師数(常勤)×365日)	人	79
312	#I10107	一般病院在院患者数(常勤医師1人1日当たり)	I821104/(I611112×365) 一般病院在院患者延数／(一般病院医師数(常勤)×365日)	人	79
313	#I10108	一般病院在院患者数(看護師・准看護師1人1日当たり)	I821104/((I641111+I651111)×365) 一般病院在院患者延数／((一般病院看護師数＋一般病院准看護師数)×365日)	人	79
314	#I10104	一般病院病床利用率	I821104/(I521110×365) 一般病院在院患者延数／(一般病院病床数×365日)	％	79
315	#I10105	一般病院平均在院日数(入院患者1人当たり)	I821104/((I821102+I821103)/2) 一般病院在院患者延数／((一般病院新入院患者数＋一般病院退院患者数)／2)	日	80
316	#I12201	保健師数(人口10万人当たり)	I6801/A1101 保健師数／総人口	人	80
317	#I11101	救急告示病院・一般診療所数(人口10万人当たり)	(I540201+I540202)/A1101 (救急告示病院数＋救急告示一般診療所数)／総人口	施設	80
318	#I11102	救急自動車数(人口10万人当たり)	K1209/A1101 救急自動車数／総人口	台	80
319	#I11201	年間救急出動件数(人口千人当たり)	K1210/A1101 救急出動件数／総人口	件	81
320	#I14101	薬局数(人口10万人当たり)	I7102/A1101 薬局数／総人口	所	81
321	#I14201	薬局数(可住地面積100k㎡当たり)	I7102/B1103 薬局数／可住地面積	所	81
322	#I14102	医薬品販売業数(人口10万人当たり)	I7101/A1101 医薬品販売業数／総人口	所	81
323	#I14202	医薬品販売業数(可住地面積100k㎡当たり)	I7101/B1103 医薬品販売業数／可住地面積	所	81
324	#J01107	生活保護被保護実人員(人口千人当たり)	J1105/A1101 生活保護被保護実人員／総人口	人	82
325	#J0110803	生活保護教育扶助人員(人口千人当たり)	J110603/A1101 生活保護教育扶助人員／総人口	人	82
326	#J0110804	生活保護医療扶助人員(人口千人当たり)	J110604/A1101 生活保護医療扶助人員／総人口	人	82
327	#J0110805	生活保護住宅扶助人員(人口千人当たり)	J110602/A1101 生活保護住宅扶助人員／総人口	人	82
328	#J0110806	生活保護介護扶助人員(人口千人当たり)	J1106041/A1101 生活保護介護扶助人員／総人口	人	83
329	#J0110902	生活保護被保護高齢者数(65歳以上人口千人当たり)	J110702/A1303 生活保護被保護高齢者数(65歳以上)／65歳以上人口	人	83
330	#J01200	身体障害者手帳交付数(人口千人当たり)	J1200/A1101 身体障害者手帳交付数／総人口	人	83
331	#J02101	保護施設数(医療保護施設を除く)(生活保護被保護実人員10万人当たり)	J2201/J1105 保護施設数(詳細票)(医療保護施設を除く)／生活保護被保護実人員	所	83
332	#J022011	老人ホーム数(65歳以上人口10万人当たり)	(J230111+J230121+J230131+J230221)/A1303 (養護老人ホーム数(詳細票)+介護老人福祉施設数(詳細票)+軽費老人ホーム数(詳細票)+有料老人ホーム数(詳細票))／65歳以上人口	所	83
333	#J02205	介護老人福祉施設数(65歳以上人口10万人当たり)	J230121/A1303 介護老人福祉施設数(詳細票)／65歳以上人口	所	84
334	#J02501	児童福祉施設等数(人口10万人当たり)	J250101/A1101 児童福祉施設等数(詳細票)(保育所等を除く)／総人口	所	84
335	#J04101	生活保護施設定員数(生活保護被保護実人員千人当たり)	J2203/J1105 保護施設定員数(詳細票)(医療保護施設を除く)／生活保護被保護実人員	人	84
336	#J04102	生活保護施設在所者数(生活保護被保護実人員千人当たり)	J2206/J1105 保護施設在所者数(詳細票)(医療保護施設を除く)／生活保護被保護実人員	人	84
337	#J042011	老人ホーム定員数(65歳以上人口千人当たり)	(J230112+J230124+J230132+J230222)/A1303 (養護老人ホーム定員数(詳細票)+介護老人福祉施設定員数(詳細票)+軽費老人ホーム定員数(詳細票)+有料老人ホーム定員数(詳細票))／65歳以上人口	人	85

No.	指標コード	指標名	指標計算式	単位	ページ
338	#J042021	老人ホーム在所者数(65歳以上人口千人当たり)	(J230113+J230125+J230133+J230223)/A1303 (養護老人ホーム在所者数(詳細票)+介護老人福祉施設在所者数(詳細票)+軽費老人ホーム在所者数(詳細票)+有料老人ホーム在所者数(詳細票))／65歳以上人口	人	85
339	#J05101	民生委員(児童委員)数(人口10万人当たり)	J3101/A1101 民生委員(児童委員)数／総人口	人	85
340	#J05109	訪問介護利用者数(訪問介護1事業所当たり)	J230156/J230155 訪問介護利用者数／訪問介護事業所数	人	85
341	#J05201	民生委員(児童委員)相談・支援件数(民生委員1人当たり)	J3201/J3101 民生委員(児童委員)相談・支援件数／民生委員(児童委員)数	件	85
342	#J05210	児童相談所受付件数(人口千人当たり)	J3207/A1101 児童相談所受付件数／総人口	件	86
343	#I15106	1人当たりの国民医療費	J4004 1人当たりの国民医療費	千円	86
344	#J05208	後期高齢者医療費(被保険者1人当たり)	J450320 1人当たり後期高齢者医療費	円	86
345	#J0610101	国民年金被保険者数(第1号)(20〜59歳人口千人当たり)	J520101/(A1302-A1204-A1213) 国民年金被保険者数(第1号)／20〜59歳人口	人	86
346	#J0610102	国民年金被保険者数(第3号)(20〜59歳人口千人当たり)	J520102/(A1302-A1204-A1213) 国民年金被保険者数(第3号)／20〜59歳人口	人	87
347	#I15101	国民健康保険被保険者数(人口千人当たり)	J4101/A1101 国民健康保険被保険者数／総人口	人	87
348	#I15102	国民健康保険受診率(被保険者千人当たり)	J4106 国民健康保険被保険者受診率(千人当たり)	―	87
349	#I15103	国民健康保険診療費(被保険者1人当たり)	J4107 国民健康保険被保険者 1 人当たり診療費	円	87
350	#I15202	全国健康保険協会管掌健康保険加入者数(人口千人当たり)	(J4202＋J4203)/A1101 全国健康保険協会管掌(健康保険被保険者数＋健康保険被扶養者数)／総人口	人	87
351	#I1520301	全国健康保険協会管掌健康保険受診率(被保険者千人当たり)	J420421 全国健康保険協会管掌健康保険被保険者千人当たり受診率	―	88
352	#I1520302	全国健康保険協会管掌健康保険受診率(被扶養者千人当たり)	J420422 全国健康保険協会管掌健康保険被扶養者千人当たり受診率	―	88
353	#I1520501	全国健康保険協会管掌健康保険医療費(被保険者1人当たり)	J420531 全国健康保険協会管掌健康保険被保険者1人当たり医療費	円	88
354	#I1520502	全国健康保険協会管掌健康保険医療費(被扶養者1人当たり)	J420532 全国健康保険協会管掌健康保険被扶養者1人当たり医療費	円	88
355	#F07101	雇用保険受給率(対被保険者数)	J6105/J6102 雇用保険基本手当受給者実人員／雇用保険被保険者数	％	89
356	#F08101	労働者災害補償保険給付率(対適用労働者数)	J6303/J6302 労働者災害補償保険給付件数／労働者災害補償保険適用労働者	％	89
357	#F08201	労働災害発生の頻度	F8101 労働災害度数率	―	89
358	#F08202	労働災害の重さの程度	F8102 労働災害強度率	―	89
359	#K01102	消防署数(可住地面積100km²当たり)	K1101/B1103 消防本部・署数／可住地面積	署	90
360	#K01104	消防団・分団数(可住地面積100km²当たり)	K1104/B1103 消防団・分団数／可住地面積	団	90
361	#K01105	消防ポンプ自動車等現有数(人口10万人当たり)	K1106/A1101 消防ポンプ自動車等現有数／総人口	台	90
362	#K01107	消防水利数(人口10万人当たり)	K1107/A1101 消防水利数／総人口	所	90
363	#K01302	消防吏員数(人口10万人当たり)	K1103/A1101 消防吏員数／総人口	人	91
364	#K01401	消防機関出動回数(人口10万人当たり)	K1201/A1101 消防機関出動回数／総人口	回	91
365	#K01402	火災のための消防機関出動回数(人口10万人当たり)	K120201/A1101 火災のための消防機関出動回数／総人口	回	91
366	#K02101	火災出火件数(人口10万人当たり)	K2101/A1101 出火件数／総人口	件	91
367	#K02103	建物火災出火件数(人口10万人当たり)	K2102/A1101 建物火災出火件数／総人口	件	91

No.	指標コード	指標名	指標計算式	単位	ページ
368	#K02203	火災死傷者数(人口10万人当たり)	K2109/A1101 火災死傷者数／総人口	人	92
369	#K02303	火災死傷者数(建物火災100件当たり)	K2109/K2102 火災死傷者数／建物火災出火件数	人	92
370	#K02205	建物火災損害額(人口1人当たり)	K2106/A1101 建物火災損害額／総人口	円	92
371	#K02306	建物火災損害額(建物火災1件当たり)	K2106/K2102 建物火災損害額／建物火災出火件数	万円	92
372	#K03102	立体横断施設数(道路実延長千km当たり)	K3201/H7110 立体横断施設数／道路実延長	所	93
373	#K04102	交通事故発生件数(道路実延長千km当たり)	K3101/H7110 交通事故発生件数／道路実延長	件	93
374	#K04101	交通事故発生件数(人口10万人当たり)	K3101/A1101 交通事故発生件数／総人口	件	93
375	#K04105	交通事故死傷者数(人口10万人当たり)	K3102/A1101 交通事故死傷者数／総人口	人	93
376	#K04106	交通事故死者数(人口10万人当たり)	K3103/A1101 交通事故死者数／総人口	人	93
377	#K04301	道路交通法違反検挙件数(人口千人当たり)	K4401/A1101 道路交通法違反検挙総件数(告知・送致)／総人口	件	94
378	#K05103	警察官数(人口千人当たり)	K4102/A1101 警察官数／総人口	人	94
379	#K06101	刑法犯認知件数(人口千人当たり)	K4201/A1101 刑法犯認知件数／総人口	件	94
380	#K06104	窃盗犯認知件数(人口千人当たり)	K420103/A1101 窃盗犯認知件数／総人口	件	94
381	#K06201	刑法犯検挙率(認知件数1件当たり)	K4202/K4201 刑法犯検挙件数／刑法犯認知件数	%	95
382	#K06204	窃盗犯検挙率(認知件数1件当たり)	K420203/K420103 窃盗犯検挙件数／窃盗犯認知件数	%	95
383	#K07105	災害被害額(人口1人当たり)	K5112/A1101 災害被害額／総人口	円	95
384	#K08101	不慮の事故による死亡者数(人口10万人当たり)	I9110/A1101 不慮の事故による死亡者数／総人口	人	95
385	#K09201	公害苦情件数(人口10万人当たり)	K6103/A1101 公害苦情件数(典型7公害)／総人口	件	95
386	#K09210	ばい煙発生施設数	K610501 ばい煙発生施設数	件	96
387	#K09211	一般粉じん発生施設数	K610502 一般粉じん発生施設数	件	96
388	#K09220	水質汚濁防止法上の特定事業場数	K6106 水質汚濁防止法上の特定事業場数	件	96
389	#K10101	民間生命保険保有契約件数(人口千人当たり)	K7105/A1101 民間生命保険保有契約件数／総人口	件	96
390	#K10105	民間生命保険保険金額(保有契約1件当たり)	K7107/K7105 民間生命保険保有契約保険金額／民間生命保険保有契約件数	万円	97
391	#K10107	民間生命保険保険金額(1世帯当たり)	K7107/A7101 民間生命保険保有契約保険金額／総世帯数	万円	97
392	#K10306	火災保険住宅物件・一般物件新契約件数(一般世帯千世帯当たり)	K2210/A710101 火災保険住宅物件・一般物件新契約件数／世帯数(一般世帯)	件	97
393	#K10308	火災保険住宅物件・一般物件受取保険金額(保有契約1件当たり)	K2216/K2214 火災保険住宅物件・一般物件保険金支払金額／火災保険住宅物件・一般物件保険金支払件数	万円	97
394	#L01201	実収入(1世帯当たり1か月間)(二人以上の世帯のうち勤労者世帯)	L3110 実収入(二人以上の世帯のうち勤労者世帯)	千円	98
395	#L01204	世帯主収入(1世帯当たり1か月間)(二人以上の世帯のうち勤労者世帯)	L3111011 世帯主収入(二人以上の世帯のうち勤労者世帯)	千円	98
396	#L07601	年間収入(1世帯当たり)	L7610 年間収入	千円	98
397	#L07602	世帯主収入(年間収入)(1世帯当たり)	L761101 世帯主収入(年間収入)	千円	98
398	#L02211	消費支出(1世帯当たり1か月間)(二人以上の世帯)	L3221 消費支出(二人以上の世帯)	千円	99

No.	指標コード	指標名	指標計算式	単位	ページ
399	#L02411	食料費割合(対消費支出)(二人以上の世帯)	L322101/L3221 食料費(二人以上の世帯)／消費支出(二人以上の世帯)	%	99
400	#L02412	住居費割合(対消費支出)(二人以上の世帯)	L322102/L3221 住居費(二人以上の世帯)／消費支出(二人以上の世帯)	%	99
401	#L02413	光熱・水道費割合(対消費支出)(二人以上の世帯)	L322103/L3221 光熱・水道費(二人以上の世帯)／消費支出(二人以上の世帯)	%	99
402	#L02414	家具・家事用品費割合(対消費支出)(二人以上の世帯)	L322104/L3221 家具・家事用品費(二人以上の世帯)／消費支出(二人以上の世帯)	%	99
403	#L02415	被服及び履物費割合(対消費支出)(二人以上の世帯)	L322105/L3221 被服及び履物費(二人以上の世帯)／消費支出(二人以上の世帯)	%	100
404	#L02416	保健医療費割合(対消費支出)(二人以上の世帯)	L322106/L3221 保健医療費(二人以上の世帯)／消費支出(二人以上の世帯)	%	100
405	#L02417	交通・通信費割合(対消費支出)(二人以上の世帯)	L322107/L3221 交通・通信費(二人以上の世帯)／消費支出(二人以上の世帯)	%	100
406	#L02418	教育費割合(対消費支出)(二人以上の世帯)	L322108/L3221 教育費(二人以上の世帯)／消費支出(二人以上の世帯)	%	100
407	#L02419	教養娯楽費割合(対消費支出)(二人以上の世帯)	L322109/L3221 教養娯楽費(二人以上の世帯)／消費支出(二人以上の世帯)	%	101
408	#L02602	平均消費性向(二人以上の世帯のうち勤労者世帯)	L3211/L3130 消費支出(二人以上の世帯のうち勤労者世帯)／可処分所得(二人以上の世帯のうち勤労者世帯)	%	101
409	#L07201	金融資産残高(貯蓄現在高)(二人以上の世帯)(1世帯当たり)	L730101 金融資産残高(貯蓄現在高)(二人以上の世帯)	千円	101
410	#L07212	預貯金現在高割合(対貯蓄現在高)(二人以上の世帯)(1世帯当たり)	L730102/L730101 預貯金(二人以上の世帯)／金融資産残高(貯蓄現在高)(二人以上の世帯)	%	101
411	#L07213	生命保険現在高割合(対貯蓄現在高)(二人以上の世帯)(1世帯当たり)	L730103/L730101 生命保険など(二人以上の世帯)／金融資産残高(貯蓄現在高)(二人以上の世帯)	%	101
412	#L07214	有価証券現在高割合(対貯蓄現在高)(二人以上の世帯)(1世帯当たり)	L730104/L730101 有価証券(二人以上の世帯)／金融資産残高(貯蓄現在高)(二人以上の世帯)	%	102
413	#L07401	金融負債現在高(二人以上の世帯)(1世帯当たり)	L740101 金融負債残高(二人以上の世帯)	千円	102
414	#L07412	住宅・土地のための負債割合(対負債現在高)(二人以上の世帯)(1世帯当たり)	L740102/L740101 住宅・土地のための負債(二人以上の世帯)／金融負債残高(二人以上の世帯)	%	102

Administrative Divisions of Japan

01～47 Prefectures.

01 HOKKAIDO
02 AOMORI-ken
03 IWATE-ken
04 MIYAGI-ken
05 AKITA-ken
06 YAMAGATA-ken
07 FUKUSHIMA-ken
08 IBARAKI-ken
09 TOCHIGI-ken
10 GUMMA-ken
11 SAITAMA-ken
12 CHIBA-ken
13 TOKYO-to
14 KANAGAWA-ken
15 NIIGATA-ken
16 TOYAMA-ken
17 ISHIKAWA-ken
18 FUKUI-ken
19 YAMANASHI-ken
20 NAGANO-ken
21 GIFU-ken
22 SHIZUOKA-ken
23 AICHI-ken
24 MIE-ken
25 SHIGA-ken
26 KYOTO-fu
27 OSAKA-fu
28 HYOGO-ken
29 NARA-ken
30 WAKAYAMA-ken
31 TOTTORI-ken
32 SHIMANE-ken
33 OKAYAMA-ken
34 HIROSHIMA-ken
35 YAMAGUCHI-ken
36 TOKUSHIMA-ken
37 KAGAWA-ken
38 EHIME-ken
39 KOCHI-ken
40 FUKUOKA-ken
41 SAGA-ken
42 NAGASAKI-ken
43 KUMAMOTO-ken
44 OITA-ken
45 MIYAZAKI-ken
46 KAGOSHIMA-ken
47 OKINAWA-ken

利 用 上 の 注 意

1．年度の表し方

年度（西暦）は、会計年度（当該年の4月1日～翌年3月31日）を基準としており、掲載データは、原則として表示されている会計年度における特定の時点又は期間に係るものである。ただし、2会計年度にまたがるデータの場合は、期間の長い方の会計年度として取り扱っている。

2．掲載データ

（1）データは、単位未満を四捨五入することを原則としていること、不詳が含まれていることがあるため、合計の数値と内訳の計とが一致しない場合がある。

（2）社会生活統計指標は、「指標計算式」を用いて算出している（資料源の指数、率等を直接掲載しているものを除く。「指標名及び指標計算式」参照）。

ただし、一部については算出に使用する基礎データの違い、原数値を持たないことなどにより、資料源が公表する割合、率及び順位等とは一致しない場合がある。

（3）掲載データを見る際は、出典における用語の定義等も参照すること。

3．記　　号

＊　：都道府県庁所在地のデータを掲載していることを示している。

ただし、13～14ページにある気象に関する7項目（#B02101～#B02103、#B02201、#B02401、#B02402、#B02303）については、埼玉県は熊谷市、東京都は千代田区、滋賀県は彦根市における気象台の観測値である。

…　：データが得られないもの

－　：「指標名及び指標計算式」における指標計算式の分母のデータが「0」で計算不能のもの

4．本書に関する問合せ先

総務省統計局　統計情報利用推進課　社会生活統計指標係

電話　03-5273-1137

5．その他

（1）本書の引用（転載）について

本書の内容を著作物等に引用（転載）する場合には、必ず本書の書名を次のように明記すること。

出典　総務省統計局刊行　「統計でみる都道府県のすがた　2024」

（2）本書のインターネット掲載

「統計でみる都道府県のすがた」

総務省統計局：https://www.stat.go.jp/data/k-sugata/index.html

政府統計の総合窓口：https://www.e-stat.go.jp/regional-statistics/ssdsview

Notes

1. Time span

   The time span is based on the Japanese fiscal year, i.e. from 1 April to 31 March. Therefore, data on the book refer to the period or date of the fiscal year indicated. Data for which the period extends over two fiscal years are assumed to belong to the fiscal year that occupies a longer period than the other.

2. Data

   (1) Data figures may not add up to the totals due to rounding or in case of including data not available.

   (2) The Social Indicators by Prefecture are calculated according to "Formulae of Indicators". (Excludes those directly posting indices, rates, etc. of original sources, refer to "Name and Formulae of Indicators".) However, a part of the indicator is not necessarily equal to the ratios, the rates, etc. of the published original source, because of differences in using basic data for calculation, absence of the original figures, etc.

   (3) Please refer to the explanation of terms with that of the source books in using data.

3. Symbols

   * : Data refer to the cities with prefectural governments. However, for the nine items in pages 13 to 14 (Climate; #B02101-#B02103, #B02201, #B02401, #B02402, #B02303), Kumagaya-shi observations are used for Saitama-ken, Chiyoda-ku for Tokyo-to and Hikone-shi for Shiga-ken.

   ··· : Not available

   — : Not applicable (Denominator of formulae of indicators in "Name and Formulae of Indicators" is 0)

4. For further information

   Statistics Information Utilization Promotion Division, Statistics Bureau, Ministry of Internal Affairs and Communications, Japan

5. Others

   (1) When any contents of the present issue are to be quoted or copied in other media (print or electronic), the title is to be referred to as follows:

   Source: *Statistical Observations of Prefectures 2024*, published by the Statistics Bureau, Ministry of Internal Affairs and Communications, Japan.

   (2) Contents of the present issue published online at:

   Statistics Bureau, Ministry of Internal Affairs and Communications, Japan:

   https://www.stat.go.jp/english/data/k-sugata/index.html

   Portal Site of Official Statistics of Japan (e-Stat):

   https://www.e-stat.go.jp/en/regional-statistics/ssdsview

I 社会生活統計指標

Social Indicators by Prefecture

A. 人口・世帯　　A Population and Households

都道府県 Prefecture	No. 1 総人口 Total population #A011000 万人 ： 10 thousand persons 2022 指標値 Indicator	順位 Rank	No. 2 総人口（男） Total population (Male) #A0110001 万人 ： 10 thousand persons 2022 指標値 Indicator	順位 Rank	No. 3 総人口（女） Total population (Female) #A0110002 万人 ： 10 thousand persons 2022 指標値 Indicator	順位 Rank	No. 4 外国人人口 （人口10万人当たり） Ratio of population of foreigners (per 100,000 persons) #A01601 人 ： persons 2020 指標値 Indicator	順位 Rank
00 全国 All Japan	12,495		6,076		6,419		1,904.5	
01 北海道 Hokkaido	514	8	243	8	271	8	656.9	39
02 青森県 Aomori-ken	120	31	57	32	64	31	436.9	46
03 岩手県 Iwate-ken	118	32	57	31	61	32	573.1	45
04 宮城県 Miyagi-ken	228	14	111	14	117	14	845.0	30
05 秋田県 Akita-ken	93	39	44	39	49	38	380.5	47
06 山形県 Yamagata-ken	104	36	51	35	54	36	669.4	38
07 福島県 Fukushima-ken	179	21	88	21	91	21	702.0	35
08 茨城県 Ibaraki-ken	284	11	142	11	142	11	2,016.7	13
09 栃木県 Tochigi-ken	191	19	95	17	96	20	1,935.1	14
10 群馬県 Gumma-ken	191	18	95	18	97	18	2,755.5	3
11 埼玉県 Saitama-ken	734	5	364	5	369	5	2,198.0	9
12 千葉県 Chiba-ken	627	6	310	6	316	6	2,262.4	8
13 東京都 Tokyo-to	1,404	1	689	1	715	1	3,441.0	1
14 神奈川県 Kanagawa-ken	923	2	458	2	465	2	2,116.8	10
15 新潟県 Niigata-ken	215	15	105	15	111	15	682.7	37
16 富山県 Toyama-ken	102	37	50	37	52	37	1,577.7	19
17 石川県 Ishikawa-ken	112	33	54	33	58	34	1,208.4	25
18 福井県 Fukui-ken	75	43	37	43	39	43	1,799.0	15
19 山梨県 Yamanashi-ken	80	41	39	41	41	42	1,727.6	16
20 長野県 Nagano-ken	202	16	99	16	103	16	1,537.6	20
21 岐阜県 Gifu-ken	195	17	95	19	100	17	2,475.3	5
22 静岡県 Shizuoka-ken	358	10	177	10	182	10	2,368.3	6
23 愛知県 Aichi-ken	750	4	373	4	376	4	3,067.6	2
24 三重県 Mie-ken	174	22	85	22	89	23	2,526.2	4
25 滋賀県 Shiga-ken	141	26	70	26	71	26	2,030.5	12
26 京都府 Kyoto-fu	255	13	122	13	133	13	2,034.1	11
27 大阪府 Osaka-fu	878	3	420	3	458	3	2,361.3	7
28 兵庫県 Hyogo-ken	540	7	257	7	284	7	1,597.1	18
29 奈良県 Nara-ken	131	28	61	29	69	27	868.6	29
30 和歌山県 Wakayama-ken	90	40	43	40	48	40	653.5	40
31 鳥取県 Tottori-ken	54	47	26	47	28	47	778.8	33
32 島根県 Shimane-ken	66	46	32	46	34	46	1,226.3	24
33 岡山県 Okayama-ken	186	20	90	20	97	18	1,330.0	21
34 広島県 Hiroshima-ken	276	12	134	12	142	11	1,704.9	17
35 山口県 Yamaguchi-ken	131	27	62	27	69	28	1,071.3	27
36 徳島県 Tokushima-ken	70	44	34	44	37	44	699.5	36
37 香川県 Kagawa-ken	93	38	45	38	48	39	1,142.2	26
38 愛媛県 Ehime-ken	131	28	62	28	69	29	836.0	32
39 高知県 Kochi-ken	68	45	32	45	36	45	610.2	43
40 福岡県 Fukuoka-ken	512	9	242	9	269	9	1,298.9	22
41 佐賀県 Saga-ken	80	42	38	42	42	41	732.0	34
42 長崎県 Nagasaki-ken	128	30	60	30	68	30	633.7	41
43 熊本県 Kumamoto-ken	172	23	81	23	90	22	839.4	31
44 大分県 Oita-ken	111	34	53	34	58	33	904.7	28
45 宮崎県 Miyazaki-ken	105	35	50	36	56	35	605.3	44
46 鹿児島県 Kagoshima-ken	156	24	74	24	83	24	632.0	42
47 沖縄県 Okinawa-ken	147	25	72	25	75	25	1,237.3	23

No. 5 全国総人口に占める 人口割合 Percentage distribution by prefecture #A01101		No. 6 総面積1km²当たり 人口密度 Population per 1 km² of total land area #A01201		No. 7 可住地面積1km²当たり 人口密度 Population per 1 km² of inhabitable area #A01202		No. 8 昼夜間人口比率 Ratio of day to night population #A01302		No. 9 人口集中地区人口比率 （対総人口） Ratio of DIDs (Densely Inhabited Districts) population #A01401		都道府県コード
%		人：persons		人：persons		%		%		ド
2022		2022		2022		2020		2020		
指標値 Indicator	順位 Rank	指標値 Indicator	順位 Rank	指標値 Indicator	順位 Rank	指標値 Indicator	順位 Rank	指標値 Indicator	順位 Rank	Pref. code
100.00		335.0		1,016.2		100.0		70.0		00
4.11	8	65.5	47	226.4	47	100.0	15	76.0	9	01
0.96	31	124.8	41	370.1	43	99.9	20	47.4	27	02
0.95	32	77.3	46	314.8	45	99.8	25	33.1	45	03
1.82	14	313.1	18	715.7	27	100.1	8	65.6	13	04
0.74	39	79.9	45	287.6	46	99.8	25	35.5	40	05
0.83	36	111.7	42	362.3	44	99.7	30	46.1	29	06
1.43	21	129.9	40	423.1	42	100.1	8	42.2	32	07
2.27	11	465.8	12	730.3	26	97.8	40	40.8	35	08
1.53	19	297.9	22	635.3	30	99.1	37	48.1	25	09
1.53	18	300.7	21	843.1	18	100.0	15	41.7	33	10
5.87	5	1,931.9	4	2,818.6	4	89.6	47	81.7	5	11
5.01	6	1,215.1	6	1,773.5	9	90.3	46	76.8	8	12
11.24	1	6,398.2	1	9,866.5	1	116.1	1	98.6	1	13
7.39	2	3,820.7	3	6,263.0	3	91.7	44	94.7	3	14
1.72	15	171.1	34	473.2	41	100.0	15	50.8	20	15
0.81	37	239.4	25	552.0	38	99.8	25	40.0	37	16
0.89	33	267.1	23	801.6	22	100.2	6	53.9	17	17
0.60	43	179.7	31	698.9	28	100.1	8	46.3	28	18
0.64	41	179.6	32	841.5	19	99.3	36	31.5	46	19
1.62	16	149.0	38	621.7	32	99.7	30	35.2	41	20
1.56	17	183.2	30	880.3	16	96.6	42	40.8	36	21
2.87	10	460.6	13	1,291.1	12	99.8	25	61.6	15	22
6.00	4	1,448.8	5	2,501.7	5	101.2	4	78.8	7	23
1.39	22	301.7	20	843.9	17	98.6	38	43.7	31	24
1.13	26	350.7	15	1,084.2	14	96.9	41	53.3	18	25
2.04	13	552.9	10	2,166.0	6	101.7	3	84.4	4	26
7.03	3	4,609.2	2	6,582.9	2	103.9	2	95.9	2	27
4.32	7	643.0	9	1,950.6	7	96.1	43	78.8	6	28
1.05	28	353.8	14	1,529.5	10	91.1	45	67.0	12	29
0.72	40	191.1	29	803.8	21	98.5	39	37.7	39	30
0.44	47	155.1	37	601.6	34	99.8	25	38.1	38	31
0.53	46	98.1	43	517.7	39	100.1	8	25.6	47	32
1.49	20	261.7	24	835.5	20	100.0	15	48.6	23	33
2.21	12	325.5	17	1,201.0	13	100.2	6	65.4	14	34
1.05	27	214.8	28	765.5	25	99.6	33	50.9	19	35
0.56	44	169.8	36	692.7	29	99.6	33	33.6	43	36
0.75	38	497.6	11	929.3	15	100.1	8	33.1	44	37
1.05	28	230.1	27	784.0	23	100.1	8	54.0	16	38
0.54	45	95.2	44	582.5	36	99.9	20	44.3	30	39
4.09	9	1,025.7	7	1,850.6	8	100.1	8	73.7	10	40
0.64	42	328.2	16	600.2	35	100.4	5	34.9	42	41
1.03	30	310.6	19	769.2	24	99.7	30	48.1	24	42
1.37	23	231.9	26	625.5	31	99.6	33	49.8	21	43
0.89	34	174.6	33	616.7	33	99.9	20	48.7	22	44
0.84	35	136.0	39	561.0	37	99.9	20	47.6	26	45
1.25	24	170.1	35	475.5	40	99.9	20	41.6	34	46
1.17	25	643.3	8	1,303.6	11	100.0	15	69.7	11	47

4

	都道府県 Prefecture	No. 10 15歳未満人口割合（対総人口） Percentage distribution of total population (under 15 years old) #A03501 % 2022 指標値 Indicator	順位 Rank	No. 11 65歳以上人口割合（対総人口） Percentage distribution of total population (65 years old and over) #A03503 % 2022 指標値 Indicator	順位 Rank	No. 12 15～64歳人口割合（対総人口） Percentage distribution of total population (15-64 years old) #A03502 % 2022 指標値 Indicator	順位 Rank	No. 13 年少人口指数（15歳未満人口／15～64歳人口×100） Ratio of juvenile population #A03401 － 2022 指標値 Indicator	順位 Rank
00	全国 All Japan	11.6		29.0		59.4		19.5	
01	北海道 Hokkaido	10.3	45	32.8	18	56.9	23	18.1	45
02	青森県 Aomori-ken	10.2	46	34.8	5	55.0	32	18.6	43
03	岩手県 Iwate-ken	10.6	43	34.6	8	54.9	33	19.3	37
04	宮城県 Miyagi-ken	11.3	29	28.9	38	59.8	9	18.9	38
05	秋田県 Akita-ken	9.3	47	38.6	1	52.1	47	17.8	46
06	山形県 Yamagata-ken	10.9	38	34.8	5	54.3	38	20.0	28
07	福島県 Fukushima-ken	11.0	37	32.7	19	56.3	25	19.6	31
08	茨城県 Ibaraki-ken	11.3	29	30.4	32	58.3	13	19.4	34
09	栃木県 Tochigi-ken	11.4	24	29.9	34	58.7	12	19.4	35
10	群馬県 Gumma-ken	11.3	29	30.8	28	57.9	15	19.5	32
11	埼玉県 Saitama-ken	11.5	23	27.4	42	61.1	4	18.9	39
12	千葉県 Chiba-ken	11.4	24	28.0	40	60.6	6	18.9	40
13	東京都 Tokyo-to	10.9	38	22.8	47	66.3	1	16.5	47
14	神奈川県 Kanagawa-ken	11.4	24	25.8	44	62.8	2	18.2	44
15	新潟県 Niigata-ken	10.9	38	33.5	13	55.5	30	19.7	29
16	富山県 Toyama-ken	10.9	38	33.0	17	56.1	27	19.5	33
17	石川県 Ishikawa-ken	11.8	17	30.3	33	57.9	15	20.4	23
18	福井県 Fukui-ken	12.2	11	31.2	26	56.6	24	21.6	12
19	山梨県 Yamanashi-ken	11.1	35	31.5	24	57.4	20	19.3	36
20	長野県 Nagano-ken	11.6	22	32.5	20	55.9	28	20.8	17
21	岐阜県 Gifu-ken	11.9	15	31.0	27	57.1	21	20.8	18
22	静岡県 Shizuoka-ken	11.7	20	30.7	30	57.6	19	20.2	25
23	愛知県 Aichi-ken	12.6	8	25.6	45	61.7	3	20.5	20
24	三重県 Mie-ken	11.7	20	30.5	31	57.9	15	20.2	24
25	滋賀県 Shiga-ken	13.2	2	26.8	43	60.0	8	22.0	9
26	京都府 Kyoto-fu	11.1	35	29.6	37	59.3	10	18.7	42
27	大阪府 Osaka-fu	11.4	24	27.7	41	60.9	5	18.7	41
28	兵庫県 Hyogo-ken	11.9	15	29.8	36	58.3	13	20.4	21
29	奈良県 Nara-ken	11.4	24	32.4	21	56.3	25	20.1	26
30	和歌山県 Wakayama-ken	11.2	33	34.0	9	54.8	35	20.4	22
31	鳥取県 Tottori-ken	12.2	11	33.1	16	54.8	35	22.1	8
32	島根県 Shimane-ken	12.0	14	34.7	7	53.3	45	22.6	7
33	岡山県 Okayama-ken	12.1	13	30.8	28	57.1	21	21.2	14
34	広島県 Hiroshima-ken	12.3	9	29.9	34	57.7	18	21.3	13
35	山口県 Yamaguchi-ken	11.2	33	35.2	3	53.6	43	20.9	16
36	徳島県 Tokushima-ken	10.7	42	35.0	4	54.3	38	19.6	30
37	香川県 Kagawa-ken	11.8	17	32.4	21	55.8	29	21.1	15
38	愛媛県 Ehime-ken	11.3	29	33.9	10	54.8	35	20.5	19
39	高知県 Kochi-ken	10.6	43	36.1	2	53.3	45	20.0	27
40	福岡県 Fukuoka-ken	12.8	7	28.3	39	58.9	11	21.7	11
41	佐賀県 Saga-ken	13.2	2	31.4	25	55.4	31	23.6	4
42	長崎県 Nagasaki-ken	12.3	9	33.9	10	53.8	41	22.9	6
43	熊本県 Kumamoto-ken	13.0	4	32.1	23	54.9	33	23.6	5
44	大分県 Oita-ken	11.8	17	33.9	10	54.2	40	21.8	10
45	宮崎県 Miyazaki-ken	12.9	5	33.4	15	53.7	42	24.1	2
46	鹿児島県 Kagoshima-ken	12.9	5	33.5	13	53.6	43	24.0	3
47	沖縄県 Okinawa-ken	16.3	1	23.5	46	60.2	7	27.1	1

人口・世帯 A （指標）

No. 14 老年人口指数 （65歳以上人口／15～64歳人口×100） Ratio of aged population #A03402 — 2022		No. 15 従属人口指数 （（15歳未満人口＋65歳以上人口）/15～64歳人口×100） Ratio of dependent population #A03403 — 2022		No. 16 人口増減率 （（総人口－前年総人口）／前年総人口） Rate of population change #A05101 % 2022		No. 17 自然増減率 （（出生数－死亡数）／総人口） Rate of natural change #A05201 % 2021		No. 18 粗出生率 （人口千人当たり） Crude birth rate (per 1,000 persons) #A05202 — 2021		都道府県コード Pref. code
指標値 Indicator	順位 Rank	指標値 Indicator	順位 Rank	指標値 Indicator	順位 Rank	指標値 Indicator	順位 Rank	指標値 Indicator	順位 Rank	
48.8		68.4		-0.44		-0.50		6.47		00
57.7	22	75.8	25	-0.83	30	-0.78	35	5.55	44	01
63.2	7	81.7	16	-1.39	46	-1.01	46	5.33	46	02
63.0	9	82.3	14	-1.25	44	-0.93	44	5.41	45	03
48.3	38	67.3	39	-0.44	13	-0.53	15	6.01	31	04
74.2	1	91.9	1	-1.59	47	-1.24	47	4.59	47	05
64.0	6	83.9	10	-1.33	45	-0.93	45	5.59	43	06
58.2	20	77.8	22	-1.21	43	-0.82	39	5.88	39	07
52.2	32	71.6	34	-0.42	11	-0.61	23	5.79	42	08
51.0	36	70.4	36	-0.62	18	-0.58	18	5.97	36	09
53.2	30	72.7	32	-0.73	24	-0.68	30	5.83	40	10
44.8	42	63.7	44	-0.04	3	-0.41	7	6.19	23	11
46.2	40	65.1	42	-0.14	6	-0.43	9	6.12	27	12
34.4	47	50.9	47	0.20	1	-0.23	2	6.81	12	13
41.1	45	59.3	46	-0.04	4	-0.33	5	6.37	21	14
60.4	15	80.1	18	-1.10	37	-0.84	40	5.79	41	15
58.8	17	78.2	21	-0.78	27	-0.74	34	5.93	37	16
52.2	33	72.5	33	-0.62	17	-0.53	14	6.45	20	17
55.2	25	76.8	24	-0.92	34	-0.59	19	6.87	10	18
54.8	26	74.1	28	-0.37	10	-0.64	25	6.17	25	19
58.2	19	79.0	19	-0.64	20	-0.66	29	6.16	26	20
54.4	27	75.2	27	-0.76	26	-0.63	24	5.98	33	21
53.3	29	73.5	29	-0.72	23	-0.60	21	5.98	35	22
41.5	44	62.0	45	-0.29	9	-0.26	4	7.17	7	23
52.7	31	72.9	31	-0.80	28	-0.61	22	6.25	22	24
44.7	43	66.7	40	-0.14	5	-0.25	3	7.18	6	25
49.9	37	68.6	38	-0.43	12	-0.49	12	6.18	24	26
45.5	41	64.2	43	-0.27	8	-0.43	8	6.79	13	27
51.0	35	71.5	35	-0.55	14	-0.49	11	6.55	19	28
57.6	23	77.7	23	-0.68	21	-0.59	20	5.89	38	29
62.0	13	82.4	12	-1.20	42	-0.81	36	6.03	30	30
60.4	16	82.6	11	-0.91	33	-0.71	32	6.75	14	31
65.4	4	88.0	2	-1.05	35	-0.82	38	6.64	16	32
54.0	28	75.2	26	-0.75	25	-0.52	13	6.99	9	33
51.8	34	73.1	30	-0.72	22	-0.47	10	6.70	15	34
65.6	3	86.5	4	-1.13	39	-0.86	41	6.01	32	35
64.4	5	84.0	9	-1.12	38	-0.86	42	6.09	28	36
57.9	21	78.9	20	-0.85	32	-0.65	26	6.61	17	37
61.9	14	82.4	13	-1.14	40	-0.81	37	6.06	29	38
67.8	2	87.8	3	-1.17	41	-0.93	43	5.98	34	39
48.1	39	69.8	37	-0.16	7	-0.37	6	7.33	4	40
56.5	24	80.2	17	-0.62	16	-0.53	16	7.26	5	41
63.0	8	85.9	7	-1.08	36	-0.72	33	6.83	11	42
58.5	18	82.2	15	-0.58	15	-0.55	17	7.33	3	43
62.7	10	84.5	8	-0.63	19	-0.70	31	6.58	18	44
62.3	12	86.4	6	-0.85	31	-0.65	27	7.15	8	45
62.4	11	86.4	5	-0.82	29	-0.66	28	7.37	2	46
38.9	46	66.1	41	0.00	2	0.06	1	9.90	1	47

		No. 19 合計特殊出生率 Total fertility rate #A05203		No. 20 粗死亡率 （人口千人当たり） Crude death rate (per 1,000 persons) #A05204		No. 21 年齢調整死亡率（男） （人口千人当たり） Age-adjusted mortality rate (Male) (per 1,000 persons) #A0521901		No. 22 年齢調整死亡率（女） （人口千人当たり） Age-adjusted mortality rate (Female) (per 1,000 persons) #A0521902	
単位	Unit	—		—		—		—	
年度	Fiscal year	2021		2021		2015		2015	
都道府県	Prefecture	指標値 Indicator	順位 Rank	指標値 Indicator	順位 Rank	指標値 Indicator	順位 Rank	指標値 Indicator	順位 Rank
00 全国	All Japan	1.30		11.47		4.86		2.55	
01 北海道	Hokkaido	1.20	45	13.32	18	5.05	13	2.66	8
02 青森県	Aomori-ken	1.31	34	15.38	2	5.86	1	2.88	1
03 岩手県	Iwate-ken	1.30	36	14.74	6	5.23	3	2.68	6
04 宮城県	Miyagi-ken	1.15	46	11.31	37	4.72	37	2.43	41
05 秋田県	Akita-ken	1.22	40	16.95	1	5.40	2	2.66	7
06 山形県	Yamagata-ken	1.32	32	14.93	4	4.97	18	2.47	32
07 福島県	Fukushima-ken	1.36	28	14.11	12	5.19	5	2.76	2
08 茨城県	Ibaraki-ken	1.30	36	11.86	31	5.11	10	2.74	3
09 栃木県	Tochigi-ken	1.31	34	11.82	33	5.05	14	2.73	4
10 群馬県	Gumma-ken	1.35	31	12.61	24	4.90	23	2.61	13
11 埼玉県	Saitama-ken	1.22	40	10.24	42	4.85	27	2.62	12
12 千葉県	Chiba-ken	1.21	44	10.40	41	4.77	32	2.58	16
13 東京都	Tokyo-to	1.08	47	9.11	47	4.75	35	2.46	35
14 神奈川県	Kanagawa-ken	1.22	40	9.71	44	4.61	42	2.49	30
15 新潟県	Niigata-ken	1.32	32	14.24	9	4.88	25	2.44	40
16 富山県	Toyama-ken	1.42	21	13.32	19	4.94	20	2.47	33
17 石川県	Ishikawa-ken	1.38	26	11.75	34	4.73	36	2.50	28
18 福井県	Fukui-ken	1.57	7	12.79	21	4.54	44	2.41	42
19 山梨県	Yamanashi-ken	1.43	18	12.56	26	4.76	34	2.54	25
20 長野県	Nagano-ken	1.44	16	12.79	22	4.34	47	2.28	47
21 岐阜県	Gifu-ken	1.40	24	12.30	28	4.76	33	2.56	21
22 静岡県	Shizuoka-ken	1.36	28	11.97	30	4.80	28	2.52	26
23 愛知県	Aichi-ken	1.41	23	9.81	43	4.68	39	2.60	14
24 三重県	Mie-ken	1.43	18	12.32	27	4.88	24	2.58	17
25 滋賀県	Shiga-ken	1.46	13	9.69	45	4.38	46	2.41	43
26 京都府	Kyoto-fu	1.22	40	11.06	38	4.55	43	2.45	36
27 大阪府	Osaka-fu	1.27	39	11.05	39	5.16	8	2.64	11
28 兵庫県	Hyogo-ken	1.36	28	11.41	36	4.78	31	2.56	22
29 奈良県	Nara-ken	1.30	36	11.84	32	4.53	45	2.44	38
30 和歌山県	Wakayama-ken	1.43	18	14.15	11	5.21	4	2.69	5
31 鳥取県	Tottori-ken	1.51	10	13.85	15	5.19	5	2.46	34
32 島根県	Shimane-ken	1.62	4	14.81	5	4.93	21	2.37	46
33 岡山県	Okayama-ken	1.45	14	12.18	29	4.80	29	2.38	45
34 広島県	Hiroshima-ken	1.42	21	11.43	35	4.71	38	2.47	31
35 山口県	Yamaguchi-ken	1.49	12	14.61	8	5.00	15	2.64	10
36 徳島県	Tokushima-ken	1.44	16	14.70	7	5.11	11	2.59	15
37 香川県	Kagawa-ken	1.51	10	13.09	20	4.79	30	2.50	28
38 愛媛県	Ehime-ken	1.40	24	14.21	10	5.17	7	2.54	23
39 高知県	Kochi-ken	1.45	14	15.24	3	5.06	12	2.45	37
40 福岡県	Fukuoka-ken	1.37	27	11.01	40	4.87	26	2.54	24
41 佐賀県	Saga-ken	1.56	8	12.59	25	4.92	22	2.58	18
42 長崎県	Nagasaki-ken	1.60	5	14.07	13	4.97	19	2.56	20
43 熊本県	Kumamoto-ken	1.59	6	12.79	23	4.67	40	2.41	44
44 大分県	Oita-ken	1.54	9	13.56	17	4.65	41	2.44	39
45 宮崎県	Miyazaki-ken	1.64	3	13.69	16	4.99	16	2.58	19
46 鹿児島県	Kagoshima-ken	1.65	2	13.95	14	5.12	9	2.65	9
47 沖縄県	Okinawa-ken	1.80	1	9.25	46	4.99	17	2.52	27

人口・世帯 A （指標）

No. 23 年齢別死亡率（0～4歳）（人口千人当たり） Death rate of 0-4 years old (per 1,000 persons) #A05205 — 2021		No. 24 年齢別死亡率（65歳以上）（人口千人当たり） Death rate of 65 years old and over (per 1,000 persons) #A05218 — 2021		No. 25 転入超過率（（転入者数－転出者数）／総人口） Percentage of net-migration (All nationalities) #A05307 % 2022		No. 26 転入率（転入者数/総人口） Percentage of in-migrants from other prefectures (All nationalities) #A05308 % 2022		No. 27 転出率（転出者数/総人口） Percentage of out-migrants to other prefectures (All nationalities) #A05309 % 2022		都道府県コード
指標値 Indicator	順位 Rank	指標値 Indicator	順位 Rank	指標値 Indicator	順位 Rank	指標値 Indicator	順位 Rank	指標値 Indicator	順位 Rank	Pref. code
0.43		36.29		...		2.04		2.04		00
0.53	11	37.41	23	-0.07	15	1.06	47	1.13	47	01
0.36	35	40.90	2	-0.38	45	1.43	35	1.81	32	02
0.36	35	39.82	6	-0.37	43	1.43	36	1.80	34	03
0.38	29	36.11	33	0.03	10	2.08	8	2.05	12	04
0.29	44	41.55	1	-0.30	37	1.18	45	1.47	45	05
0.33	41	40.60	3	-0.34	42	1.25	44	1.59	42	06
0.67	2	39.89	5	-0.38	44	1.38	41	1.75	37	07
0.61	3	35.79	35	0.02	11	2.10	7	2.09	10	08
0.47	19	36.16	31	-0.02	12	2.01	12	2.03	13	09
0.52	12	37.79	18	-0.02	13	1.91	14	1.93	21	10
0.32	43	33.81	45	0.35	1	2.62	2	2.27	5	11
0.46	20	33.68	46	0.14	4	2.61	3	2.48	2	12
0.41	26	35.65	36	0.27	3	3.13	1	2.86	1	13
0.34	40	33.99	44	0.30	2	2.58	4	2.28	4	14
0.49	16	39.76	7	-0.27	34	1.06	46	1.33	46	15
0.42	24	37.75	19	-0.13	23	1.39	40	1.51	44	16
0.28	45	36.30	30	-0.21	29	1.71	26	1.92	22	17
0.37	31	38.48	16	-0.48	47	1.33	43	1.81	33	18
0.26	46	36.90	26	0.09	7	2.01	11	1.93	20	19
0.41	25	36.81	28	0.03	9	1.63	31	1.60	41	20
0.35	37	36.84	27	-0.20	27	1.70	27	1.90	25	21
0.54	10	36.15	32	-0.13	24	1.65	30	1.78	35	22
0.47	18	34.96	40	-0.11	20	1.65	29	1.76	36	23
0.33	41	37.64	21	-0.26	33	1.83	18	2.09	11	24
0.35	38	33.34	47	0.11	5	2.24	6	2.13	8	25
0.34	39	34.52	41	-0.08	16	2.32	5	2.40	3	26
0.37	30	36.00	34	0.07	8	1.98	13	1.90	23	27
0.36	32	35.30	39	-0.10	19	1.75	23	1.85	29	28
0.60	4	34.13	43	-0.09	18	1.87	16	1.97	19	29
0.73	1	38.90	13	-0.22	31	1.36	42	1.58	43	30
0.55	9	39.33	10	-0.24	32	1.59	33	1.83	31	31
0.21	47	40.33	4	-0.27	35	1.60	32	1.88	26	32
0.36	34	36.81	29	-0.30	38	1.57	34	1.87	28	33
0.36	33	35.35	38	-0.33	41	1.66	28	1.99	14	34
0.60	4	38.97	12	-0.21	30	1.77	22	1.98	15	35
0.41	27	39.51	9	-0.32	40	1.41	38	1.73	38	36
0.48	17	37.73	20	-0.28	36	1.81	20	2.09	9	37
0.40	28	39.14	11	-0.30	39	1.42	37	1.72	39	38
0.52	12	39.66	8	-0.21	28	1.40	39	1.61	40	39
0.51	14	35.58	37	0.10	6	2.07	9	1.98	16	40
0.44	22	37.29	24	-0.11	21	2.07	10	2.19	6	41
0.60	6	38.86	14	-0.41	46	1.75	24	2.15	7	42
0.57	8	37.08	25	-0.02	14	1.82	19	1.84	30	43
0.49	15	37.43	22	-0.14	25	1.83	17	1.97	17	44
0.58	7	38.15	17	-0.12	22	1.78	21	1.90	24	45
0.45	21	38.86	15	-0.15	26	1.72	25	1.87	27	46
0.43	23	34.38	42	-0.09	17	1.88	15	1.97	18	47

8

都道府県	Prefecture	No. 28 流入人口比率（対総人口） Percentage of inflow population #A05304 % 2020 指標値 Indicator	順位 Rank	No. 29 流出人口比率（対総人口） Percentage of outflow population #A05305 % 2020 指標値 Indicator	順位 Rank	No. 30 一般世帯数 Private households #A06103 万世帯：10 thousand households 2020 指標値 Indicator	順位 Rank	No. 31 全国一般世帯に占める一般世帯割合 Percentage distribution of private households #A0610101 % 2020 指標値 Indicator	順位 Rank
00 全国	All Japan	4.33		4.33		5,570		100.00	
01 北海道	Hokkaido	0.07	47	0.10	47	247	7	4.43	7
02 青森県	Aomori-ken	0.48	41	0.58	41	51	31	0.91	31
03 岩手県	Iwate-ken	0.82	33	1.03	27	49	32	0.88	32
04 宮城県	Miyagi-ken	0.98	30	0.92	33	98	14	1.76	14
05 秋田県	Akita-ken	0.29	44	0.47	43	38	40	0.69	40
06 山形県	Yamagata-ken	0.52	40	0.78	37	40	38	0.71	38
07 福島県	Fukushima-ken	1.06	25	0.97	28	74	22	1.33	22
08 茨城県	Ibaraki-ken	3.00	10	5.22	9	118	13	2.12	13
09 栃木県	Tochigi-ken	2.93	12	3.88	11	80	19	1.43	19
10 群馬県	Gumma-ken	3.20	8	3.25	14	80	17	1.44	17
11 埼玉県	Saitama-ken	3.50	6	13.89	1	316	5	5.67	5
12 千葉県	Chiba-ken	2.95	11	12.70	3	277	6	4.97	6
13 東京都	Tokyo-to	19.67	1	3.52	13	722	1	12.96	1
14 神奈川県	Kanagawa-ken	3.44	7	11.76	4	421	2	7.56	2
15 新潟県	Niigata-ken	0.27	45	0.31	45	86	15	1.55	15
16 富山県	Toyama-ken	0.75	34	0.95	30	40	37	0.72	37
17 石川県	Ishikawa-ken	1.05	26	0.89	34	47	34	0.84	34
18 福井県	Fukui-ken	1.02	28	0.88	35	29	45	0.52	45
19 山梨県	Yamanashi-ken	1.30	21	2.04	17	34	41	0.61	41
20 長野県	Nagano-ken	0.45	42	0.71	39	83	16	1.49	16
21 岐阜県	Gifu-ken	2.58	13	5.96	7	78	20	1.40	20
22 静岡県	Shizuoka-ken	0.94	31	1.15	25	148	10	2.66	10
23 愛知県	Aichi-ken	2.33	15	1.18	24	323	4	5.80	4
24 三重県	Mie-ken	1.74	17	3.15	15	74	21	1.33	21
25 滋賀県	Shiga-ken	3.01	9	6.15	6	57	28	1.02	28
26 京都府	Kyoto-fu	7.36	2	5.64	8	119	12	2.13	12
27 大阪府	Osaka-fu	6.82	3	2.92	16	413	3	7.41	3
28 兵庫県	Hyogo-ken	2.43	14	6.37	5	240	8	4.31	8
29 奈良県	Nara-ken	4.07	5	12.98	2	54	30	0.98	30
30 和歌山県	Wakayama-ken	2.00	16	3.53	12	39	39	0.71	39
31 鳥取県	Tottori-ken	1.49	18	1.65	18	22	47	0.39	47
32 島根県	Shimane-ken	1.37	19	1.28	21	27	46	0.48	46
33 岡山県	Okayama-ken	1.27	22	1.23	22	80	18	1.44	18
34 広島県	Hiroshima-ken	1.10	24	0.93	32	124	11	2.23	11
35 山口県	Yamaguchi-ken	1.12	23	1.49	19	60	27	1.07	27
36 徳島県	Tokushima-ken	0.57	38	0.96	29	31	44	0.55	44
37 香川県	Kagawa-ken	1.04	27	0.94	31	41	36	0.73	36
38 愛媛県	Ehime-ken	0.60	37	0.52	42	60	26	1.08	26
39 高知県	Kochi-ken	0.33	43	0.44	44	31	42	0.56	42
40 福岡県	Fukuoka-ken	1.37	20	1.28	20	232	9	4.16	9
41 佐賀県	Saga-ken	5.04	4	4.68	10	31	43	0.56	43
42 長崎県	Nagasaki-ken	0.60	36	0.86	36	56	29	1.00	29
43 熊本県	Kumamoto-ken	0.85	32	1.21	23	72	24	1.29	24
44 大分県	Oita-ken	0.98	29	1.05	26	49	33	0.88	33
45 宮崎県	Miyazaki-ken	0.70	35	0.77	38	47	35	0.84	35
46 鹿児島県	Kagoshima-ken	0.52	39	0.62	40	73	23	1.30	23
47 沖縄県	Okinawa-ken	0.09	46	0.11	46	61	25	1.10	25

No. 32 一般世帯の平均人員 Members per private household #A06102 人：persons 2020		No. 33 核家族世帯の割合（対一般世帯数）Percentage of nuclear family households #A06202 ％ 2020		No. 34 単独世帯の割合（対一般世帯数）Percentage of one-person households #A06205 ％ 2020		No. 35 65歳以上の世帯員のいる世帯割合（対一般世帯数）Percentage of households with members 65 years old and over #A06301 ％ 2020		No. 36 夫65歳以上、妻60歳以上の夫婦のみの世帯の割合（対一般世帯数）Percentage of households consisting only of married couples with a husband 65 years old and over and a wife 60 years old and over #A06302 ％ 2020		都道府県コード
指標値 Indicator	順位 Rank	指標値 Indicator	順位 Rank	指標値 Indicator	順位 Rank	指標値 Indicator	順位 Rank	指標値 Indicator	順位 Rank	Pref. code
2.21		54.05		37.97		40.67		11.73		00
2.04	46	53.64	32	40.49	5	42.70	34	14.00	9	01
2.34	21	52.73	39	33.14	29	51.49	5	11.97	35	02
2.39	14	51.34	45	33.27	26	51.53	4	11.75	38	03
2.30	26	51.71	44	36.94	12	41.09	37	10.47	45	04
2.41	10	52.98	37	30.55	41	57.50	1	13.75	12	05
2.61	1	50.99	46	28.43	47	55.21	2	12.00	34	06
2.42	9	51.90	43	33.15	28	48.90	13	11.66	39	07
2.37	17	56.22	15	32.65	32	44.88	27	12.69	24	08
2.38	15	55.29	24	32.91	31	44.44	30	11.66	40	09
2.35	18	57.60	5	32.38	35	44.73	28	12.88	23	10
2.28	28	58.57	3	33.95	24	39.30	41	11.92	37	11
2.23	34	56.82	10	36.26	15	39.40	40	12.10	32	12
1.92	47	45.72	47	50.24	1	29.54	47	7.82	47	13
2.15	40	55.83	20	39.21	6	35.57	45	10.94	43	14
2.48	6	53.29	35	30.85	40	51.43	6	12.22	29	15
2.50	4	54.62	28	29.66	44	50.86	7	12.58	26	16
2.34	20	54.42	30	34.67	21	43.96	32	12.59	25	17
2.57	2	53.49	34	29.68	43	49.64	10	12.13	31	18
2.34	22	56.70	12	32.60	33	46.77	21	13.37	19	19
2.41	11	56.12	16	31.03	39	48.82	14	13.61	15	20
2.49	5	57.30	6	29.36	45	47.91	18	13.74	13	21
2.40	13	55.99	18	31.88	38	46.24	23	12.33	27	22
2.29	27	55.50	21	36.35	14	37.03	44	10.89	44	23
2.33	24	57.17	8	33.01	30	44.35	31	13.85	11	24
2.44	8	57.95	4	31.90	37	40.58	38	12.30	28	25
2.12	42	52.32	41	41.20	3	40.26	39	12.09	33	26
2.10	45	53.14	36	41.85	2	38.01	43	10.97	42	27
2.23	33	57.18	7	35.95	17	41.85	35	12.94	21	28
2.38	16	62.59	1	29.27	46	48.00	17	15.94	1	29
2.28	29	59.29	2	32.51	34	50.13	9	15.05	3	30
2.44	7	52.90	38	32.25	36	50.21	8	11.94	36	31
2.40	12	52.15	42	33.17	27	51.82	3	13.54	17	32
2.30	25	54.47	29	35.63	20	43.29	33	12.92	22	33
2.20	37	56.06	17	37.30	11	41.47	36	13.38	18	34
2.17	38	56.34	14	36.53	13	48.47	16	15.55	2	35
2.26	32	53.74	31	35.65	19	47.81	19	13.74	14	36
2.27	30	56.77	11	34.43	22	45.40	26	13.98	10	37
2.16	39	55.33	22	37.47	9	46.01	25	14.19	8	38
2.11	43	53.51	33	39.09	7	49.18	11	13.59	16	39
2.15	41	52.36	40	40.67	4	38.33	42	11.15	41	40
2.51	3	55.21	26	30.30	42	48.77	15	12.17	30	41
2.27	31	56.44	13	34.43	23	48.91	12	14.30	7	42
2.34	19	55.26	25	33.90	25	46.64	22	13.14	20	43
2.22	35	55.33	23	35.95	16	46.84	20	14.56	6	44
2.20	36	57.06	9	35.81	18	46.11	24	14.82	5	45
2.11	44	55.99	19	38.94	8	44.73	29	14.94	4	46
2.33	23	55.15	27	37.44	10	34.68	46	8.25	46	47

			No. 37 65歳以上世帯員の単独世帯の割合（対一般世帯数） Percentage of single-person households with members aged 65 years old and over #A06304		No. 38 共働き世帯割合（対一般世帯数） Percentage of dual-income households #F01503		No. 39 婚姻率（人口千人当たり） Ratio of marriages (per 1,000 persons) #A06601		No. 40 離婚率（人口千人当たり） Ratio of divorces (per 1,000 persons) #A06602	
単位		Unit	%		%		—		—	
年度		Fiscal year	2020		2020		2021		2021	
	都道府県	Prefecture	指標値 Indicator	順位 Rank	指標値 Indicator	順位 Rank	指標値 Indicator	順位 Rank	指標値 Indicator	順位 Rank
00	全国	All Japan	12.06		23.71		3.99		1.47	
01	北海道	Hokkaido	14.65	8	20.71	43	3.73	17	1.67	4
02	青森県	Aomori-ken	14.08	11	26.99	21	3.06	46	1.46	19
03	岩手県	Iwate-ken	12.72	20	28.70	14	3.07	45	1.22	43
04	宮城県	Miyagi-ken	9.92	46	24.59	33	3.75	15	1.41	33
05	秋田県	Akita-ken	14.45	9	29.38	11	2.77	47	1.10	47
06	山形県	Yamagata-ken	10.95	37	34.40	2	3.21	44	1.18	45
07	福島県	Fukushima-ken	11.78	27	27.37	20	3.50	36	1.49	14
08	茨城県	Ibaraki-ken	10.63	43	26.72	22	3.51	35	1.42	31
09	栃木県	Tochigi-ken	10.73	42	27.39	19	3.71	20	1.46	20
10	群馬県	Gumma-ken	11.70	29	28.41	16	3.52	33	1.47	17
11	埼玉県	Saitama-ken	10.54	44	24.26	34	3.86	12	1.45	21
12	千葉県	Chiba-ken	10.84	40	23.13	39	3.86	11	1.44	23
13	東京都	Tokyo-to	11.24	33	17.43	47	4.98	1	1.40	35
14	神奈川県	Kanagawa-ken	10.92	39	21.87	41	4.19	6	1.43	29
15	新潟県	Niigata-ken	11.44	32	31.03	6	3.26	43	1.20	44
16	富山県	Toyama-ken	11.46	31	32.83	3	3.46	37	1.14	46
17	石川県	Ishikawa-ken	11.13	36	29.99	10	3.75	16	1.23	42
18	福井県	Fukui-ken	10.79	41	34.69	1	3.71	19	1.34	37
19	山梨県	Yamanashi-ken	12.46	22	29.25	12	3.69	24	1.43	25
20	長野県	Nagano-ken	11.61	30	31.40	4	3.61	29	1.31	40
21	岐阜県	Gifu-ken	10.93	38	30.87	8	3.36	42	1.31	39
22	静岡県	Shizuoka-ken	11.21	34	29.00	13	3.70	22	1.43	26
23	愛知県	Aichi-ken	10.01	45	25.84	27	4.46	3	1.48	16
24	三重県	Mie-ken	11.92	25	27.63	17	3.69	25	1.43	28
25	滋賀県	Shiga-ken	9.40	47	28.53	15	4.06	7	1.34	38
26	京都府	Kyoto-fu	12.93	18	20.57	45	3.68	26	1.43	27
27	大阪府	Osaka-fu	13.75	13	18.75	46	4.43	4	1.66	5
28	兵庫県	Hyogo-ken	13.08	16	22.79	40	3.85	13	1.51	13
29	奈良県	Nara-ken	13.01	17	24.07	35	3.37	41	1.40	36
30	和歌山県	Wakayama-ken	16.37	3	25.77	28	3.57	32	1.58	6
31	鳥取県	Tottori-ken	12.40	23	30.00	9	3.60	30	1.44	24
32	島根県	Shimane-ken	13.16	14	31.22	5	3.51	34	1.30	41
33	岡山県	Okayama-ken	11.78	26	25.73	29	3.94	9	1.48	15
34	広島県	Hiroshima-ken	12.67	21	24.96	31	4.00	8	1.44	22
35	山口県	Yamaguchi-ken	15.77	4	24.06	36	3.59	31	1.41	32
36	徳島県	Tokushima-ken	13.78	12	25.92	26	3.45	39	1.51	12
37	香川県	Kagawa-ken	13.13	15	26.45	24	3.89	10	1.53	10
38	愛媛県	Ehime-ken	14.97	7	23.79	37	3.46	38	1.42	30
39	高知県	Kochi-ken	17.80	1	23.38	38	3.41	40	1.52	11
40	福岡県	Fukuoka-ken	12.26	24	21.60	42	4.30	5	1.67	3
41	佐賀県	Saga-ken	11.78	28	30.93	7	3.71	18	1.47	18
42	長崎県	Nagasaki-ken	15.08	5	26.00	25	3.63	28	1.41	34
43	熊本県	Kumamoto-ken	12.89	19	27.55	18	3.81	14	1.55	9
44	大分県	Oita-ken	14.30	10	25.44	30	3.70	23	1.56	7
45	宮崎県	Miyazaki-ken	15.08	6	26.52	23	3.66	27	1.68	2
46	鹿児島県	Kagoshima-ken	16.40	2	24.89	32	3.70	21	1.56	8
47	沖縄県	Okinawa-ken	11.19	35	20.64	44	4.78	2	2.17	1

人口・世帯

（指標）

B. 自然環境　　B Natural Environment

都道府県 / Prefecture	No. 41 総面積（北方地域及び竹島を含む） Total land area #B011001		No. 42 面積割合（北方地域及び竹島を除く）（対全国総面積） Percentage of total land area, all Japan #B01101		No. 43 森林面積割合（北方地域及び竹島を除く）（対総面積） Percentage of forest area #B01202		No. 44 自然公園面積割合（北方地域及び竹島を除く）（対総面積） Percentage of natural park area #B01204	
単位 Unit	100km²		%		%		%	
年度 Fiscal year	2022		2022		2019		2021	
	指標値 Indicator	順位 Rank	指標値 Indicator	順位 Rank	指標値 Indicator	順位 Rank	指標値 Indicator	順位 Rank
00 全国　All Japan	3,779.73		100.00		65.5		15.0	
01 北海道　Hokkaido	834.24	1	21.03	1	67.7	22	11.2	34
02 青森県　Aomori-ken	96.46	8	2.59	8	63.6	28	11.8	32
03 岩手県　Iwate-ken	152.75	2	4.10	2	74.6	10	4.7	46
04 宮城県　Miyagi-ken	72.82	16	1.95	16	55.4	34	23.5	10
05 秋田県　Akita-ken	116.38	6	3.12	6	70.3	18	10.6	38
06 山形県　Yamagata-ken	93.23	9	2.50	9	69.0	19	16.7	22
07 福島県　Fukushima-ken	137.84	3	3.70	3	68.0	21	13.1	28
08 茨城県　Ibaraki-ken	60.98	24	1.63	24	32.4	44	14.9	23
09 栃木県　Tochigi-ken	64.08	20	1.72	20	52.9	35	20.8	13
10 群馬県　Gumma-ken	63.62	21	1.71	21	64.0	26	14.0	26
11 埼玉県　Saitama-ken	37.98	39	1.02	39	31.4	45	32.8	5
12 千葉県　Chiba-ken	51.57	28	1.38	28	30.1	46	5.5	45
13 東京都　Tokyo-to	21.94	45	0.59	45	34.7	43	36.4	2
14 神奈川県　Kanagawa-ken	24.16	43	0.65	43	38.7	42	22.8	11
15 新潟県　Niigata-ken	125.84	5	3.37	5	63.5	29	25.2	9
16 富山県　Toyama-ken	42.48	33	1.14	33	56.6	33	29.6	6
17 石川県　Ishikawa-ken	41.86	35	1.12	35	66.3	24	12.6	30
18 福井県　Fukui-ken	41.91	34	1.12	34	73.9	12	14.8	24
19 山梨県　Yamanashi-ken	44.65	32	1.20	32	77.8	4	27.1	8
20 長野県　Nagano-ken	135.62	4	3.64	4	75.3	9	20.5	15
21 岐阜県　Gifu-ken	106.21	7	2.85	7	79.0	2	18.4	17
22 静岡県　Shizuoka-ken	77.77	13	2.09	13	62.8	30	10.8	37
23 愛知県　Aichi-ken	51.73	27	1.39	27	42.1	41	17.2	20
24 三重県　Mie-ken	57.74	25	1.55	25	64.2	25	36.1	3
25 滋賀県　Shiga-ken	40.17	38	1.08	38	50.7	36	37.3	1
26 京都府　Kyoto-fu	46.12	31	1.24	31	74.2	11	20.6	14
27 大阪府　Osaka-fu	19.05	46	0.51	46	29.9	47	10.5	39
28 兵庫県　Hyogo-ken	84.01	12	2.25	12	66.9	23	19.8	16
29 奈良県　Nara-ken	36.91	40	0.99	40	76.9	5	17.2	21
30 和歌山県　Wakayama-ken	47.25	30	1.27	30	76.2	6	12.6	29
31 鳥取県　Tottori-ken	35.07	41	0.94	41	73.4	13	14.0	25
32 島根県　Shimane-ken	67.08	19	1.80	19	78.0	3	6.0	44
33 岡山県　Okayama-ken	71.15	17	1.91	17	68.1	20	11.3	33
34 広島県　Hiroshima-ken	84.79	11	2.27	11	71.9	14	4.5	47
35 山口県　Yamaguchi-ken	61.13	23	1.64	23	71.4	15	7.0	42
36 徳島県　Tokushima-ken	41.47	36	1.11	36	75.4	8	9.3	40
37 香川県　Kagawa-ken	18.77	47	0.50	47	46.4	38	10.9	36
38 愛媛県　Ehime-ken	56.76	26	1.52	26	70.5	17	7.2	41
39 高知県　Kochi-ken	71.03	18	1.90	18	83.3	1	6.7	43
40 福岡県　Fukuoka-ken	49.88	29	1.34	29	44.5	40	17.7	19
41 佐賀県　Saga-ken	24.41	42	0.65	42	45.3	39	11.0	35
42 長崎県　Nagasaki-ken	41.31	37	1.11	37	58.5	32	17.9	18
43 熊本県　Kumamoto-ken	74.09	15	1.99	15	61.8	31	21.0	12
44 大分県　Oita-ken	63.41	22	1.70	22	70.8	16	27.6	7
45 宮崎県　Miyazaki-ken	77.34	14	2.07	14	75.5	7	11.9	31
46 鹿児島県　Kagoshima-ken	91.86	10	2.46	10	63.7	27	13.6	27
47 沖縄県　Okinawa-ken	22.82	44	0.61	44	46.7	37	35.7	4

自然環境 B （指標）

No. 45 可住地面積割合（北方地域及び竹島を除く）（対総面積） Percentage of inhabitable area #B01301 % 2022		No. 46 * 年平均気温 Yearly average of air temperature #B02101 °C 1) 2022		No. 47 * 最高気温（日最高気温の月平均の最高値） Highest temperature among monthly averages of daily highest #B02102 °C 1) 2022		No. 48 * 最低気温（日最低気温の月平均の最低値） Lowest temperature among monthly averages of daily lowest #B02103 °C 1) 2022		No. 49 * 年平均相対湿度 Yearly average of relative humidity #B02201 % 1) 2022		都道府県コード Pref. code
指標値 Indicator	順位 Rank	指標値 Indicator	順位 Rank	指標値 Indicator	順位 Rank	指標値 Indicator	順位 Rank	指標値 Indicator	順位 Rank	
33.0		...		...		...		...		00
28.9	30	10.2	47	27.3	47	-6.3	2	71	18	01
33.7	22	11.3	45	27.9	46	-3.9	4	76	5	02
24.6	38	11.2	46	29.7	43	-6.4	1	78	2	03
43.7	13	13.5	41	29.4	45	-1.4	11	73	14	04
27.8	33	12.6	43	29.7	43	-2.4	8	75	8	05
30.8	27	12.6	43	31.0	40	-3.9	4	75	8	06
30.7	28	13.9	40	30.8	41	-2.3	9	72	15	07
63.8	5	14.8	38	31.1	39	-2.3	9	70	23	08
46.9	12	14.9	37	31.6	36	-2.9	6	72	15	09
35.7	21	15.7	30	32.4	26	-0.9	13	66	40	10
68.5	2	16.0	28	33.0	19	-0.9	13	68	34	11
68.5	3	16.7	21	31.3	38	2.0	38	65	42	12
64.8	4	16.4	24	32.0	31	1.1	27	70	23	13
61.0	6	16.7	21	31.5	37	2.2	41	69	29	14
36.2	17	14.5	39	30.6	42	-0.1	19	75	8	15
43.4	14	15.1	36	32.4	26	-0.4	16	77	3	16
33.3	23	15.7	30	32.0	31	0.6	25	70	23	17
25.7	36	15.4	35	32.5	25	-0.4	16	77	3	18
21.3	44	15.7	30	33.0	19	-2.9	6	67	37	19
24.0	41	12.7	42	31.7	35	-5.0	3	75	8	20
20.8	45	16.7	21	33.0	19	0.0	21	65	42	21
35.7	20	17.4	11	32.0	31	1.4	30	70	23	22
57.9	7	16.9	18	33.1	17	0.5	23	69	29	23
35.7	19	16.9	18	32.0	31	1.9	35	65	42	24
32.3	25	15.7	30	32.7	23	0.1	22	76	5	25
25.5	37	16.8	20	34.2	3	0.7	26	67	37	26
70.0	1	17.5	9	33.8	6	2.1	39	65	42	27
33.0	24	17.5	9	32.3	28	2.5	42	66	40	28
23.1	43	16.2	27	33.5	10	-0.1	19	71	18	29
23.8	42	17.3	13	33.2	15	1.8	34	69	29	30
25.8	35	15.7	30	33.3	13	-0.3	18	...	-	31
18.9	46	15.8	29	32.2	29	0.5	23	75	8	32
31.3	26	16.4	24	33.9	4	-1.0	12	70	23	33
27.1	34	17.1	17	33.1	17	1.1	27	60	46	34
28.1	32	16.3	26	33.9	4	-0.7	15	74	13	35
24.5	39	17.2	16	33.2	15	1.9	35	70	23	36
53.5	10	17.3	13	34.3	1	1.1	27	68	34	37
29.3	29	17.3	13	33.3	13	1.5	32	69	29	38
16.3	47	17.7	6	33.6	9	1.6	33	71	18	39
55.4	8	18.0	4	33.8	6	3.3	44	67	37	40
54.7	9	17.7	6	33.0	19	2.1	39	69	29	41
40.4	15	17.8	5	32.1	30	3.3	44	71	18	42
37.1	16	17.7	6	33.5	10	1.4	30	68	34	43
28.3	31	17.4	11	33.5	10	1.9	35	71	18	44
24.2	40	18.2	3	33.7	8	3.1	43	76	5	45
35.8	18	19.3	2	34.3	1	4.9	46	72	15	46
49.3	11	23.7	1	32.7	23	15.1	47	80	1	47

注）項目欄に「＊」の付されている項目は、都道府県庁所在地のデータである。
1）ただし、上記の気象項目については、埼玉県は熊谷市、東京都は千代田区、滋賀県は彦根市における気象台の観測値である。
Note : Items with * refer to the cities with prefectural governments.
1) However, with regard to weather information, Kumagaya-shi observations are used for Saitama-ken, Chiyoda-ku for Tokyo-to, and Hikone-shi for Shiga-ken.

		No. 50 　　　　　　 *		No. 51 　　　　　　 *		No. 52 　　　　　　 *	
		日照時間（年間）		降水量（年間）		降水日数（年間）	
		Yearly sunshine hours		Yearly precipitation		Yearly rainy days	
		#B02401　　　　 1)		#B02402　　　　 1)		#B02303　　　　 1)	
単位	Unit	時間：hours		mm		日：days	
年度	Fiscal year	2022		2022		2022	
都道府県	Prefecture	指標値 Indicator	順位 Rank	指標値 Indicator	順位 Rank	指標値 Indicator	順位 Rank
00 全国	All Japan	...		...		...	
01 北海道	Hokkaido	1,847.8	37	1,154.0	36	137	11
02 青森県	Aomori-ken	1,772.1	43	1,721.5	13	158	7
03 岩手県	Iwate-ken	1,773.6	42	1,402.5	25	138	10
04 宮城県	Miyagi-ken	1,951.9	34	1,224.5	30	100	27
05 秋田県	Akita-ken	1,654.3	46	1,862.0	11	166	4
06 山形県	Yamagata-ken	1,743.9	45	1,177.5	34	143	9
07 福島県	Fukushima-ken	1,807.5	39	1,033.0	40	102	25
08 茨城県	Ibaraki-ken	2,159.1	18	1,202.5	33	96	29
09 栃木県	Tochigi-ken	2,070.8	24	...	–	...	–
10 群馬県	Gumma-ken	2,213.6	12	1,147.5	38	101	26
11 埼玉県	Saitama-ken	2,213.8	11	1,251.0	28	92	35
12 千葉県	Chiba-ken	2,025.1	29	1,427.5	22	107	21
13 東京都	Tokyo-to	2,028.9	28	1,615.5	16	109	20
14 神奈川県	Kanagawa-ken	2,111.1	21	1,657.5	15	112	16
15 新潟県	Niigata-ken	1,751.7	44	2,002.0	9	171	1
16 富山県	Toyama-ken	1,775.5	41	2,401.5	6	169	2
17 石川県	Ishikawa-ken	1,902.7	35	2,223.5	7	160	6
18 福井県	Fukui-ken	1,826.4	38	2,467.0	4	167	3
19 山梨県	Yamanashi-ken	2,298.1	3	1,019.5	43	98	28
20 長野県	Nagano-ken	2,041.3	27	1,022.5	42	112	16
21 岐阜県	Gifu-ken	2,180.3	16	1,978.5	10	115	14
22 静岡県	Shizuoka-ken	2,239.7	9	2,967.0	2	112	16
23 愛知県	Aichi-ken	2,256.3	7	1,578.0	17	104	24
24 三重県	Mie-ken	2,194.5	14	1,408.0	24	106	22
25 滋賀県	Shiga-ken	1,996.4	33	1,426.0	23	120	13
26 京都府	Kyoto-fu	2,004.3	31	1,459.5	20	85	39
27 大阪府	Osaka-fu	2,319.6	1	1,058.0	39	92	35
28 兵庫県	Hyogo-ken	2,310.0	2	1,160.5	35	83	41
29 奈良県	Nara-ken	2,043.1	26	1,216.0	31	94	31
30 和歌山県	Wakayama-ken	2,260.4	6	1,006.5	44	88	38
31 鳥取県	Tottori-ken	1,793.1	40	1,534.5	18	149	8
32 島根県	Shimane-ken	1,896.4	36	1,300.0	27	130	12
33 岡山県	Okayama-ken	2,251.8	8	839.5	45	78	43
34 広島県	Hiroshima-ken	2,181.8	15	1,212.5	32	69	46
35 山口県	Yamaguchi-ken	2,078.1	23	1,375.0	26	83	41
36 徳島県	Tokushima-ken	2,278.0	4	1,150.5	37	93	32
37 香川県	Kagawa-ken	2,227.7	10	667.5	46	73	45
38 愛媛県	Ehime-ken	2,153.4	20	1,030.0	41	76	44
39 高知県	Kochi-ken	2,270.8	5	2,025.5	8	106	22
40 福岡県	Fukuoka-ken	2,160.3	17	1,232.5	29	93	32
41 佐賀県	Saga-ken	2,211.5	13	1,664.5	14	93	32
42 長崎県	Nagasaki-ken	2,015.1	30	1,742.5	12	95	30
43 熊本県	Kumamoto-ken	2,154.8	19	1,502.0	19	91	37
44 大分県	Oita-ken	2,068.9	25	1,452.5	21	85	39
45 宮崎県	Miyazaki-ken	2,106.8	22	2,865.0	3	110	19
46 鹿児島県	Kagoshima-ken	2,003.2	32	2,416.0	5	114	15
47 沖縄県	Okinawa-ken	1,588.8	47	2,996.5	1	162	5

注）項目欄に「＊」の付されている項目は、都道府県庁所在地のデータである。
1）ただし、上記の気象項目については、埼玉県は熊谷市、東京都は千代田区、滋賀県は彦根市における気象台の観測値である。
Note：Items with ＊ refer to the cities with prefectural governments.
1) However, with regard to weather information, Kumagaya-shi observations are used for Saitama-ken, Chiyoda-ku for Tokyo-to, and Hikone-shi for Shiga-ken.

自然環境

B

（指標）

C. 経済基盤　　C Economic Base

都道府県 Prefecture	No. 53 1人当たり県民所得 (平成27年基準) Prefectural income per person (2015 base) #C01321		No. 54 県内総生産額 対前年増加率 (平成27年基準) Annual increase rate of gross prefectural product (2015 base) #C01121		No. 55 県民所得 対前年増加率 (平成27年基準) Annual increase rate of prefectural income (2015 base) #C01125		No. 56 県民総所得(名目) 対前年増加率 (平成27年基準) Annual increase rate of gross prefectural income (nominal) (2015 base) #C01126	
単位 Unit	千円：thousand yen		%		%		%	
年度 Fiscal year	2019		2019		2019		2019	
	指標値 Indicator	順位 Rank	指標値 Indicator	順位 Rank	指標値 Indicator	順位 Rank	指標値 Indicator	順位 Rank
00 全国　All Japan	3,345		-0.8		-1.4		-0.9	
01 北海道　Hokkaido	2,832	33	-0.3	18	0.2	9	-0.1	14
02 青森県　Aomori-ken	2,628	43	1.1	5	0.2	8	0.5	9
03 岩手県　Iwate-ken	2,781	35	-1.4	34	-2.3	37	-1.3	34
04 宮城県　Miyagi-ken	2,943	27	-2.1	41	-2.9	42	-1.9	42
05 秋田県　Akita-ken	2,713	39	1.6	1	1.3	2	1.4	4
06 山形県　Yamagata-ken	2,909	30	-0.2	16	-0.5	15	-0.6	20
07 福島県　Fukushima-ken	2,942	28	-1.2	32	-2.3	38	-1.2	32
08 茨城県　Ibaraki-ken	3,247	10	-2.0	39	-2.7	41	-1.8	39
09 栃木県　Tochigi-ken	3,351	4	-1.9	37	-3.2	45	-2.0	43
10 群馬県　Gumma-ken	3,288	8	0.2	11	-1.3	23	0.0	13
11 埼玉県　Saitama-ken	3,038	17	-0.4	20	-1.3	24	-0.7	24
12 千葉県　Chiba-ken	3,058	15	-1.1	29	-2.6	39	-1.8	40
13 東京都　Tokyo-to	5,757	1	0.3	10	-1.2	22	-0.5	19
14 神奈川県　Kanagawa-ken	3,199	11	-0.9	27	-0.7	16	-0.7	23
15 新潟県　Niigata-ken	2,951	25	-1.8	36	-1.9	33	-1.7	38
16 富山県　Toyama-ken	3,316	7	-0.6	24	-1.7	32	-0.8	26
17 石川県　Ishikawa-ken	2,973	24	-3.1	45	-3.1	43	-2.3	45
18 福井県　Fukui-ken	3,325	5	0.3	9	0.9	5	0.6	7
19 山梨県　Yamanashi-ken	3,125	14	-1.3	33	-1.6	28	-1.2	33
20 長野県　Nagano-ken	2,924	29	-2.0	38	-2.7	40	-1.9	41
21 岐阜県　Gifu-ken	3,035	19	-1.0	28	-1.6	30	-0.9	27
22 静岡県　Shizuoka-ken	3,407	3	-1.5	35	-1.6	29	-1.0	28
23 愛知県　Aichi-ken	3,661	2	-3.4	46	-4.2	46	-3.0	46
24 三重県　Mie-ken	2,989	22	-5.9	47	-7.7	47	-5.5	47
25 滋賀県　Shiga-ken	3,323	6	0.1	14	-1.0	21	-0.2	15
26 京都府　Kyoto-fu	3,005	21	0.5	7	0.5	7	1.5	3
27 大阪府　Osaka-fu	3,055	16	-0.8	26	-0.2	12	-0.7	25
28 兵庫県　Hyogo-ken	3,038	17	0.2	13	-0.4	13	0.4	10
29 奈良県　Nara-ken	2,728	36	-0.3	17	-1.5	27	-1.1	30
30 和歌山県　Wakayama-ken	2,986	23	0.4	8	-0.1	11	0.3	11
31 鳥取県　Tottori-ken	2,439	45	-1.2	31	-1.6	31	-1.1	31
32 島根県　Shimane-ken	2,951	25	1.5	2	1.5	1	1.3	5
33 岡山県　Okayama-ken	2,794	34	-1.2	30	-0.9	20	-1.0	29
34 広島県　Hiroshima-ken	3,153	12	-2.4	43	-2.1	35	-1.6	36
35 山口県　Yamaguchi-ken	3,249	9	-2.0	40	-2.1	34	-1.5	35
36 徳島県　Tokushima-ken	3,153	12	-0.4	21	-1.4	26	-0.3	18
37 香川県　Kagawa-ken	3,021	20	1.3	4	1.3	3	1.5	2
38 愛媛県　Ehime-ken	2,717	37	0.2	12	0.0	10	0.5	8
39 高知県　Kochi-ken	2,663	41	-0.3	19	-0.5	14	-0.2	16
40 福岡県　Fukuoka-ken	2,838	32	-0.6	23	-0.9	19	-0.7	22
41 佐賀県　Saga-ken	2,854	31	-0.5	22	-0.9	18	-0.3	17
42 長崎県　Nagasaki-ken	2,655	42	-0.6	25	-1.4	25	-0.6	21
43 熊本県　Kumamoto-ken	2,714	38	1.0	6	0.7	6	1.1	6
44 大分県　Oita-ken	2,695	40	-2.4	44	-3.2	44	-2.1	44
45 宮崎県　Miyazaki-ken	2,426	46	-2.1	42	-2.2	36	-1.6	37
46 鹿児島県　Kagoshima-ken	2,558	44	0.0	15	-0.8	17	0.0	12
47 沖縄県　Okinawa-ken	2,396	47	1.4	3	1.2	4	1.6	1

No. 57 従業者1～4人の事業所割合（対民営事業所数）Percentage of private establishments with 1-4 employees #C02206 % 2021		No. 58 従業者100～299人の事業所割合（対民営事業所数）Percentage of private establishments with 100-299 employees #C02209 % 2021		No. 59 従業者300人以上の事業所割合（対民営事業所数）Percentage of private establishments with 300 employees and over #C02210 % 2021		No. 60 従業者1～4人の事業所の従業者割合（対民営事業所従業者数）Percentage of employees in private establishments with 1-4 employees #C03206 % 2021		No. 61 従業者100～299人の事業所の従業者割合（対民営事業所従業者数）Percentage of employees in private establishments with 100-299 employees #C03209 % 2021		都道府県コード
指標値 Indicator	順位 Rank	指標値 Indicator	順位 Rank	指標値 Indicator	順位 Rank	指標値 Indicator	順位 Rank	指標値 Indicator	順位 Rank	Pref. code
56.22		1.02		0.26		10.49		14.36		00
55.82	39	0.87	21	0.17	27	11.56	28	13.54	23	01
58.33	19	0.71	40	0.11	45	13.03	13	12.12	41	02
57.04	28	0.74	36	0.13	40	12.32	23	12.14	40	03
53.46	46	0.97	15	0.20	18	10.57	38	13.92	17	04
59.34	10	0.66	43	0.11	44	13.37	7	11.17	46	05
60.81	5	0.73	37	0.14	37	13.74	5	12.73	33	06
57.12	27	0.84	24	0.15	33	12.20	25	13.25	29	07
56.10	38	1.06	9	0.26	6	10.39	40	14.44	12	08
56.88	31	0.93	18	0.23	11	11.08	33	13.40	27	09
58.50	18	1.00	10	0.22	13	11.49	31	15.03	5	10
54.80	41	1.10	7	0.23	9	10.29	41	15.06	4	11
53.42	47	1.12	4	0.24	7	9.64	44	14.93	7	12
53.54	44	1.52	1	0.55	1	7.53	47	16.09	1	13
54.22	43	1.11	5	0.33	2	9.29	45	14.35	13	14
58.74	15	0.87	22	0.17	25	12.48	21	13.90	18	15
58.01	21	0.98	13	0.19	21	11.55	29	14.62	9	16
59.47	9	0.82	28	0.19	20	12.75	17	13.54	22	17
59.64	8	0.82	27	0.16	28	13.20	11	13.44	25	18
62.00	2	0.77	32	0.15	31	14.09	3	13.18	30	19
61.00	4	0.80	29	0.18	23	13.35	8	13.26	28	20
59.07	13	0.85	23	0.16	29	12.82	15	13.88	19	21
58.02	20	0.98	12	0.23	12	11.21	32	14.54	11	22
53.53	45	1.19	2	0.30	3	9.00	46	14.86	8	23
56.57	34	1.00	11	0.23	10	10.70	37	14.23	15	24
56.60	33	1.14	3	0.27	5	9.96	42	15.70	2	25
59.26	11	0.93	17	0.22	15	11.92	26	14.25	14	26
55.08	40	1.10	6	0.28	4	9.95	43	14.95	6	27
56.66	32	1.07	8	0.24	8	10.86	36	15.43	3	28
58.70	16	0.84	25	0.17	26	12.49	20	13.69	20	29
62.79	1	0.67	42	0.10	46	15.17	1	12.25	38	30
57.12	26	0.78	31	0.14	35	12.41	22	12.89	31	31
58.92	14	0.65	47	0.12	43	13.23	9	11.03	47	32
56.15	37	0.91	19	0.21	16	10.95	35	13.46	24	33
56.37	35	0.97	14	0.20	17	11.08	34	14.57	10	34
56.31	36	0.79	30	0.19	19	11.52	30	12.82	32	35
61.17	3	0.72	39	0.13	39	14.07	4	12.22	39	36
57.90	24	0.84	26	0.15	32	12.51	19	13.40	26	37
57.90	23	0.75	33	0.15	34	12.80	16	12.30	37	38
60.58	6	0.65	46	0.08	47	14.64	2	12.67	34	39
54.35	42	0.93	16	0.22	14	10.48	39	13.62	21	40
57.00	29	0.91	20	0.18	24	11.83	27	14.13	16	41
59.08	12	0.66	44	0.14	38	13.65	6	11.22	45	42
56.88	30	0.74	35	0.19	22	12.23	24	11.97	42	43
57.97	22	0.74	34	0.13	42	12.74	18	12.66	35	44
58.60	17	0.65	45	0.14	36	13.21	10	11.50	44	45
57.85	25	0.67	41	0.13	41	13.14	12	11.55	43	46
59.84	7	0.72	38	0.16	30	13.00	14	12.44	36	47

経済基盤 C （指標）

都道府県 Prefecture		No. 62 従業者300人以上の事業所の従業者割合（対民営事業所従業者数） Percentage of employees in private establishments with 300 employees and over #C03210 % 2021		No. 63 就業者1人当たり農業産出額（個人経営体） Gross agricultural product per agricultural worker (Independent management) #C0410102 万円：10 thousand yen 2021		No. 64 耕地面積比率（耕地面積／総面積） Percentage of cultivated land area #C04105 % 2022		No. 65 土地生産性（耕地面積1ヘクタール当たり） Land productivity (per hectare of cultivated land area) #C04106 万円：10 thousand yen 2021	
		指標値 Indicator	順位 Rank	指標値 Indicator	順位 Rank	指標値 Indicator	順位 Rank	指標値 Indicator	順位 Rank
00	全国 All Japan	15.68		650.0		11.6		203.7	
01	北海道 Hokkaido	9.23	32	1,855.5	1	14.5	11	114.7	44
02	青森県 Aomori-ken	6.33	46	681.5	9	15.5	9	219.1	28
03	岩手県 Iwate-ken	7.85	40	596.3	15	9.7	24	177.6	36
04	宮城県 Miyagi-ken	10.53	24	534.8	22	17.2	6	139.8	39
05	秋田県 Akita-ken	7.59	45	491.7	29	12.6	16	113.3	45
06	山形県 Yamagata-ken	7.76	42	598.7	14	12.3	18	201.8	32
07	福島県 Fukushima-ken	9.09	33	370.7	44	9.9	22	139.3	40
08	茨城県 Ibaraki-ken	15.34	6	741.4	5	26.4	1	262.7	17
09	栃木県 Tochigi-ken	14.53	9	627.5	12	18.9	5	221.3	27
10	群馬県 Gumma-ken	12.99	13	863.8	4	10.2	21	364.8	6
11	埼玉県 Saitama-ken	12.07	17	405.5	41	19.3	4	207.9	30
12	千葉県 Chiba-ken	13.45	12	689.7	8	23.6	2	282.9	14
13	東京都 Tokyo-to	29.06	1	245.8	47	2.9	47	305.8	13
14	神奈川県 Kanagawa-ken	18.18	3	401.1	42	7.4	35	362.6	7
15	新潟県 Niigata-ken	8.96	35	492.4	27	13.3	15	134.9	41
16	富山県 Toyama-ken	11.85	18	484.1	31	13.6	14	94.0	47
17	石川県 Ishikawa-ken	11.16	22	492.0	28	9.7	25	118.2	42
18	福井県 Fukui-ken	9.63	29	449.4	33	9.5	27	98.7	46
19	山梨県 Yamanashi-ken	10.17	25	542.9	20	5.2	44	477.7	2
20	長野県 Nagano-ken	11.19	21	472.7	32	7.7	34	249.4	19
21	岐阜県 Gifu-ken	9.42	31	524.1	23	5.2	45	200.0	33
22	静岡県 Shizuoka-ken	13.92	10	538.2	21	7.8	33	338.9	9
23	愛知県 Aichi-ken	19.28	2	727.6	6	14.1	13	398.6	5
24	三重県 Mie-ken	15.30	7	567.0	18	9.9	23	185.2	35
25	滋賀県 Shiga-ken	15.42	5	587.3	16	12.6	17	114.9	43
26	京都府 Kyoto-fu	14.62	8	438.2	34	6.4	40	223.2	26
27	大阪府 Osaka-fu	15.91	4	355.5	46	6.4	39	238.7	22
28	兵庫県 Hyogo-ken	13.71	11	433.9	37	8.6	29	206.2	31
29	奈良県 Nara-ken	10.13	26	367.9	45	5.3	43	197.5	34
30	和歌山県 Wakayama-ken	7.81	41	417.2	40	6.6	38	359.2	8
31	鳥取県 Tottori-ken	7.69	44	419.2	39	9.6	26	213.2	29
32	島根県 Shimane-ken	9.93	28	423.2	38	5.4	42	168.8	37
33	岡山県 Okayama-ken	12.60	16	498.1	25	8.8	28	232.4	23
34	広島県 Hiroshima-ken	12.81	15	494.4	26	6.1	41	229.7	24
35	山口県 Yamaguchi-ken	11.70	19	387.0	43	7.2	36	144.5	38
36	徳島県 Tokushima-ken	11.15	23	484.7	30	6.7	37	331.0	11
37	香川県 Kagawa-ken	8.45	37	435.4	35	15.5	10	270.3	15
38	愛媛県 Ehime-ken	8.23	39	434.1	36	8.0	32	269.3	16
39	高知県 Kochi-ken	4.95	47	552.5	19	3.6	46	408.0	4
40	福岡県 Fukuoka-ken	12.85	14	516.8	24	15.8	8	248.2	20
41	佐賀県 Saga-ken	9.53	30	634.2	11	20.6	3	238.8	21
42	長崎県 Nagasaki-ken	9.05	34	617.8	13	11.1	20	337.9	10
43	熊本県 Kumamoto-ken	11.19	20	670.9	10	14.3	12	323.4	12
44	大分県 Oita-ken	8.63	36	571.3	17	8.5	30	225.3	25
45	宮崎県 Miyazaki-ken	7.75	43	1,101.7	3	8.3	31	536.7	1
46	鹿児島県 Kagoshima-ken	8.30	38	1,329.7	2	12.2	19	442.6	3
47	沖縄県 Okinawa-ken	10.08	27	693.9	7	15.9	7	252.6	18

No. 66 耕地面積 (農家1戸当たり) Cultivated land area (per farm household) #C0410701 ㎡ 2022		No. 67 製造品出荷額等 (従業者1人当たり) Value of manufactured goods shipments, etc. (per employee) #C04401 万円：10 thousand yen 2021		No. 68 製造品出荷額等 (1事業所当たり) Value of manufactured goods shipments, etc. (per establishment) #C04404 百万円：million yen 2021		No. 69 商業年間商品販売額 (卸売業＋小売業) (従業者1人当たり) Annual sales of commercial goods (Wholesale and retail trade) (per employee) #C04505 万円：10 thousand yen 2020		No. 70 商業年間商品販売額 (卸売業＋小売業) (1事業所当たり) Annual sales of commercial goods (Wholesale and retail trade) (per establishment) #C04507 百万円：million yen 2020		都道府県コード
指標値 Indicator	順位 Rank	指標値 Indicator	順位 Rank	指標値 Indicator	順位 Rank	指標値 Indicator	順位 Rank	指標値 Indicator	順位 Rank	Pref. code
24,755.6		4,423.2		1,867.1		5,442.7		511.3		00
303,505.9	1	3,752.5	25	1,208.4	35	4,499.6	7	397.6	8	01
40,943.4	2	3,039.1	40	1,332.3	30	3,242.7	29	239.5	29	02
28,222.7	7	3,216.7	33	1,454.1	27	3,545.4	22	264.0	24	03
30,186.2	5	4,475.5	15	1,929.6	15	5,779.5	4	518.9	4	04
39,417.0	3	2,404.3	46	915.8	44	3,016.8	35	209.8	39	05
29,019.9	6	3,103.7	38	1,328.0	31	3,023.1	34	204.6	41	06
21,715.9	19	3,346.5	30	1,574.5	23	3,375.8	27	255.2	26	07
22,393.8	17	5,179.2	8	2,843.7	6	3,485.3	24	284.5	20	08
26,275.9	10	4,395.1	17	2,197.3	12	3,800.3	17	311.0	18	09
15,351.9	27	3,948.2	22	1,850.6	18	3,848.7	15	318.3	15	10
15,776.0	26	3,756.2	24	1,411.0	28	3,796.2	18	397.5	9	11
23,905.1	14	6,357.1	3	2,758.4	7	3,532.1	23	373.7	10	12
6,574.7	46	3,191.9	35	782.8	45	11,175.5	1	1,687.4	1	13
8,454.7	44	4,988.4	9	2,412.5	9	3,833.8	16	436.4	7	14
26,808.0	9	2,878.6	42	1,061.7	43	3,593.0	21	278.8	21	15
33,441.1	4	3,194.7	34	1,519.8	24	3,702.4	19	269.4	23	16
25,450.4	11	2,964.6	41	1,115.4	40	3,950.1	12	315.1	17	17
24,722.9	12	3,355.2	28	1,189.9	36	3,239.4	30	232.0	32	18
8,289.9	45	3,759.0	23	1,617.6	22	2,853.0	43	209.7	40	19
11,672.2	37	3,354.4	29	1,377.5	29	3,620.9	20	273.8	22	20
11,198.3	39	3,072.4	39	1,154.4	38	2,972.3	38	227.1	35	21
11,904.8	35	4,303.0	18	2,010.1	14	3,989.9	10	321.3	14	22
11,940.1	34	5,929.8	5	3,282.0	4	6,597.3	3	686.1	3	23
16,999.7	22	5,472.5	7	3,400.4	2	2,914.6	39	233.6	31	24
22,984.8	16	4,953.2	10	3,132.1	5	2,825.6	45	247.6	27	25
11,822.2	36	4,230.7	20	1,494.6	26	4,103.7	9	366.8	11	26
5,861.7	47	4,453.1	16	1,291.0	33	6,907.0	2	752.3	2	27
10,786.0	41	4,743.8	12	2,322.3	10	3,887.2	13	354.1	12	28
8,929.4	43	3,269.7	31	1,185.6	37	2,351.8	47	192.3	45	29
12,389.7	32	4,717.6	13	1,639.6	21	3,008.8	37	194.7	44	30
14,585.0	28	2,778.5	44	1,126.9	39	3,075.0	31	228.0	34	31
13,242.1	29	3,152.5	37	1,285.3	34	2,851.0	44	190.4	46	32
12,279.5	33	5,666.6	6	2,586.7	8	3,865.7	14	317.6	16	33
11,426.1	38	4,786.4	11	2,066.5	13	4,974.0	6	438.1	6	34
16,021.7	25	6,978.7	2	3,855.1	1	3,074.0	32	237.0	30	35
11,067.3	40	4,625.9	14	1,926.8	16	2,910.5	40	198.8	42	36
9,924.0	42	4,070.6	21	1,513.4	25	4,187.1	8	330.1	13	37
12,945.1	31	6,177.0	4	2,247.6	11	3,985.4	11	291.5	19	38
12,949.2	30	2,600.8	45	646.1	46	2,660.3	46	176.2	47	39
19,080.6	21	4,282.9	19	1,854.1	17	5,375.1	5	468.9	5	40
26,924.1	8	3,395.3	27	1,684.1	20	3,025.8	33	214.8	37	41
16,158.7	24	2,872.1	43	1,095.0	41	2,865.2	42	197.3	43	42
22,118.3	18	3,603.0	26	1,727.5	19	3,408.0	25	258.9	25	43
16,961.9	23	7,308.4	1	3,357.1	3	3,015.2	36	214.1	38	44
20,814.5	20	3,216.8	32	1,325.8	32	3,395.7	26	246.6	28	45
23,118.3	15	3,179.1	36	1,090.6	42	3,348.7	28	230.4	33	46
24,615.2	13	2,000.8	47	550.8	47	2,871.4	41	224.1	36	47

経済基盤

C （指標）

			No. 71 国内銀行預金残高 （人口1人当たり） Outstanding of deposits of domestically licensed banks (per capita) #C04605		No. 72 郵便貯金残高 （人口1人当たり） Outstanding post-office savings (per capita) #C0460101		No. 73 消費者物価地域差指数 （総合） Regional Difference Index of Consumer Prices (All items) #L04414		No. 74 消費者物価地域差指数 （家賃を除く総合） Regional Difference Index of Consumer Prices (All items, less rent) #L04415	
単位	Unit		万円：10 thousand yen		万円：10 thousand yen		—		—	
年度	Fiscal year		2022		2022		2022		2022	
都道府県	Prefecture		指標値 Indicator	順位 Rank	指標値 Indicator	順位 Rank	指標値 Indicator	順位 Rank	指標値 Indicator	順位 Rank
00	全国	All Japan	766.0		145.8		100.0		100.0	
01	北海道	Hokkaido	389.5	45	152.6	16	101.1	3	102.0	3
02	青森県	Aomori-ken	407.7	43	122.5	44	98.3	31	99.3	25
03	岩手県	Iwate-ken	427.6	40	134.1	34	99.1	21	99.6	22
04	宮城県	Miyagi-ken	531.1	18	133.3	37	99.5	11	99.7	19
05	秋田県	Akita-ken	467.3	32	128.1	42	98.7	25	99.2	26
06	山形県	Yamagata-ken	469.2	30	125.8	43	100.7	6	101.1	4
07	福島県	Fukushima-ken	463.5	33	152.1	18	99.3	17	99.8	15
08	茨城県	Ibaraki-ken	477.1	27	165.2	8	98.2	33	98.6	36
09	栃木県	Tochigi-ken	501.2	23	148.5	23	98.3	31	98.7	34
10	群馬県	Gumma-ken	476.9	28	141.5	30	96.2	46	96.8	47
11	埼玉県	Saitama-ken	497.2	24	141.9	29	100.5	7	100.1	10
12	千葉県	Chiba-ken	562.2	12	143.8	26	101.0	4	100.5	7
13	東京都	Tokyo-to	2,493.9	1	149.0	22	104.7	1	102.8	1
14	神奈川県	Kanagawa-ken	549.0	15	133.7	36	103.1	2	102.4	2
15	新潟県	Niigata-ken	482.8	26	147.4	24	98.4	28	98.7	34
16	富山県	Toyama-ken	645.3	6	155.3	15	98.6	27	99.0	30
17	石川県	Ishikawa-ken	562.1	13	161.7	10	99.4	12	100.1	10
18	福井県	Fukui-ken	537.3	17	175.8	3	99.4	12	99.8	15
19	山梨県	Yamanashi-ken	438.9	39	151.5	20	98.1	36	98.6	36
20	長野県	Nagano-ken	469.1	31	136.9	32	97.5	40	98.0	42
21	岐阜県	Gifu-ken	462.6	34	135.0	33	97.2	43	97.8	43
22	静岡県	Shizuoka-ken	473.3	29	118.8	46	98.4	28	98.6	36
23	愛知県	Aichi-ken	641.1	7	143.5	27	98.4	28	98.8	32
24	三重県	Mie-ken	540.1	16	151.6	19	99.3	17	99.7	19
25	滋賀県	Shiga-ken	492.4	25	129.8	39	99.6	9	99.9	13
26	京都府	Kyoto-fu	623.0	8	160.2	11	100.9	5	100.7	5
27	大阪府	Osaka-fu	905.2	2	158.6	13	99.4	12	99.5	23
28	兵庫県	Hyogo-ken	506.0	20	152.2	17	99.4	12	99.5	23
29	奈良県	Nara-ken	589.3	9	173.7	4	97.0	44	97.6	44
30	和歌山県	Wakayama-ken	503.1	21	192.5	1	99.2	19	100.0	12
31	鳥取県	Tottori-ken	501.9	22	131.1	38	98.2	33	99.1	28
32	島根県	Shimane-ken	444.4	38	140.6	31	99.6	9	100.2	9
33	岡山県	Okayama-ken	510.2	19	163.9	9	97.8	39	98.4	40
34	広島県	Hiroshima-ken	559.2	14	167.3	7	98.7	25	99.1	28
35	山口県	Yamaguchi-ken	580.0	10	171.0	6	99.9	8	100.7	5
36	徳島県	Tokushima-ken	753.2	3	189.7	2	99.2	19	99.8	15
37	香川県	Kagawa-ken	661.3	4	172.5	5	98.2	33	99.2	26
38	愛媛県	Ehime-ken	649.7	5	129.0	40	98.1	36	98.9	31
39	高知県	Kochi-ken	454.2	35	128.5	41	99.4	12	99.9	13
40	福岡県	Fukuoka-ken	562.3	11	134.1	35	97.3	42	98.3	41
41	佐賀県	Saga-ken	389.3	46	145.0	25	97.9	38	98.8	32
42	長崎県	Nagasaki-ken	452.4	36	157.8	14	99.1	21	99.8	15
43	熊本県	Kumamoto-ken	445.7	37	149.5	21	98.9	24	99.7	19
44	大分県	Oita-ken	418.1	41	159.5	12	97.4	41	98.5	39
45	宮崎県	Miyazaki-ken	392.8	44	120.2	45	96.1	47	97.0	46
46	鹿児島県	Kagoshima-ken	367.7	47	143.1	28	96.6	45	97.1	45
47	沖縄県	Okinawa-ken	414.4	42	60.4	47	99.0	23	100.3	8

No. 75 消費者物価地域差指数（食料） Regional Difference Index of Consumer Prices (Food) #L04416 — 2022		No. 76 消費者物価地域差指数（住居） Regional Difference Index of Consumer Prices (Housing) #L04417 — 2022		No. 77 消費者物価地域差指数（光熱・水道） Regional Difference Index of Consumer Prices (Fuel, light and water charges) #L04418 — 2022		No. 78 消費者物価地域差指数（家具・家事用品） Regional Difference Index of Consumer Prices (Furniture and household utensils) #L04419 — 2022		No. 79 消費者物価地域差指数（被服及び履物） Regional Difference Index of Consumer Prices (Clothes and footwear) #L04420 — 2022		都道府県コード
指標値 Indicator	順位 Rank	指標値 Indicator	順位 Rank	指標値 Indicator	順位 Rank	指標値 Indicator	順位 Rank	指標値 Indicator	順位 Rank	Pref. code
100.0		100.0		100.0		100.0		100.0		00
101.9	8	85.7	38	114.7	1	101.7	10	106.9	3	01
98.0	38	87.6	34	110.0	5	101.6	11	103.4	6	02
97.8	40	92.7	20	111.2	2	98.8	27	98.1	31	03
98.2	36	96.3	6	103.4	16	101.8	9	99.3	23	04
98.9	29	85.7	38	107.3	11	100.5	17	100.9	16	05
102.3	6	96.3	6	110.4	3	96.5	43	93.6	46	06
99.2	27	90.9	24	108.6	7	100.5	17	101.8	11	07
98.1	37	95.2	15	108.0	8	95.3	45	96.9	37	08
98.9	29	87.2	35	100.8	24	102.9	4	107.3	2	09
96.8	45	87.0	36	101.6	19	98.8	27	95.9	40	10
98.4	33	108.9	4	96.2	43	102.6	6	104.4	5	11
100.3	19	111.6	3	101.7	18	101.9	8	97.7	35	12
103.0	3	130.7	1	96.4	42	103.1	3	101.6	14	13
101.8	9	114.8	2	99.6	29	100.4	19	101.2	15	14
100.1	23	86.4	37	99.2	33	96.6	42	102.9	8	15
101.6	11	93.9	19	98.3	34	98.9	26	100.0	20	16
102.7	4	82.7	46	99.6	29	98.2	34	108.6	1	17
103.6	2	88.0	32	94.5	45	104.1	1	100.2	18	18
98.8	31	95.0	17	100.8	24	99.0	25	98.3	28	19
95.5	47	88.1	31	105.4	13	98.1	35	99.7	21	20
97.7	41	83.0	45	97.8	36	95.7	44	99.3	23	21
97.9	39	95.8	9	100.2	27	102.3	7	99.0	25	22
98.4	33	94.6	18	99.4	31	97.3	38	97.8	33	23
100.7	16	95.4	12	101.2	22	98.6	32	98.6	27	24
99.0	28	95.3	14	96.2	43	102.9	4	98.0	32	25
100.9	14	101.0	5	97.0	39	97.1	39	96.8	38	26
99.3	26	95.6	11	90.6	47	99.1	23	98.2	29	27
100.3	19	95.7	10	94.3	46	100.9	14	101.7	12	28
97.1	43	84.1	42	97.5	38	98.7	30	97.4	36	29
100.2	22	88.8	29	96.7	41	98.0	36	98.2	29	30
101.7	10	83.1	44	107.1	12	96.8	41	103.2	7	31
102.4	5	87.7	33	110.3	4	97.1	39	95.8	44	32
100.0	24	84.0	43	104.2	14	98.0	36	99.7	21	33
101.5	12	88.8	29	103.8	15	95.0	46	95.9	40	34
102.3	6	96.1	8	108.7	6	100.9	14	99.0	25	35
101.1	13	92.6	21	101.5	21	99.8	21	102.4	10	36
100.4	18	81.6	47	100.8	24	104.0	2	95.8	44	37
100.3	19	85.3	41	102.6	17	101.4	12	100.9	16	38
100.7	16	95.2	15	99.8	28	99.1	23	102.5	9	39
97.4	42	89.5	28	99.3	32	98.5	33	96.3	39	40
96.9	44	91.6	23	107.4	10	98.8	27	101.7	12	41
99.9	25	92.1	22	107.9	9	100.8	16	106.7	4	42
100.8	15	95.4	12	97.6	37	99.3	22	100.2	18	43
98.8	31	85.6	40	101.1	23	101.2	13	95.9	40	44
96.0	46	90.5	26	98.0	35	100.1	20	95.9	40	45
98.3	35	90.6	25	96.8	40	98.7	30	92.1	47	46
105.3	1	89.9	27	101.6	19	93.3	47	97.8	33	47

経済基盤

C

（指標）

都道府県 Prefecture	No. 80 消費者物価地域差指数 （保健医療） Regional Difference Index of Consumer Prices (Medical care) #L04421 — 2022 指標値 Indicator	順位 Rank	No. 81 消費者物価地域差指数 （交通・通信） Regional Difference Index of Consumer Prices (Transportation and communication) #L04422 — 2022 指標値 Indicator	順位 Rank	No. 82 消費者物価地域差指数 （教育） Regional Difference Index of Consumer Prices (Education) #L04423 — 2022 指標値 Indicator	順位 Rank	No. 83 消費者物価地域差指数 （教養娯楽） Regional Difference Index of Consumer Prices (Culture and recreation) #L04424 — 2022 指標値 Indicator	順位 Rank
00 全国 All Japan	100.0		100.0		100.0		100.0	
01 北海道 Hokkaido	101.5	2	100.6	9	93.1	25	99.1	12
02 青森県 Aomori-ken	98.7	37	99.4	26	92.5	30	95.6	36
03 岩手県 Iwate-ken	100.7	11	100.0	19	90.6	34	98.6	15
04 宮城県 Miyagi-ken	101.0	7	100.0	19	92.7	27	100.2	7
05 秋田県 Akita-ken	98.8	33	99.9	21	84.5	44	98.7	14
06 山形県 Yamagata-ken	97.3	45	101.4	2	101.6	11	97.0	24
07 福島県 Fukushima-ken	99.1	29	100.1	18	94.5	22	94.7	41
08 茨城県 Ibaraki-ken	98.7	37	97.7	46	93.0	26	97.5	19
09 栃木県 Tochigi-ken	99.7	23	98.8	35	97.5	14	94.6	42
10 群馬県 Gumma-ken	99.3	26	98.2	43	78.6	47	97.5	19
11 埼玉県 Saitama-ken	100.1	18	100.6	9	97.5	14	102.7	3
12 千葉県 Chiba-ken	99.7	23	99.4	26	96.8	17	101.9	4
13 東京都 Tokyo-to	101.5	2	102.9	1	109.5	5	105.4	1
14 神奈川県 Kanagawa-ken	101.1	5	101.3	3	106.9	6	104.5	2
15 新潟県 Niigata-ken	99.3	26	99.2	29	92.6	28	99.3	11
16 富山県 Toyama-ken	101.1	5	98.9	33	80.5	46	95.4	38
17 石川県 Ishikawa-ken	100.3	13	98.5	41	103.5	8	97.2	22
18 福井県 Fukui-ken	101.8	1	100.3	14	103.5	8	93.7	44
19 山梨県 Yamanashi-ken	98.8	33	99.8	23	87.9	40	96.9	25
20 長野県 Nagano-ken	98.8	33	100.9	5	87.5	41	98.2	16
21 岐阜県 Gifu-ken	98.8	33	100.8	6	91.7	33	97.5	19
22 静岡県 Shizuoka-ken	100.3	13	100.5	12	85.4	43	99.4	10
23 愛知県 Aichi-ken	100.2	16	97.6	47	99.5	12	100.1	9
24 三重県 Mie-ken	98.2	44	100.4	13	95.4	21	96.9	25
25 滋賀県 Shiga-ken	99.0	30	100.6	9	115.1	4	96.4	30
26 京都府 Kyoto-fu	98.4	40	101.3	3	115.7	3	101.6	5
27 大阪府 Osaka-fu	99.3	26	100.7	8	120.8	2	101.0	6
28 兵庫県 Hyogo-ken	98.7	37	98.6	40	104.9	7	100.2	7
29 奈良県 Nara-ken	98.9	31	99.1	31	96.8	17	99.0	13
30 和歌山県 Wakayama-ken	100.9	9	100.8	6	124.5	1	95.7	35
31 鳥取県 Tottori-ken	98.4	40	98.7	37	89.4	37	93.9	43
32 島根県 Shimane-ken	100.0	21	99.9	21	96.0	19	95.0	39
33 岡山県 Okayama-ken	100.8	10	98.0	45	88.8	38	95.5	37
34 広島県 Hiroshima-ken	99.5	25	99.8	23	97.6	13	96.1	33
35 山口県 Yamaguchi-ken	101.2	4	98.8	35	84.2	45	96.0	34
36 徳島県 Tokushima-ken	98.3	43	98.4	42	95.8	20	96.9	25
37 香川県 Kagawa-ken	98.4	40	100.3	14	92.5	30	96.3	31
38 愛媛県 Ehime-ken	100.2	16	99.0	32	88.4	39	97.1	23
39 高知県 Kochi-ken	101.0	7	100.2	17	93.6	24	96.6	29
40 福岡県 Fukuoka-ken	100.3	13	98.7	37	92.6	28	98.1	17
41 佐賀県 Saga-ken	100.1	18	100.3	14	89.5	36	93.5	45
42 長崎県 Nagasaki-ken	100.1	18	99.7	25	87.0	42	95.0	39
43 熊本県 Kumamoto-ken	100.6	12	99.2	29	90.5	35	96.8	28
44 大分県 Oita-ken	97.1	46	98.9	33	103.2	10	96.2	32
45 宮崎県 Miyazaki-ken	96.1	47	99.3	28	93.8	23	92.1	47
46 鹿児島県 Kagoshima-ken	99.8	22	98.1	44	96.9	16	93.0	46
47 沖縄県 Okinawa-ken	98.9	31	98.7	37	91.8	32	98.0	18

No. 84 消費者物価地域差指数 （諸雑費） Regional Difference Index of Consumer Prices (Miscellaneous) #L04425 — 2022		No. 85 標準価格 対前年平均変動率 （住宅地） Annual increase rate of land prices (Residential) #L04302 ％ 2022		都道府県コード
指標値 Indicator	順位 Rank	指標値 Indicator	順位 Rank	Pref. code
100.0		0.1		00
101.5	5	1.8	3	01
94.1	45	−0.9	31	02
97.5	34	−0.6	24	03
101.5	5	1.3	6	04
100.3	13	−1.1	38	05
97.0	37	−0.4	19	06
100.7	11	−0.5	22	07
97.9	32	0.0	15	08
99.8	19	−0.7	25	09
97.1	36	−1.1	38	10
101.5	5	0.8	9	11
100.2	15	1.0	7	12
100.7	11	1.5	4	13
105.0	1	0.8	9	14
99.4	23	−1.1	38	15
101.4	9	−0.4	19	16
99.8	19	0.9	8	17
98.3	30	−1.2	42	18
96.7	40	−1.2	42	19
98.9	28	−0.7	25	20
100.3	13	−1.2	42	21
97.0	37	−0.9	31	22
100.1	17	1.5	4	23
99.4	23	−1.0	35	24
104.6	2	−0.9	31	25
102.9	3	−0.2	17	26
99.7	21	0.4	11	27
101.5	5	−0.1	16	28
98.2	31	−1.0	35	29
97.4	35	−1.1	38	30
97.8	33	−0.9	31	31
98.4	29	−1.0	35	32
99.5	22	−0.7	25	33
97.0	37	−0.3	18	34
99.0	25	−0.5	22	35
99.9	18	−1.2	42	36
102.7	4	−0.8	30	37
96.4	42	−1.5	47	38
100.8	10	−0.7	25	39
99.0	25	2.5	2	40
99.0	25	0.1	14	41
96.6	41	−0.7	25	42
100.2	15	0.2	12	43
94.0	46	0.2	12	44
95.7	43	−0.4	19	45
95.2	44	−1.3	46	46
91.1	47	2.7	1	47

D. 行政基盤　　D Administrative Base

			No. 86 財政力指数 (都道府県財政) Financial power index (Prefecture) #D0110101		No. 87 実質収支比率 (都道府県財政) Real term balance of revenue to expenditure (Prefecture) #D01102		No. 88 地方債現在高の割合（対歳出決算総額）(都道府県財政) Percentage of outstanding amount of local bonds to expenditure (Prefecture) #D0130201		No. 89 経常収支比率 (都道府県財政) Real term of current balance (Prefecture) #D01401	
単位	Unit		—		%		%		%	
年度	Fiscal year		2020		2020		2020		2020	
都道府県	Prefecture		指標値 Indicator	順位 Rank	指標値 Indicator	順位 Rank	指標値 Indicator	順位 Rank	指標値 Indicator	順位 Rank
00	全国	All Japan	0.523		3.2		146.9		94.7	
01	北海道	Hokkaido	0.462	26	2.4	32	189.2	7	98.2	4
02	青森県	Aomori-ken	0.358	37	2.5	31	138.8	37	95.8	18
03	岩手県	Iwate-ken	0.372	36	6.2	2	133.9	39	94.9	25
04	宮城県	Miyagi-ken	0.626	13	5.9	3	131.4	40	96.3	12
05	秋田県	Akita-ken	0.322	44	4.1	15	188.5	8	93.4	36
06	山形県	Yamagata-ken	0.379	34	5.0	8	175.2	18	94.5	28
07	福島県	Fukushima-ken	0.545	19	1.6	37	104.0	45	95.0	24
08	茨城県	Ibaraki-ken	0.656	9	3.8	20	164.1	28	94.3	31
09	栃木県	Tochigi-ken	0.648	11	3.5	26	119.5	44	95.1	23
10	群馬県	Gumma-ken	0.638	12	3.7	22	130.9	41	95.6	19
11	埼玉県	Saitama-ken	0.770	6	2.2	33	184.5	12	94.7	26
12	千葉県	Chiba-ken	0.778	5	5.2	6	142.8	36	98.2	4
13	東京都	Tokyo-to	1.150	1	6.6	1	46.3	47	84.9	47
14	神奈川県	Kanagawa-ken	0.889	3	5.4	5	145.9	34	98.4	3
15	新潟県	Niigata-ken	0.475	25	2.6	30	209.8	2	94.7	26
16	富山県	Toyama-ken	0.485	24	0.5	42	199.2	3	95.3	20
17	石川県	Ishikawa-ken	0.518	22	0.3	44	197.6	4	94.3	31
18	福井県	Fukui-ken	0.421	31	3.1	28	160.3	29	96.0	16
19	山梨県	Yamanashi-ken	0.409	32	4.6	12	165.9	27	93.2	37
20	長野県	Nagano-ken	0.528	21	1.0	40	154.3	32	93.7	34
21	岐阜県	Gifu-ken	0.559	18	4.5	14	173.8	20	92.4	42
22	静岡県	Shizuoka-ken	0.726	7	2.0	35	221.8	1	96.1	14
23	愛知県	Aichi-ken	0.912	2	4.0	17	185.2	11	100.0	2
24	三重県	Mie-ken	0.609	15	4.1	15	190.0	6	96.3	12
25	滋賀県	Shiga-ken	0.576	17	0.3	44	168.5	23	95.2	21
26	京都府	Kyoto-fu	0.595	16	3.0	29	181.4	13	94.5	28
27	大阪府	Osaka-fu	0.792	4	2.2	33	138.8	38	100.8	1
28	兵庫県	Hyogo-ken	0.649	10	0.3	44	169.5	21	96.7	9
29	奈良県	Nara-ken	0.437	29	0.4	43	168.1	26	92.6	40
30	和歌山県	Wakayama-ken	0.338	42	4.6	12	168.5	24	95.2	21
31	鳥取県	Tottori-ken	0.287	45	4.7	10	168.5	25	89.2	45
32	島根県	Shimane-ken	0.266	47	4.9	9	176.5	17	90.0	44
33	岡山県	Okayama-ken	0.535	20	4.0	17	174.1	19	97.2	7
34	広島県	Hiroshima-ken	0.618	14	3.8	20	190.9	5	93.5	35
35	山口県	Yamaguchi-ken	0.457	27	4.7	10	169.4	22	91.2	43
36	徳島県	Tokushima-ken	0.327	43	5.2	6	155.8	31	93.1	38
37	香川県	Kagawa-ken	0.487	23	3.7	22	179.8	16	96.0	16
38	愛媛県	Ehime-ken	0.448	28	0.7	41	144.3	35	88.9	46
39	高知県	Kochi-ken	0.274	46	1.9	36	180.9	15	96.1	14
40	福岡県	Fukuoka-ken	0.658	8	3.6	24	187.1	9	97.1	8
41	佐賀県	Saga-ken	0.356	39	3.6	24	125.2	43	93.8	33
42	長崎県	Nagasaki-ken	0.348	41	0.3	44	160.3	30	96.6	10
43	熊本県	Kumamoto-ken	0.427	30	5.6	4	181.0	14	92.7	39
44	大分県	Oita-ken	0.395	33	1.4	38	154.2	33	94.5	28
45	宮崎県	Miyazaki-ken	0.358	38	3.2	27	126.0	42	92.5	41
46	鹿児島県	Kagoshima-ken	0.353	40	3.9	19	187.0	10	97.6	6
47	沖縄県	Okinawa-ken	0.375	35	1.4	38	69.0	46	96.4	11

No. 90 自主財源の割合 (対歳出決算総額) (都道府県財政) Percentage of self-financial resources (Prefecture) #D0120101 % 2020		No. 91 一般財源の割合 (対歳出決算総額) (都道府県財政) Percentage of revenues from local taxes and grants (Prefecture) #D0140301 % 2020		No. 92 投資的経費の割合 (対歳出決算総額) (都道府県財政) Percentage of investment expenditure (Prefecture) #D0140201 % 2020		No. 93 地方税割合 (対歳入決算総額) (都道府県財政) Percentage of local taxes (Prefecture) #D0210101 % 2020		No. 94 地方交付税割合 (対歳入決算総額) (都道府県財政) Percentage of grants to local governments (Prefecture) #D0210201 % 2020		都道府県コード
指標値 Indicator	順位 Rank	指標値 Indicator	順位 Rank	指標値 Indicator	順位 Rank	指標値 Indicator	順位 Rank	指標値 Indicator	順位 Rank	Pref. code
53.7		52.4		14.7		33.16		14.34		00
44.2	24	45.0	43	17.5	27	21.95	30	19.62	27	01
40.0	34	57.1	8	18.8	22	22.54	29	29.22	5	02
47.5	17	46.4	40	26.4	1	14.59	47	25.76	12	03
55.4	7	48.2	36	26.0	2	25.67	22	15.75	33	04
37.0	40	50.1	27	22.6	9	17.38	43	28.71	6	05
40.7	32	49.8	30	17.5	26	19.61	34	25.87	11	06
49.9	13	43.3	46	25.1	3	18.85	36	19.27	29	07
52.1	10	51.3	23	14.5	37	31.94	10	14.20	36	08
52.4	9	47.2	37	16.9	29	29.48	14	13.27	37	09
53.9	8	44.9	44	15.1	36	27.83	17	12.79	38	10
50.9	12	60.3	3	8.4	45	43.69	4	10.21	42	11
60.8	4	51.9	19	8.6	44	37.36	6	8.49	43	12
84.6	1	62.1	1	9.8	43	58.46	1	0.00	47	13
57.7	6	61.6	2	7.0	46	46.30	3	4.74	45	14
45.1	23	49.3	32	19.5	18	24.66	25	20.55	24	15
45.2	22	51.9	20	18.4	23	25.32	23	21.70	23	16
40.4	33	51.6	21	19.0	21	27.10	20	20.18	26	17
37.3	39	53.3	16	22.9	7	24.59	26	24.86	15	18
46.0	18	47.1	38	21.1	14	19.41	35	23.29	22	19
41.4	29	50.1	29	23.6	5	26.56	21	19.38	28	20
44.1	26	50.8	24	20.1	17	27.91	16	17.89	31	21
48.2	15	58.2	4	17.7	25	40.59	5	12.11	40	22
60.9	3	56.0	11	11.3	40	46.44	2	3.73	46	23
45.5	20	58.0	5	17.0	28	33.34	8	17.78	32	24
44.2	25	52.7	17	16.4	31	30.46	11	18.14	30	25
52.0	11	46.2	42	10.1	42	27.76	18	14.31	35	26
63.2	2	44.7	45	4.7	47	33.64	7	6.85	44	27
58.8	5	42.7	47	10.5	41	27.64	19	11.54	41	28
39.1	35	54.9	13	15.2	35	24.99	24	25.66	13	29
35.8	41	48.7	35	23.4	6	17.50	41	27.01	10	30
25.2	46	57.8	6	21.8	13	17.39	42	35.70	1	31
33.2	44	54.5	14	22.2	10	15.37	46	33.90	3	32
41.7	28	56.2	10	16.5	30	30.45	12	20.28	25	33
49.0	14	54.1	15	15.3	32	32.65	9	15.58	34	34
45.8	19	52.6	18	15.3	33	24.00	27	23.59	18	35
40.9	30	49.8	31	19.5	19	17.06	44	27.66	8	36
45.4	21	56.4	9	13.9	38	27.94	15	23.57	19	37
43.0	27	51.3	22	18.0	24	23.55	28	23.30	21	38
22.8	47	55.3	12	24.9	4	16.25	45	34.83	2	39
47.7	16	49.1	33	13.0	39	30.38	13	12.31	39	40
40.8	31	46.9	39	22.0	12	18.10	40	25.11	14	41
33.5	42	50.7	25	20.3	16	18.78	39	27.98	7	42
38.9	36	50.1	28	22.1	11	21.40	31	23.32	20	43
38.5	37	48.8	34	22.7	8	19.61	33	24.72	16	44
37.8	38	50.2	26	19.4	20	18.78	38	27.13	9	45
30.5	45	57.8	7	21.0	15	20.51	32	30.84	4	46
33.5	43	46.3	41	15.2	34	18.84	37	24.36	17	47

行政基盤 D （指標）

		No. 95 国庫支出金割合 (対歳入決算総額) (都道府県財政) Percentage of national disbursements (Prefecture) #D0210301		No. 96 住民税 (人口1人当たり) (都道府県・市町村財政合計) Resident tax per capita (Prefecture + Municipality) #D0220103		No. 97 固定資産税 (人口1人当たり) (都道府県・市町村財政合計) Fixed assets tax per capita (Prefecture + Municipality) #D02202		No. 98 課税対象所得 (納税義務者1人当たり) Taxable income (per tax debtor) #D02206	
単位	Unit	%		千円：thousand yen		千円：thousand yen		千円：thousand yen	
年度	Fiscal year	2020		2020		2020		2022	
都道府県	Prefecture	指標値 Indicator	順位 Rank	指標値 Indicator	順位 Rank	指標値 Indicator	順位 Rank	指標値 Indicator	順位 Rank
00 全国	All Japan	19.95		124.8		74.4		3,612.9	
01 北海道	Hokkaido	21.20	21	97.5	29	57.1	43	3,175.6	24
02 青森県	Aomori-ken	21.24	19	79.6	46	60.3	36	2,834.5	46
03 岩手県	Iwate-ken	19.83	31	88.5	35	59.9	37	2,882.6	43
04 宮城県	Miyagi-ken	21.35	18	108.1	19	64.8	27	3,250.2	18
05 秋田県	Akita-ken	19.23	32	79.3	47	56.0	45	2,821.7	47
06 山形県	Yamagata-ken	19.09	35	87.8	37	58.2	40	2,894.5	42
07 福島県	Fukushima-ken	23.50	8	97.8	28	71.5	13	3,052.6	32
08 茨城県	Ibaraki-ken	20.60	25	110.5	16	71.4	14	3,311.6	14
09 栃木県	Tochigi-ken	20.12	27	110.8	15	75.3	8	3,265.5	17
10 群馬県	Gumma-ken	19.06	37	108.7	18	72.7	10	3,221.0	20
11 埼玉県	Saitama-ken	22.07	13	121.4	6	63.9	31	3,594.6	7
12 千葉県	Chiba-ken	19.10	34	126.0	5	67.0	23	3,679.8	5
13 東京都	Tokyo-to	13.48	47	219.0	1	114.2	1	4,920.2	1
14 神奈川県	Kanagawa-ken	27.18	2	145.6	2	74.4	9	4,049.5	2
15 新潟県	Niigata-ken	18.18	45	94.9	31	69.5	20	2,960.4	38
16 富山県	Toyama-ken	18.49	44	110.2	17	80.1	4	3,127.3	30
17 石川県	Ishikawa-ken	23.14	9	111.9	12	68.5	21	3,217.0	21
18 福井県	Fukui-ken	20.70	24	112.4	11	79.1	6	3,150.5	29
19 山梨県	Yamanashi-ken	18.51	43	105.3	23	71.5	12	3,230.8	19
20 長野県	Nagano-ken	21.81	14	101.4	26	66.6	25	3,157.5	27
21 岐阜県	Gifu-ken	21.73	17	106.2	21	70.7	16	3,278.0	16
22 静岡県	Shizuoka-ken	19.14	33	116.0	9	79.8	5	3,306.3	15
23 愛知県	Aichi-ken	18.83	38	140.8	3	86.9	2	3,818.1	3
24 三重県	Mie-ken	18.51	42	111.4	14	81.6	3	3,336.5	13
25 滋賀県	Shiga-ken	21.73	16	111.8	13	71.1	15	3,455.5	10
26 京都府	Kyoto-fu	19.87	30	116.3	8	69.5	19	3,582.2	8
27 大阪府	Osaka-fu	18.81	39	126.2	4	76.6	7	3,646.2	6
28 兵庫県	Hyogo-ken	15.87	46	119.0	7	71.5	11	3,716.1	4
29 奈良県	Nara-ken	21.15	22	104.8	24	52.9	46	3,515.1	9
30 和歌山県	Wakayama-ken	22.25	11	91.8	33	61.9	34	3,164.8	25
31 鳥取県	Tottori-ken	24.44	5	85.6	41	57.1	42	2,874.0	45
32 島根県	Shimane-ken	20.82	23	90.3	34	62.0	33	2,931.8	41
33 岡山県	Okayama-ken	21.21	20	101.6	25	69.9	18	3,190.0	23
34 広島県	Hiroshima-ken	20.09	28	114.1	10	70.0	17	3,375.8	11
35 山口県	Yamaguchi-ken	18.67	41	99.2	27	66.5	26	3,199.3	22
36 徳島県	Tokushima-ken	19.88	29	97.3	30	66.6	24	3,151.6	28
37 香川県	Kagawa-ken	18.70	40	106.8	20	64.5	29	3,164.1	26
38 愛媛県	Ehime-ken	20.54	26	92.8	32	67.6	22	3,103.6	31
39 高知県	Kochi-ken	25.47	4	86.7	40	56.7	44	2,964.6	37
40 福岡県	Fukuoka-ken	25.67	3	105.6	22	64.7	28	3,344.6	12
41 佐賀県	Saga-ken	19.08	36	87.5	39	60.5	35	2,966.9	36
42 長崎県	Nagasaki-ken	23.71	7	83.6	42	52.1	47	2,952.2	39
43 熊本県	Kumamoto-ken	22.83	10	87.7	38	57.5	41	3,040.6	33
44 大分県	Oita-ken	22.16	12	87.9	36	64.4	30	2,991.4	35
45 宮崎県	Miyazaki-ken	21.81	15	80.3	44	59.9	38	2,879.4	44
46 鹿児島県	Kagoshima-ken	24.26	6	80.0	45	59.8	39	2,942.6	40
47 沖縄県	Okinawa-ken	33.66	1	83.1	43	63.3	32	3,028.0	34

No. 99 民生費割合 （対歳出決算総額） （都道府県財政） Percentage of welfare expenditure (Prefecture) #D0310301 % 2020		No. 100 社会福祉費割合 （対歳出決算総額） （都道府県財政） Percentage of social welfare expenditure (Prefecture) #D0310401 % 2020		No. 101 老人福祉費割合 （対歳出決算総額） （都道府県財政） Percentage of welfare expenditure for the aged (Prefecture) #D0310501 % 2020		No. 102 児童福祉費割合 （対歳出決算総額） （都道府県財政） Percentage of welfare expenditure for children (Prefecture) #D0310601 % 2020		No. 103 生活保護費割合 （対歳出決算総額） （都道府県財政） Percentage of expenditure for livelihood protection (Prefecture) #D0310701 % 2020		都道府県コード
指標値 Indicator	順位 Rank	指標値 Indicator	順位 Rank	指標値 Indicator	順位 Rank	指標値 Indicator	順位 Rank	指標値 Indicator	順位 Rank	Pref. code
16.30		6.02		6.24		3.48		0.39		00
13.74	34	4.98	29	5.44	34	2.29	45	1.00	4	01
15.34	24	4.25	37	6.50	20	3.55	19	1.03	3	02
10.17	47	3.00	46	4.14	47	2.31	44	0.27	27	03
13.60	37	4.35	35	5.35	36	3.06	31	0.42	15	04
13.31	38	4.66	32	5.89	30	2.53	41	0.22	32	05
12.14	42	3.51	43	4.92	42	3.40	20	0.29	25	06
13.88	33	2.97	47	4.25	45	2.35	43	0.24	31	07
16.42	18	6.14	12	6.32	24	3.56	17	0.40	16	08
14.55	29	5.20	26	5.17	39	3.64	13	0.37	18	09
15.34	25	5.51	21	5.96	28	3.56	18	0.31	23	10
21.50	2	8.38	4	8.24	2	4.32	3	0.54	10	11
17.24	10	6.14	11	6.93	16	3.74	11	0.27	28	12
15.59	21	6.65	8	4.39	44	4.28	6	0.25	30	13
22.97	1	8.50	3	9.15	1	4.95	1	0.37	19	14
11.87	44	3.34	45	6.23	26	2.10	47	0.10	44	15
12.63	41	3.47	44	6.31	25	2.79	37	0.06	45	16
13.71	35	5.09	28	5.37	35	3.07	30	0.17	36	17
11.74	45	3.60	41	4.97	40	3.02	33	0.12	42	18
11.54	46	4.31	36	4.54	43	2.47	42	0.22	33	19
14.05	32	4.58	33	6.61	18	2.26	46	0.29	26	20
14.23	31	4.94	30	6.33	23	2.76	38	0.20	34	21
17.32	9	5.41	22	7.98	5	3.61	14	0.31	22	22
17.03	12	6.29	9	7.01	14	3.59	16	0.14	40	23
16.94	14	5.34	23	7.36	7	3.85	9	0.38	17	24
16.75	16	6.95	7	5.86	31	3.74	12	0.18	35	25
18.46	7	7.75	5	7.31	9	3.14	27	0.26	29	26
19.66	5	9.05	2	7.15	10	3.30	22	0.15	38	27
15.73	20	6.08	14	6.42	21	3.11	28	0.12	43	28
16.80	15	5.88	17	7.10	11	2.93	35	0.89	5	29
15.02	28	5.98	15	5.78	32	2.59	39	0.67	9	30
13.71	36	4.53	34	5.21	38	3.80	10	0.16	37	31
12.06	43	3.56	42	5.63	33	2.84	36	0.02	47	32
17.07	11	6.24	10	7.33	8	3.17	25	0.13	41	33
17.01	13	5.30	25	8.00	4	3.60	15	0.03	46	34
14.41	30	4.05	39	7.06	12	3.15	26	0.14	39	35
13.10	39	3.62	40	6.04	27	2.58	40	0.86	6	36
15.37	23	4.92	31	6.93	17	3.10	29	0.42	14	37
16.53	17	6.10	13	6.98	15	2.98	34	0.46	13	38
15.85	19	5.52	20	6.52	19	3.05	32	0.73	8	39
21.30	3	7.64	6	8.04	3	3.98	8	1.59	1	40
13.00	40	4.07	38	5.21	37	3.36	21	0.36	20	41
15.19	27	5.31	24	6.34	22	3.23	24	0.31	21	42
18.47	6	5.15	27	7.05	13	4.16	7	0.54	11	43
15.43	22	5.92	16	5.90	29	3.27	23	0.30	24	44
15.30	26	5.59	19	4.93	41	4.28	5	0.49	12	45
18.25	8	5.80	18	7.38	6	4.32	4	0.73	7	46
19.72	4	9.60	1	4.17	46	4.81	2	1.15	2	47

行政基盤 D （指標）

28

			No. 104 衛生費割合 （対歳出決算総額） （都道府県財政） Percentage of health expenditure (Prefecture) #D0310801		No. 105 労働費割合 （対歳出決算総額） （都道府県財政） Percentage of labour expenditure (Prefecture) #D0310901		No. 106 農林水産業費割合 （対歳出決算総額） （都道府県財政） Percentage of agriculture, forestry and fishery expenditure (Prefecture) #D0311001		No. 107 商工費割合 （対歳出決算総額） （都道府県財政） Percentage of commerce and manufacturing expenditure (Prefecture) #D0311101	
単位	Unit		%		%		%		%	
年度	Fiscal year		2020		2020		2020		2020	
都道府県	Prefecture		指標値 Indicator	順位 Rank	指標値 Indicator	順位 Rank	指標値 Indicator	順位 Rank	指標値 Indicator	順位 Rank
00	全国	All Japan	6.77		0.39		4.20		14.25	
01	北海道	Hokkaido	7.11	16	0.20	37	9.14	4	19.44	5
02	青森県	Aomori-ken	5.86	38	0.24	27	7.30	15	11.19	30
03	岩手県	Iwate-ken	7.14	15	0.27	19	6.90	17	19.20	7
04	宮城県	Miyagi-ken	5.33	42	0.28	16	6.75	18	13.80	19
05	秋田県	Akita-ken	3.74	47	0.25	21	10.07	1	15.21	13
06	山形県	Yamagata-ken	7.36	11	0.42	9	7.34	14	15.52	11
07	福島県	Fukushima-ken	5.94	35	0.28	17	7.29	16	13.11	23
08	茨城県	Ibaraki-ken	6.58	25	0.19	40	3.63	35	12.57	24
09	栃木県	Tochigi-ken	6.80	23	0.18	44	3.69	34	17.12	9
10	群馬県	Gumma-ken	5.70	39	0.19	39	3.10	39	22.59	4
11	埼玉県	Saitama-ken	9.33	2	0.23	32	1.08	44	4.45	41
12	千葉県	Chiba-ken	6.84	20	0.14	47	2.94	41	19.39	6
13	東京都	Tokyo-to	6.32	29	1.00	1	0.29	47	15.07	15
14	神奈川県	Kanagawa-ken	10.49	1	0.23	31	1.07	45	3.90	44
15	新潟県	Niigata-ken	5.70	40	0.18	42	7.51	10	15.51	12
16	富山県	Toyama-ken	6.08	32	0.25	22	7.39	13	13.47	20
17	石川県	Ishikawa-ken	8.28	4	0.52	4	6.23	23	10.98	32
18	福井県	Fukui-ken	5.94	34	0.44	8	6.48	20	9.74	37
19	山梨県	Yamanashi-ken	5.01	45	0.26	20	6.30	22	16.52	10
20	長野県	Nagano-ken	5.86	36	0.24	29	4.88	29	10.97	33
21	岐阜県	Gifu-ken	6.45	28	0.24	26	5.28	26	14.85	16
22	静岡県	Shizuoka-ken	7.34	12	0.52	3	4.98	28	4.00	42
23	愛知県	Aichi-ken	6.50	26	0.22	34	3.20	37	11.48	28
24	三重県	Mie-ken	7.46	10	0.17	46	4.81	31	2.89	46
25	滋賀県	Shiga-ken	7.78	7	0.22	33	4.87	30	9.79	36
26	京都府	Kyoto-fu	6.45	27	0.40	10	2.18	43	23.17	3
27	大阪府	Osaka-fu	6.69	24	0.18	43	0.39	46	26.98	1
28	兵庫県	Hyogo-ken	5.86	37	0.83	2	3.15	38	25.21	2
29	奈良県	Nara-ken	8.79	3	0.18	41	2.40	42	3.90	43
30	和歌山県	Wakayama-ken	4.85	46	0.19	38	4.72	32	14.23	17
31	鳥取県	Tottori-ken	7.81	6	0.47	7	7.50	11	6.38	39
32	島根県	Shimane-ken	6.20	31	0.35	11	8.14	7	11.48	27
33	岡山県	Okayama-ken	7.55	8	0.17	45	9.44	2	3.40	45
34	広島県	Hiroshima-ken	7.31	13	0.25	24	3.27	36	9.94	35
35	山口県	Yamaguchi-ken	5.98	33	0.29	15	5.27	27	13.90	18
36	徳島県	Tokushima-ken	8.12	5	0.48	5	6.43	21	13.46	21
37	香川県	Kagawa-ken	7.53	9	0.24	25	4.50	33	11.23	29
38	愛媛県	Ehime-ken	6.85	19	0.25	23	5.64	25	13.22	22
39	高知県	Kochi-ken	6.81	22	0.21	36	7.63	9	5.23	40
40	福岡県	Fukuoka-ken	6.97	18	0.31	14	3.01	40	15.10	14
41	佐賀県	Saga-ken	5.19	44	0.23	30	6.08	24	18.55	8
42	長崎県	Nagasaki-ken	7.00	17	0.32	12	8.02	8	11.12	31
43	熊本県	Kumamoto-ken	6.84	21	0.28	18	7.41	12	10.31	34
44	大分県	Oita-ken	5.27	43	0.31	13	8.65	6	11.98	25
45	宮崎県	Miyazaki-ken	5.42	41	0.24	28	8.91	5	9.53	38
46	鹿児島県	Kagoshima-ken	6.20	30	0.22	35	9.38	3	2.28	47
47	沖縄県	Okinawa-ken	7.31	14	0.47	6	6.61	19	11.70	26

No. 108 土木費割合（対歳出決算総額）（都道府県財政） Percentage of public works expenditure (Prefecture) #D0311201 % 2020		No. 109 警察費割合（対歳出決算総額）（都道府県財政） Percentage of police expenditure (Prefecture) #D03113 % 2020		No. 110 消防費割合（対歳出決算総額）（東京都・市町村財政合計） Percentage of fire service expenditure (Tokyo-to + Municipality) #D03114 % 2020		No. 111 教育費割合（対歳出決算総額）（都道府県財政） Percentage of education expenditure (Prefecture) #D0311501 % 2020		No. 112 災害復旧費割合（対歳出決算総額）（都道府県財政） Percentage of disaster relief expenditure (Prefecture) #D0312301 % 2020		都道府県コード Pref. code
指標値 Indicator	順位 Rank	指標値 Indicator	順位 Rank	指標値 Indicator	順位 Rank	指標値 Indicator	順位 Rank	指標値 Indicator	順位 Rank	
10.54		5.56		3.20		17.08		1.00		00
10.90	33	4.24	32	3.88	22	14.07	46	0.71	25	01
11.66	28	4.05	38	6.42	1	18.92	19	0.04	44	02
15.37	7	2.76	47	4.68	7	14.62	43	6.24	2	03
12.67	19	4.48	24	3.24	33	15.79	36	6.69	1	04
13.09	15	3.77	44	4.27	10	16.22	34	0.76	23	05
12.38	22	3.92	40	3.64	26	16.46	33	1.44	12	06
18.78	1	3.12	46	4.15	16	15.80	35	4.07	4	07
12.28	23	4.75	18	4.78	5	20.69	6	0.48	29	08
10.14	37	4.70	20	3.75	24	19.56	12	2.79	7	09
10.72	35	4.23	33	4.27	11	17.81	26	1.36	14	10
7.26	44	6.89	4	4.23	14	22.68	2	0.42	33	11
6.16	45	6.77	5	3.58	29	19.41	13	0.22	37	12
9.50	38	7.35	2	2.04	47	13.97	47	0.04	43	13
4.73	47	8.29	1	2.33	46	16.76	32	0.23	36	14
15.08	9	4.29	29	3.41	31	15.06	41	1.18	17	15
13.84	14	4.52	23	3.35	32	17.53	29	0.19	38	16
13.99	13	4.06	37	3.62	28	18.18	23	0.34	35	17
14.45	11	4.30	27	4.23	13	18.50	22	0.15	39	18
17.51	2	4.16	36	5.08	2	15.67	38	0.83	21	19
14.67	10	4.26	30	3.93	21	20.25	8	3.74	5	20
12.51	21	4.77	17	4.30	9	20.08	9	0.91	20	21
11.23	32	6.31	9	4.12	17	19.57	11	0.73	24	22
8.64	41	6.46	7	2.78	40	19.66	10	0.03	45	23
12.55	20	5.02	15	4.09	18	22.94	1	0.97	18	24
12.93	17	4.73	19	4.02	20	22.36	3	0.02	47	25
7.54	43	6.70	6	2.79	39	14.82	42	0.42	32	26
5.32	46	7.08	3	2.56	43	14.30	45	0.02	46	27
7.96	42	5.18	13	2.75	41	14.60	44	0.08	40	28
12.00	25	4.67	22	4.51	8	20.82	5	0.38	34	29
16.89	3	4.46	25	4.70	6	18.52	21	0.80	22	30
16.62	5	4.24	31	3.86	23	17.93	25	0.62	28	31
16.63	4	3.92	41	3.71	25	17.80	27	0.43	31	32
10.59	36	6.41	8	3.18	35	19.05	18	1.52	11	33
10.74	34	5.58	11	3.10	36	17.23	30	3.09	6	34
11.62	29	5.27	12	4.03	19	19.32	15	0.64	27	35
14.38	12	4.67	21	4.24	12	15.55	39	0.45	30	36
12.11	24	5.17	14	3.58	30	19.09	17	0.06	41	37
12.72	18	4.19	35	3.62	27	17.97	24	1.76	9	38
16.55	6	4.30	28	4.94	3	19.32	14	2.46	8	39
8.89	40	6.28	10	2.54	44	15.70	37	1.24	16	40
11.99	26	3.59	45	4.82	4	18.81	20	1.26	15	41
11.44	30	4.84	16	3.02	38	19.15	16	0.66	26	42
11.33	31	4.33	26	4.17	15	15.21	40	4.48	3	43
15.24	8	3.79	43	3.10	37	17.74	28	1.40	13	44
12.97	16	3.89	42	2.72	42	17.11	31	0.96	19	45
11.82	27	4.22	34	3.19	34	21.51	4	1.56	10	46
9.25	39	4.03	39	2.35	45	20.49	7	0.05	42	47

行政基盤

D

（指標）

都道府県	Prefecture	No. 113 人件費割合（対歳出決算総額）（都道府県財政）Percentage of personnel expenses (Prefecture) #D0320101		No. 114 扶助費割合（対歳出決算総額）（都道府県財政）Percentage of allowances (Prefecture) #D0320201		No. 115 普通建設事業費割合（対歳出決算総額）（都道府県財政）Percentage of ordinary construction expenses (Prefecture) #D0320301		No. 116 歳出決算総額（人口1人当たり）（都道府県・市町村財政合計）Total expenditure per capita (Prefecture + Municipality) #D0330103	
単位	Unit	%		%		%		千円：thousand yen	
年度	Fiscal year	2020		2020		2020		2020	
		指標値 Indicator	順位 Rank	指標値 Indicator	順位 Rank	指標値 Indicator	順位 Rank	指標値 Indicator	順位 Rank
00 全国	All Japan	20.89		1.90		13.72		1,084.5	
01 北海道	Hokkaido	17.97	42	1.96	20	16.76	25	1,394.1	8
02 青森県	Aomori-ken	21.65	28	2.57	10	18.72	18	1,324.9	16
03 岩手県	Iwate-ken	17.25	47	1.31	41	20.14	11	1,638.0	1
04 宮城県	Miyagi-ken	18.49	40	1.48	35	19.31	15	1,238.9	21
05 秋田県	Akita-ken	20.13	35	1.03	46	21.85	4	1,448.6	5
06 山形県	Yamagata-ken	22.09	23	1.21	43	16.04	28	1,357.9	11
07 福島県	Fukushima-ken	17.58	46	1.40	37	21.02	8	1,560.1	3
08 茨城県	Ibaraki-ken	24.32	7	1.95	21	13.98	35	1,031.0	38
09 栃木県	Tochigi-ken	22.89	19	1.81	27	14.08	34	1,074.8	34
10 群馬県	Gumma-ken	21.48	32	3.03	4	13.71	37	1,094.7	31
11 埼玉県	Saitama-ken	26.36	2	2.41	11	7.94	45	764.5	47
12 千葉県	Chiba-ken	24.26	8	1.89	23	8.33	44	849.5	45
13 東京都	Tokyo-to	17.73	44	1.72	29	9.75	42	1,131.7	28
14 神奈川県	Kanagawa-ken	21.64	29	2.01	18	6.81	46	813.6	46
15 新潟県	Niigata-ken	19.62	37	0.77	47	18.36	21	1,201.9	23
16 富山県	Toyama-ken	21.82	26	1.06	45	18.17	22	1,168.8	24
17 石川県	Ishikawa-ken	21.43	34	1.79	28	18.63	19	1,145.6	25
18 福井県	Fukui-ken	22.41	22	2.16	15	22.74	1	1,353.4	13
19 山梨県	Yamanashi-ken	20.00	36	1.35	39	20.26	10	1,353.6	12
20 長野県	Nagano-ken	23.27	15	1.69	30	19.91	12	1,202.8	22
21 岐阜県	Gifu-ken	23.58	11	1.32	40	19.19	16	1,084.0	32
22 静岡県	Shizuoka-ken	23.44	13	1.35	38	17.02	24	913.0	43
23 愛知県	Aichi-ken	23.16	16	1.87	24	11.31	40	886.2	44
24 三重県	Mie-ken	28.11	1	1.68	31	15.98	29	995.9	42
25 滋賀県	Shiga-ken	25.31	5	1.63	32	16.40	26	1,026.8	40
26 京都府	Kyoto-fu	18.45	41	1.26	42	9.65	43	1,118.7	29
27 大阪府	Osaka-fu	17.84	43	1.53	33	4.67	47	1,015.6	41
28 兵庫県	Hyogo-ken	17.69	45	1.17	44	10.41	41	1,074.3	35
29 奈良県	Nara-ken	23.28	14	2.68	8	14.79	32	1,034.5	37
30 和歌山県	Wakayama-ken	21.54	30	1.95	22	22.58	2	1,367.3	10
31 鳥取県	Tottori-ken	23.86	10	1.48	36	21.16	7	1,442.4	6
32 島根県	Shimane-ken	22.73	20	2.25	12	21.75	5	1,589.6	2
33 岡山県	Okayama-ken	24.49	6	1.52	34	14.99	31	1,038.4	36
34 広島県	Hiroshima-ken	21.45	33	2.00	19	12.25	38	1,029.3	39
35 山口県	Yamaguchi-ken	23.91	9	1.82	26	14.68	33	1,143.1	27
36 徳島県	Tokushima-ken	21.65	27	2.25	13	19.07	17	1,390.7	9
37 香川県	Kagawa-ken	25.65	4	2.15	16	13.83	36	1,102.6	30
38 愛媛県	Ehime-ken	22.45	21	4.10	1	16.26	27	1,143.5	26
39 高知県	Kochi-ken	22.94	18	2.66	9	22.44	3	1,517.4	4
40 福岡県	Fukuoka-ken	19.15	38	2.94	6	11.73	39	1,077.3	33
41 佐賀県	Saga-ken	21.53	31	2.06	17	20.77	9	1,424.2	7
42 長崎県	Nagasaki-ken	23.55	12	3.00	5	19.68	13	1,343.2	14
43 熊本県	Kumamoto-ken	19.12	39	2.88	7	17.61	23	1,271.8	19
44 大分県	Oita-ken	22.05	24	1.87	25	21.32	6	1,265.5	20
45 宮崎県	Miyazaki-ken	22.00	25	2.24	14	18.40	20	1,338.7	15
46 鹿児島県	Kagoshima-ken	26.04	3	3.17	3	19.45	14	1,300.9	17
47 沖縄県	Okinawa-ken	23.06	17	3.54	2	15.16	30	1,295.3	18

No. 117 民生費（人口1人当たり）(都道府県・市町村財政合計) Welfare expenditure per capita (Prefecture + Municipality) #D0330203 千円：thousand yen 2020		No. 118 社会福祉費（人口1人当たり）(都道府県・市町村財政合計) Social welfare expenditure per capita (Prefecture + Municipality) #D0330303 千円：thousand yen 2020		No. 119 老人福祉費（65歳以上人口1人当たり）(都道府県・市町村財政合計) Social welfare expenditure for aged persons per capita 65 years old and over (Prefecture + Municipality) #D0330403 千円：thousand yen 2020		No. 120 児童福祉費（17歳以下人口1人当たり）(都道府県・市町村財政合計) Welfare expenditure for children per capita 0-17 years old (Prefecture + Municipality) #D0330503 千円：thousand yen 2020		No. 121 生活保護費（被保護実人員1人当たり）(都道府県・市町村財政合計) Welfare expenditure for livelihood protection per person assisted by livelihood protection (Prefecture + Municipality) #D0330603 千円：thousand yen 2020		都道府県コード
指標値 Indicator	順位 Rank	指標値 Indicator	順位 Rank	指標値 Indicator	順位 Rank	指標値 Indicator	順位 Rank	指標値 Indicator	順位 Rank	Pref. code
255.8		72.6		222.6		611.9		1,899.4		00
296.2	9	91.5	4	232.3	19	583.3	28	1,812.9	29	01
284.7	16	77.1	20	233.3	16	708.5	3	1,591.0	45	02
255.6	23	69.6	25	219.1	32	670.6	10	1,590.8	46	03
224.7	38	59.6	42	200.7	42	583.9	26	1,647.8	43	04
274.8	20	81.5	14	240.1	13	666.2	11	1,613.2	44	05
239.1	30	59.8	41	207.3	40	688.8	7	1,744.9	38	06
287.5	14	64.6	36	220.6	30	588.5	25	1,706.3	40	07
223.2	39	65.3	32	201.0	41	557.2	38	1,913.9	10	08
222.3	40	64.2	37	186.4	45	580.6	29	1,825.7	25	09
231.8	33	67.6	29	218.7	33	589.5	24	1,872.1	17	10
207.7	46	58.1	43	184.2	46	532.0	42	1,908.9	13	11
210.9	44	56.1	45	183.0	47	546.2	41	1,883.5	15	12
302.3	5	83.4	13	252.8	7	897.8	1	2,160.6	1	13
225.7	37	60.3	40	198.3	43	583.7	27	1,944.6	7	14
222.2	41	57.0	44	213.5	35	580.2	30	1,547.9	47	15
219.0	42	54.7	46	228.9	21	602.4	20	1,957.0	5	16
230.9	34	67.4	30	209.5	39	601.1	21	1,967.5	4	17
242.9	27	68.5	27	221.4	29	631.5	15	1,830.7	24	18
240.9	29	75.6	22	213.8	34	593.7	22	1,909.0	12	19
226.5	36	68.7	26	228.4	22	499.4	44	1,904.6	14	20
210.9	45	64.6	35	211.7	38	473.8	47	1,909.3	11	21
199.4	47	52.4	47	192.0	44	498.1	45	1,799.6	31	22
214.6	43	62.3	39	219.7	31	508.5	43	1,814.0	28	23
227.9	35	65.0	34	222.2	27	549.9	39	1,861.7	21	24
235.6	32	77.2	19	213.3	36	546.6	40	1,694.1	41	25
281.3	17	85.7	10	250.1	8	614.6	19	1,774.9	33	26
302.6	4	90.3	5	233.4	15	619.3	17	1,993.7	3	27
257.3	22	73.4	24	226.4	24	576.1	32	1,879.6	16	28
237.9	31	75.2	23	213.1	37	490.1	46	1,752.9	36	29
290.2	11	93.3	3	254.2	5	577.7	31	1,954.3	6	30
285.7	15	85.7	11	227.5	23	696.5	5	1,763.9	35	31
293.2	10	81.3	15	268.5	4	707.8	4	1,746.3	37	32
243.7	26	68.0	28	223.8	25	574.8	33	1,808.8	30	33
241.7	28	64.1	38	221.7	28	568.1	35	1,788.4	32	34
245.6	24	67.0	31	233.3	17	558.0	37	1,919.2	9	35
288.1	13	75.9	21	274.3	1	663.9	12	1,870.3	19	36
245.2	25	65.2	33	232.2	20	592.0	23	1,871.3	18	37
272.1	21	85.6	12	241.0	12	561.9	36	1,824.5	26	38
336.4	2	96.6	2	271.8	2	730.5	2	1,772.8	34	39
277.6	18	79.2	17	241.3	11	573.5	34	1,838.6	23	40
275.0	19	77.8	18	253.9	6	615.2	18	2,029.6	2	41
300.9	6	85.9	8	241.6	10	654.0	14	1,712.2	39	42
297.1	8	79.4	16	245.9	9	655.5	13	1,868.4	20	43
289.4	12	85.8	9	234.2	14	631.4	16	1,940.5	8	44
298.4	7	88.4	6	222.3	26	695.3	6	1,674.7	42	45
316.2	3	88.1	7	269.2	3	682.3	8	1,854.3	22	46
353.7	1	121.4	1	232.6	18	671.8	9	1,818.7	27	47

行政基盤 D （指標）

			No. 122 衛生費 (人口1人当たり) (都道府県・市町村財政合計) Health expenditure per capita (Prefecture + Municipality) #D0330703		No. 123 土木費 (人口1人当たり) (都道府県・市町村財政合計) Public works expenditure per capita (Prefecture + Municipality) #D0331103		No. 124 警察費 (人口1人当たり) (都道府県財政) Police expenditure per capita (Prefecture) #D03312		No. 125 消防費 (人口1人当たり) (東京都・市町村財政合計) Fire service expenditure per capita (Tokyo-to + Municipality) #D03313	
単位	Unit		千円：thousand yen		千円：thousand yen		千円：thousand yen		千円：thousand yen	
年度	Fiscal year		2020		2020		2020		2020	
都道府県	Prefecture		指標値 Indicator	順位 Rank	指標値 Indicator	順位 Rank	指標値 Indicator	順位 Rank	指標値 Indicator	順位 Rank
00	全国	All Japan	78.2		102.1		26.3		21.8	
01	北海道	Hokkaido	99.3	10	143.4	14	25.2	18	31.0	10
02	青森県	Aomori-ken	103.1	8	130.5	20	24.0	23	47.0	1
03	岩手県	Iwate-ken	123.0	2	230.3	1	22.9	30	37.9	3
04	宮城県	Miyagi-ken	83.8	25	163.4	9	22.3	35	24.0	23
05	秋田県	Akita-ken	76.5	32	162.8	10	26.2	14	32.2	8
06	山形県	Yamagata-ken	104.0	7	140.5	16	24.7	19	26.5	17
07	福島県	Fukushima-ken	105.8	6	208.8	2	23.9	24	32.9	6
08	茨城県	Ibaraki-ken	85.4	21	105.3	28	21.6	45	27.5	15
09	栃木県	Tochigi-ken	75.9	33	102.1	30	23.5	26	21.6	32
10	群馬県	Gumma-ken	77.0	31	99.5	34	21.8	41	24.7	20
11	埼玉県	Saitama-ken	59.7	47	56.9	46	19.6	47	20.3	35
12	千葉県	Chiba-ken	68.2	43	53.7	47	23.3	27	18.1	41
13	東京都	Tokyo-to	78.6	28	94.7	38	45.0	1	23.1	25
14	神奈川県	Kanagawa-ken	62.1	46	64.2	45	21.0	46	13.1	47
15	新潟県	Niigata-ken	73.8	36	164.6	8	22.8	31	22.9	27
16	富山県	Toyama-ken	81.2	26	142.6	15	26.0	16	19.9	36
17	石川県	Ishikawa-ken	92.3	15	133.1	18	21.9	39	22.0	31
18	福井県	Fukui-ken	92.3	14	166.9	7	28.6	11	29.2	13
19	山梨県	Yamanashi-ken	89.5	16	171.6	5	29.1	8	33.2	5
20	長野県	Nagano-ken	87.3	19	132.5	19	21.8	40	27.1	16
21	岐阜県	Gifu-ken	73.8	38	109.9	27	23.2	28	25.7	19
22	静岡県	Shizuoka-ken	77.9	30	93.0	39	22.1	36	23.2	24
23	愛知県	Aichi-ken	65.3	45	84.1	42	21.9	37	15.2	45
24	三重県	Mie-ken	77.9	29	102.1	31	21.6	44	23.1	26
25	滋賀県	Shiga-ken	93.2	13	96.0	36	21.7	42	22.8	28
26	京都府	Kyoto-fu	69.6	42	80.1	43	30.1	6	18.7	40
27	大阪府	Osaka-fu	67.2	44	73.0	44	29.9	7	15.2	46
28	兵庫県	Hyogo-ken	72.9	40	92.9	40	24.7	20	16.4	44
29	奈良県	Nara-ken	86.0	20	95.7	37	21.6	43	25.8	18
30	和歌山県	Wakayama-ken	96.4	12	167.5	6	30.3	5	32.3	7
31	鳥取県	Tottori-ken	118.3	3	162.7	11	28.7	10	29.5	12
32	島根県	Shimane-ken	127.2	1	188.0	3	30.4	4	30.2	11
33	岡山県	Okayama-ken	80.6	27	101.9	32	26.4	13	19.9	37
34	広島県	Hiroshima-ken	89.4	17	104.3	29	21.9	38	19.7	38
35	山口県	Yamaguchi-ken	73.7	39	113.6	25	28.3	12	24.5	21
36	徳島県	Tokushima-ken	115.5	4	153.3	12	34.1	2	28.0	14
37	香川県	Kagawa-ken	84.5	24	99.1	35	26.0	15	21.5	33
38	愛媛県	Ehime-ken	74.9	34	113.4	26	22.4	34	22.0	30
39	高知県	Kochi-ken	98.8	11	183.6	4	30.6	3	39.8	2
40	福岡県	Fukuoka-ken	72.8	41	87.1	41	24.7	21	17.4	42
41	佐賀県	Saga-ken	85.3	22	133.4	17	25.5	17	34.5	4
42	長崎県	Nagasaki-ken	107.3	5	126.6	22	29.0	9	22.5	29
43	熊本県	Kumamoto-ken	101.2	9	121.5	24	22.5	33	31.4	9
44	大分県	Oita-ken	73.9	35	144.7	13	23.1	29	20.3	34
45	宮崎県	Miyazaki-ken	73.8	37	129.2	21	24.3	22	19.5	39
46	鹿児島県	Kagoshima-ken	88.9	18	123.2	23	22.7	32	24.4	22
47	沖縄県	Okinawa-ken	84.5	23	101.6	33	23.8	25	16.6	43

No. 126 教育費 （人口1人当たり） （都道府県・市町村財政合計） Education expenditure per capita (Prefecture + Municipality) #D0331403 千円：thousand yen 2020		No. 127 社会教育費 （人口1人当たり） （都道府県・市町村財政合計） Social education expenditure per capita (Prefecture + Municipality) #D0332003 千円：thousand yen 2020		No. 128 災害復旧費 （人口1人当たり） （都道府県・市町村財政合計） Disaster relief expenditure per capita (Prefecture + Municipality) #D0332103 千円：thousand yen 2020		No. 129 公立小学校費 （児童1人当たり） （都道府県・市町村財政合計） Elementary school expenditure per student (Prefecture + Municipality) #D0331503 千円：thousand yen 2020		No. 130 公立中学校費 （生徒1人当たり） （都道府県・市町村財政合計） Lower secondary school expenditure per student (Prefecture + Municipality) #D0331603 千円：thousand yen 2020		都道府県コード
指標値 Indicator	順位 Rank	指標値 Indicator	順位 Rank	指標値 Indicator	順位 Rank	指標値 Indicator	順位 Rank	指標値 Indicator	順位 Rank	Pref. code
145.2		10.4		8.6		834.1		968.1		00
161.2	23	10.3	33	6.6	26	1,066.8	4	1,215.7	4	01
181.4	9	15.7	9	0.5	43	1,030.7	7	1,262.7	2	02
183.2	7	16.3	8	73.8	1	1,048.5	5	1,183.2	7	03
167.3	17	13.8	14	60.1	3	923.1	18	1,046.9	19	04
181.4	10	13.2	17	8.0	22	1,136.0	1	1,220.0	3	05
167.8	16	15.2	11	13.5	13	970.6	9	994.9	21	06
186.3	5	17.0	7	67.8	2	952.0	13	1,101.8	15	07
155.1	30	9.9	36	4.0	31	956.6	12	983.4	25	08
155.3	29	11.8	25	20.9	8	850.2	25	922.4	34	09
152.5	32	11.7	27	9.8	17	788.6	34	898.6	38	10
113.9	46	7.1	46	1.7	36	642.4	47	770.8	47	11
123.6	45	8.0	44	2.4	34	736.0	42	848.7	42	12
142.6	37	8.4	42	0.6	41	970.0	10	1,200.9	5	13
113.4	47	6.4	47	1.4	40	718.9	46	808.1	46	14
155.1	31	9.7	38	8.6	18	936.8	17	1,102.1	14	15
156.8	27	15.0	12	1.5	38	889.5	22	906.7	37	16
163.7	20	22.6	3	2.3	35	843.3	27	830.7	44	17
182.2	8	23.9	1	1.5	39	911.9	20	972.1	27	18
171.4	13	12.5	19	7.8	23	1,012.9	8	1,000.4	20	19
161.9	22	19.8	4	35.0	5	912.6	19	1,085.2	18	20
159.7	24	12.2	22	8.4	21	847.1	26	911.3	36	21
139.2	38	9.5	39	4.7	30	731.1	45	884.9	40	22
133.0	43	9.3	40	0.3	46	735.1	43	828.7	45	23
151.5	33	8.4	43	5.4	29	819.8	29	956.4	28	24
163.5	21	13.3	16	0.5	44	734.5	44	942.6	30	25
138.6	40	10.1	35	2.9	32	816.6	31	973.8	26	26
128.8	44	7.9	45	0.3	47	798.1	33	928.6	31	27
137.3	41	8.7	41	1.7	37	770.3	37	919.3	35	28
151.0	34	14.9	13	2.4	33	761.3	38	924.9	33	29
183.9	6	13.6	15	8.4	20	942.7	16	1,099.5	16	30
177.2	12	18.5	6	6.1	27	893.3	21	1,135.8	10	31
210.7	1	23.4	2	7.0	25	1,112.3	2	1,140.3	9	32
149.8	35	10.2	34	11.5	14	817.8	30	868.7	41	33
138.8	39	9.8	37	23.7	7	787.3	35	983.8	24	34
159.6	25	11.3	28	7.4	24	948.2	15	1,102.3	13	35
170.8	14	11.7	26	5.5	28	964.6	11	1,194.9	6	36
157.2	26	11.0	31	0.4	45	751.9	40	896.7	39	37
144.0	36	11.9	24	18.4	10	783.6	36	955.8	29	38
199.9	2	18.7	5	28.5	6	1,085.8	3	1,487.5	1	39
137.2	42	11.1	29	8.4	19	747.4	41	845.5	43	40
197.5	3	15.5	10	18.8	9	878.9	23	1,093.3	17	41
169.7	15	12.3	21	11.0	16	950.1	14	1,123.6	11	42
156.7	28	11.0	32	51.0	4	828.2	28	991.0	22	43
165.3	18	12.9	18	15.6	12	861.9	24	1,108.0	12	44
163.9	19	12.4	20	11.1	15	815.4	32	988.4	23	45
179.2	11	12.0	23	17.8	11	1,030.8	6	1,170.3	8	46
187.6	4	11.0	30	0.5	42	755.2	39	926.0	32	47

行政基盤

D

（指標）

都道府県 Prefecture		No. 131 公立高等学校費 （生徒1人当たり） （都道府県・市町村財政合計） Upper secondary school expenditure per student (Prefecture + Municipality) #D0331703		No. 132 特別支援学校費（公立） （児童・生徒1人当たり） （都道府県・市町村財政合計） Expenditure for schools for special needs education per student (Prefecture + Municipality) #D0331804		No. 133 幼稚園費 （児童1人当たり） （都道府県・市町村財政合計） Kindergarten expenditure per pupil (Prefecture + Municipality) #D0331903	
単位	Unit	千円：thousand yen		千円：thousand yen		千円：thousand yen	
年度	Fiscal year	2020		2020		2020	
		指標値 Indicator	順位 Rank	指標値 Indicator	順位 Rank	指標値 Indicator	順位 Rank
00 全国	All Japan	1,078.8		6,828.8		262.2	
01 北海道	Hokkaido	1,155.1	22	8,902.5	3	186.3	35
02 青森県	Aomori-ken	1,363.2	6	7,307.4	21	541.7	17
03 岩手県	Iwate-ken	1,403.1	3	7,803.7	10	563.2	15
04 宮城県	Miyagi-ken	1,368.9	5	7,563.2	17	361.6	25
05 秋田県	Akita-ken	1,459.2	2	7,784.5	12	559.7	16
06 山形県	Yamagata-ken	1,301.9	11	7,721.0	13	274.8	30
07 福島県	Fukushima-ken	1,263.5	12	8,321.4	6	504.4	19
08 茨城県	Ibaraki-ken	994.7	38	5,648.6	45	496.7	20
09 栃木県	Tochigi-ken	935.7	43	5,587.0	46	137.2	38
10 群馬県	Gumma-ken	1,086.0	27	7,222.1	24	415.9	22
11 埼玉県	Saitama-ken	1,024.7	35	6,004.0	38	132.8	39
12 千葉県	Chiba-ken	876.0	46	5,758.3	42	110.5	43
13 東京都	Tokyo-to	1,192.5	16	7,792.7	11	112.6	42
14 神奈川県	Kanagawa-ken	1,014.3	36	6,545.3	30	90.1	46
15 新潟県	Niigata-ken	1,185.8	17	7,818.2	9	462.6	21
16 富山県	Toyama-ken	1,182.6	18	7,440.0	19	716.1	11
17 石川県	Ishikawa-ken	1,034.4	34	6,055.8	36	257.1	31
18 福井県	Fukui-ken	1,203.7	15	8,795.0	4	1,002.2	3
19 山梨県	Yamanashi-ken	1,045.4	33	7,052.1	26	275.2	29
20 長野県	Nagano-ken	1,390.2	4	7,244.1	23	716.2	10
21 岐阜県	Gifu-ken	962.8	41	6,209.5	35	277.6	28
22 静岡県	Shizuoka-ken	1,000.6	37	6,451.1	32	564.0	14
23 愛知県	Aichi-ken	888.7	45	6,416.0	34	165.8	36
24 三重県	Mie-ken	978.7	40	6,745.6	28	538.7	18
25 滋賀県	Shiga-ken	930.3	44	5,968.3	39	802.8	6
26 京都府	Kyoto-fu	1,257.6	13	8,168.7	7	156.1	37
27 大阪府	Osaka-fu	843.4	47	5,301.6	47	308.0	27
28 兵庫県	Hyogo-ken	991.1	39	7,700.4	14	324.8	26
29 奈良県	Nara-ken	1,046.3	31	5,915.7	40	779.4	7
30 和歌山県	Wakayama-ken	1,066.4	28	7,632.6	16	388.3	23
31 鳥取県	Tottori-ken	1,178.7	19	8,349.6	5	84.8	47
32 島根県	Shimane-ken	1,326.6	10	9,108.4	2	1,013.9	2
33 岡山県	Okayama-ken	1,136.7	23	6,030.3	37	747.4	8
34 広島県	Hiroshima-ken	1,046.1	32	6,499.4	31	206.5	34
35 山口県	Yamaguchi-ken	1,155.5	21	7,167.3	25	115.0	41
36 徳島県	Tokushima-ken	1,100.5	25	7,445.8	18	857.9	4
37 香川県	Kagawa-ken	1,161.2	20	7,264.3	22	577.8	13
38 愛媛県	Ehime-ken	1,346.8	8	5,879.5	41	224.4	33
39 高知県	Kochi-ken	1,798.4	1	11,176.9	1	649.2	12
40 福岡県	Fukuoka-ken	958.6	42	5,727.9	43	101.0	45
41 佐賀県	Saga-ken	1,355.4	7	7,645.5	15	132.6	40
42 長崎県	Nagasaki-ken	1,117.8	24	6,671.6	29	1,052.8	1
43 熊本県	Kumamoto-ken	1,056.3	30	6,935.5	27	241.3	32
44 大分県	Oita-ken	1,220.7	14	7,864.6	8	734.9	9
45 宮崎県	Miyazaki-ken	1,096.2	26	6,424.6	33	109.2	44
46 鹿児島県	Kagoshima-ken	1,345.1	9	5,653.2	44	362.1	24
47 沖縄県	Okinawa-ken	1,059.2	29	7,420.1	20	838.6	5

行政基盤

D

（指標）

E. 教育　　E Education

			No. 134 小学校数 (6～11歳人口10万人当たり) Number of elementary schools (per 100,000 population 6-11 years) #E0110101		No. 135 中学校数 (12～14歳人口10万人当たり) Number of lower secondary schools (per 100,000 population 12-14 years) #E0110102		No. 136 高等学校数 (15～17歳人口10万人当たり) Number of upper secondary schools (per 100,000 population 15-17 years) #E0110103		No. 137 幼稚園数 (3～5歳人口10万人当たり) Number of kindergartens (per 100,000 population 3-5 years) #E0110104	
単位	Unit		校：number of schools		校：number of schools		校：number of schools		園：number of kindergartens	
年度	Fiscal year		2022		2022		2022		2022	
都道府県	Prefecture		指標値 Indicator	順位 Rank	指標値 Indicator	順位 Rank	指標値 Indicator	順位 Rank	指標値 Indicator	順位 Rank
00	全国	All Japan	308.5		310.0		145.9		313.5	
01	北海道	Hokkaido	414.3	18	463.0	11	208.2	8	328.6	22
02	青森県	Aomori-ken	480.5	8	526.1	4	218.2	6	348.6	15
03	岩手県	Iwate-ken	516.2	6	496.2	8	241.7	3	280.5	33
04	宮城県	Miyagi-ken	326.9	31	344.3	25	154.5	28	408.1	10
05	秋田県	Akita-ken	450.0	15	495.4	9	221.8	4	188.4	42
06	山形県	Yamagata-ken	456.6	14	340.2	26	206.4	9	261.7	36
07	福島県	Fukushima-ken	465.8	10	459.8	12	202.5	12	545.2	3
08	茨城県	Ibaraki-ken	321.6	33	297.7	33	148.7	30	324.5	23
09	栃木県	Tochigi-ken	363.4	24	314.1	29	140.5	37	168.7	44
10	群馬県	Gumma-ken	322.6	32	311.4	30	142.2	35	271.9	34
11	埼玉県	Saitama-ken	226.4	45	240.6	44	102.6	46	300.6	30
12	千葉県	Chiba-ken	249.1	42	243.1	43	111.4	44	322.1	25
13	東京都	Tokyo-to	210.2	46	262.9	40	143.1	33	298.4	31
14	神奈川県	Kanagawa-ken	196.3	47	203.7	47	98.5	47	290.4	32
15	新潟県	Niigata-ken	421.7	17	412.8	16	174.3	21	149.8	45
16	富山県	Toyama-ken	373.3	23	290.1	38	175.3	20	137.4	47
17	石川県	Ishikawa-ken	356.5	27	293.3	35	176.9	18	169.4	43
18	福井県	Fukui-ken	484.8	7	378.1	20	142.9	34	349.0	14
19	山梨県	Yamanashi-ken	465.7	11	445.2	13	175.8	19	316.6	28
20	長野県	Nagano-ken	357.4	26	353.4	22	170.8	22	199.5	41
21	岐阜県	Gifu-ken	352.6	28	333.3	27	143.4	32	330.5	21
22	静岡県	Shizuoka-ken	270.2	38	293.2	36	136.9	39	408.6	9
23	愛知県	Aichi-ken	240.5	43	212.4	46	106.4	45	209.3	40
24	三重県	Mie-ken	413.0	20	351.7	23	141.6	36	394.2	12
25	滋賀県	Shiga-ken	274.3	37	247.8	42	134.0	40	338.7	19
26	京都府	Kyoto-fu	299.6	35	292.4	37	161.6	26	342.1	17
27	大阪府	Osaka-fu	233.3	44	232.7	45	112.1	43	268.5	35
28	兵庫県	Hyogo-ken	269.2	39	260.4	41	139.4	38	349.5	13
29	奈良県	Nara-ken	293.3	36	304.6	31	155.1	27	490.9	7
30	和歌山県	Wakayama-ken	555.7	5	540.1	2	188.2	14	322.6	24
31	鳥取県	Tottori-ken	413.4	19	383.5	17	203.3	11	142.6	46
32	島根県	Shimane-ken	579.5	3	538.4	3	245.7	2	498.1	5
33	岡山県	Okayama-ken	401.4	21	330.6	28	166.0	25	467.6	8
34	広島県	Hiroshima-ken	314.0	34	347.8	24	167.6	23	313.7	29
35	山口県	Yamaguchi-ken	458.9	13	472.6	10	220.6	5	536.7	4
36	徳島県	Tokushima-ken	579.9	2	522.6	5	205.3	10	632.2	1
37	香川県	Kagawa-ken	332.0	30	297.2	34	150.7	29	494.4	6
38	愛媛県	Ehime-ken	428.6	16	382.7	18	180.5	16	404.4	11
39	高知県	Kochi-ken	715.1	1	737.3	1	255.0	1	251.2	37
40	福岡県	Fukuoka-ken	261.6	41	263.0	39	121.1	42	317.2	27
41	佐賀県	Saga-ken	362.2	25	379.6	19	178.8	17	232.1	38
42	長崎県	Nagasaki-ken	466.0	9	516.7	6	213.4	7	317.9	26
43	熊本県	Kumamoto-ken	349.3	29	355.5	21	148.3	31	224.5	39
44	大分県	Oita-ken	462.9	12	434.4	15	180.7	15	586.7	2
45	宮崎県	Miyazaki-ken	394.2	22	438.8	14	166.2	24	338.6	20
46	鹿児島県	Kagoshima-ken	572.7	4	505.9	7	199.6	13	348.0	16
47	沖縄県	Okinawa-ken	267.4	40	303.6	32	130.7	41	339.7	18

No. 138 認定こども園数（0～5歳人口10万人当たり）Number of authorized child centers (per 100,000 population 0-5 years) #E0110106 園：number of centers 2022		No. 139 小学校数（可住地面積100km²当たり）Number of elementary schools (per inhabitable area 100 km²) #E0110201 校：number of schools 2022		No. 140 中学校数（可住地面積100km²当たり）Number of lower secondary schools (per inhabitable area 100 km²) #E0110202 校：number of schools 2022		No. 141 高等学校数（可住地面積100km²当たり）Number of upper secondary schools (per inhabitable area 100 km²) #E0110203 校：number of schools 2022		No. 142 小学校教員割合（女）（対小学校教員数）Percentage of elementary school teachers (Female) #E0410201 ％ 2022		都道府県コード
指標値 Indicator	順位 Rank	指標値 Indicator	順位 Rank	指標値 Indicator	順位 Rank	指標値 Indicator	順位 Rank	指標値 Indicator	順位 Rank	Pref. code
167.2		15.58		8.14		3.92		62.4		00
280.1	17	4.26	47	2.52	47	1.20	47	53.7	47	01
667.4	1	7.96	44	4.79	42	2.18	43	66.0	6	02
302.0	11	7.70	45	4.03	44	2.11	44	64.2	19	03
153.3	36	11.52	37	6.37	34	2.98	34	60.4	39	04
359.7	6	5.47	46	3.40	45	1.61	46	63.6	22	05
285.1	15	8.00	43	3.27	46	2.09	45	62.9	29	06
164.0	35	9.38	42	5.06	40	2.41	41	64.9	10	07
212.3	23	11.60	36	5.76	38	3.01	32	65.5	7	08
190.5	30	11.48	38	5.36	39	2.50	40	65.4	8	09
329.1	9	13.35	31	7.05	30	3.39	28	63.4	25	10
50.8	46	30.96	6	17.17	4	7.41	5	61.8	33	11
87.3	42	21.48	12	10.98	14	5.12	12	61.5	36	12
26.5	47	93.27	1	56.30	1	30.15	1	60.2	40	13
61.8	45	59.84	3	32.09	3	15.67	3	63.4	23	14
310.8	10	9.69	40	5.05	41	2.22	42	61.7	34	15
353.5	8	9.66	41	4.13	43	2.66	38	63.9	20	16
517.1	2	14.48	30	6.38	33	4.02	19	66.4	5	17
440.0	3	17.91	19	7.52	24	2.97	35	64.5	14	18
294.3	13	18.57	16	9.65	17	4.20	17	62.4	31	19
140.9	39	11.17	39	6.03	37	3.05	31	59.1	44	20
166.5	34	16.24	25	8.23	20	3.71	24	64.6	12	21
219.4	21	18.02	18	10.38	16	4.97	13	59.2	43	22
82.7	43	32.31	4	14.62	6	7.34	7	64.4	17	23
109.3	41	17.73	20	8.09	21	3.39	29	64.5	16	24
205.5	28	16.93	23	7.93	22	4.31	16	62.7	30	25
144.8	37	31.00	5	16.05	5	9.17	4	63.3	26	26
203.1	29	73.91	2	38.60	2	19.04	2	61.7	35	27
253.2	19	26.79	7	13.58	7	7.40	6	63.2	27	28
185.8	31	22.25	10	12.53	10	6.79	8	59.3	42	29
210.2	25	21.90	11	11.31	12	4.18	18	61.1	37	30
218.6	22	12.94	32	6.30	35	3.54	27	59.8	41	31
223.3	20	15.50	27	7.47	25	3.70	25	62.2	32	32
183.8	32	17.18	22	7.36	27	3.86	23	63.4	24	33
178.0	33	20.28	13	11.44	11	5.57	11	68.0	2	34
135.5	40	17.37	21	9.39	18	4.55	15	64.7	11	35
287.3	14	18.40	17	8.76	19	3.64	26	68.3	1	36
253.9	18	15.82	26	7.36	26	3.98	20	66.9	3	37
207.6	26	16.81	24	7.92	23	3.90	22	63.6	21	38
144.7	38	19.21	14	10.68	15	3.96	21	64.5	15	39
81.7	44	26.04	8	13.06	9	5.90	9	65.4	9	40
280.1	16	12.21	34	6.82	31	3.30	30	64.3	18	41
301.6	12	19.18	15	11.03	13	4.74	14	59.0	45	42
212.2	24	12.16	35	6.26	36	2.66	39	61.1	38	43
354.8	7	14.65	29	7.19	28	3.01	33	63.2	28	44
425.0	4	12.43	33	7.09	29	2.72	36	64.5	13	45
384.3	5	15.09	28	6.78	32	2.71	37	57.2	46	46
207.6	27	23.80	9	13.23	8	5.59	10	66.8	4	47

教　育　E（指標）

			No. 143 中学校教員割合（女）（対中学校教員数） Percentage of lower secondary school teachers (Female) #E0410202		No. 144 小学校児童数（小学校教員1人当たり） Number of elementary school students (per teacher) #E0510301		No. 145 中学校生徒数（中学校教員1人当たり） Number of lower secondary school students (per teacher) #E0510302		No. 146 高等学校生徒数（高等学校教員1人当たり） Number of upper secondary school students (per teacher) #E0510303	
単位	Unit		%		人：persons		人：persons		人：persons	
年度	Fiscal year		2022		2022		2022		2022	
都道府県	Prefecture		指標値 Indicator	順位 Rank	指標値 Indicator	順位 Rank	指標値 Indicator	順位 Rank	指標値 Indicator	順位 Rank
00	全国	All Japan	44.3		14.53		12.96		13.16	
01	北海道	Hokkaido	37.6	47	12.03	39	10.59	39	11.38	30
02	青森県	Aomori-ken	46.4	11	12.07	38	9.86	45	10.82	40
03	岩手県	Iwate-ken	46.1	14	11.86	40	10.59	38	10.24	43
04	宮城県	Miyagi-ken	45.3	19	14.00	15	11.95	26	12.05	26
05	秋田県	Akita-ken	43.4	34	12.45	35	9.93	44	10.54	42
06	山形県	Yamagata-ken	46.0	18	12.66	32	11.99	24	11.07	36
07	福島県	Fukushima-ken	43.4	33	12.82	29	11.02	35	11.38	31
08	茨城県	Ibaraki-ken	45.1	20	13.90	17	12.17	22	12.87	16
09	栃木県	Tochigi-ken	46.4	13	13.63	24	12.52	18	13.86	9
10	群馬県	Gumma-ken	43.1	39	13.64	23	12.47	19	13.32	10
11	埼玉県	Saitama-ken	43.1	38	17.01	2	14.80	4	14.60	5
12	千葉県	Chiba-ken	43.3	36	16.35	4	14.50	5	14.49	6
13	東京都	Tokyo-to	43.7	32	17.33	1	15.51	1	15.71	1
14	神奈川県	Kanagawa-ken	44.4	26	16.86	3	15.25	2	14.94	3
15	新潟県	Niigata-ken	42.7	41	12.55	34	11.18	34	13.02	14
16	富山県	Toyama-ken	47.2	9	12.93	28	12.62	14	11.68	29
17	石川県	Ishikawa-ken	46.0	17	13.98	16	13.49	9	12.29	24
18	福井県	Fukui-ken	42.9	40	12.34	37	11.26	30	12.54	19
19	山梨県	Yamanashi-ken	44.8	23	11.80	41	11.21	33	12.40	21
20	長野県	Nagano-ken	38.9	46	14.04	13	11.41	29	12.17	25
21	岐阜県	Gifu-ken	41.0	44	13.75	19	12.69	13	12.32	22
22	静岡県	Shizuoka-ken	39.9	45	15.71	6	13.96	6	14.07	8
23	愛知県	Aichi-ken	44.2	27	16.00	5	14.88	3	15.02	2
24	三重県	Mie-ken	45.1	21	13.06	26	12.47	20	12.94	15
25	滋賀県	Shiga-ken	44.2	28	14.16	12	13.06	11	13.31	11
26	京都府	Kyoto-fu	43.7	31	14.03	14	12.53	17	12.69	17
27	大阪府	Osaka-fu	46.1	15	14.47	11	12.98	12	14.39	7
28	兵庫県	Hyogo-ken	44.1	29	15.01	9	13.67	8	13.02	13
29	奈良県	Nara-ken	41.7	43	13.23	25	12.56	16	12.66	18
30	和歌山県	Wakayama-ken	44.8	25	10.88	45	10.19	42	11.16	33
31	鳥取県	Tottori-ken	42.5	42	11.69	42	10.48	41	10.20	45
32	島根県	Shimane-ken	44.0	30	10.77	46	9.29	46	9.90	46
33	岡山県	Okayama-ken	47.7	7	12.76	31	12.15	23	12.42	20
34	広島県	Hiroshima-ken	48.0	6	14.49	10	13.32	10	13.10	12
35	山口県	Yamaguchi-ken	46.1	16	12.76	30	11.23	31	10.92	38
36	徳島県	Tokushima-ken	52.6	1	11.23	44	9.99	43	10.64	41
37	香川県	Kagawa-ken	50.5	2	13.69	20	12.37	21	11.96	27
38	愛媛県	Ehime-ken	46.7	10	13.64	22	11.96	25	11.24	32
39	高知県	Kochi-ken	48.4	5	10.67	47	8.40	47	8.51	47
40	福岡県	Fukuoka-ken	46.4	12	15.50	7	13.77	7	14.70	4
41	佐賀県	Saga-ken	47.4	8	12.41	36	10.95	37	11.06	37
42	長崎県	Nagasaki-ken	49.0	4	12.65	33	10.97	36	10.86	39
43	熊本県	Kumamoto-ken	45.0	22	13.64	21	11.95	27	11.87	28
44	大分県	Oita-ken	43.4	35	12.96	27	11.64	28	11.13	34
45	宮崎県	Miyazaki-ken	44.8	24	13.76	18	11.22	32	11.13	35
46	鹿児島県	Kagoshima-ken	43.3	37	11.55	43	10.59	40	10.20	44
47	沖縄県	Okinawa-ken	49.1	3	15.11	8	12.59	15	12.31	23

No. 147 幼稚園在園者数 （幼稚園教員１人当たり） Number of kindergarten pupils (per teacher) #E0510304 人：persons 2022		No. 148 公立高等学校生徒比率 （対高等学校生徒数） Percentage of public upper secondary school students #E05203 % 2022		No. 149 公立幼稚園在園者比率 （対幼稚園在園者数） Percentage of public kindergarteners #E05204 % 2022		No. 150 小学校児童数 （１学級当たり） Number of elementary school students (per class) #E0510205 人：persons 2022		No. 151 中学校生徒数 （１学級当たり） Number of lower secondary school students (per class) #E0510206 人：persons 2022		都道府県コード
指標値 Indicator	順位 Rank	指標値 Indicator	順位 Rank	指標値 Indicator	順位 Rank	指標値 Indicator	順位 Rank	指標値 Indicator	順位 Rank	Pref. code
10.03		65.4		12.0		22.4		26.7		00
7.57	33	73.2	18	3.5	38	19.2	34	22.4	39	01
5.68	44	73.0	20	0.6	46	18.8	39	22.3	40	02
7.50	34	77.4	9	15.5	20	18.4	41	22.1	42	03
9.58	12	69.9	25	11.4	24	22.4	10	25.2	23	04
5.50	46	89.9	3	1.9	43	19.1	38	21.8	43	05
6.65	39	65.6	38	9.2	28	19.2	33	23.5	32	06
8.64	22	76.2	12	29.8	10	19.4	32	23.4	35	07
9.61	10	71.0	22	17.8	16	20.8	23	24.6	28	08
7.82	30	69.9	24	0.6	47	21.4	17	25.4	19	09
6.46	41	73.9	16	28.6	11	21.3	18	25.3	20	10
12.55	2	67.0	34	2.6	42	26.2	2	30.2	3	11
12.45	3	65.7	37	5.4	34	24.7	4	28.7	6	12
11.14	5	41.6	47	6.6	30	28.9	1	32.1	1	13
11.38	4	63.9	39	1.6	44	25.3	3	30.3	2	14
5.53	45	75.1	13	16.5	18	19.1	35	23.5	33	15
7.64	31	78.7	6	14.8	22	21.2	19	28.0	8	16
7.14	35	69.0	26	1.3	45	22.2	11	28.1	7	17
4.80	47	68.5	29	31.0	8	19.7	31	23.2	36	18
6.59	40	70.7	23	3.0	40	18.5	40	23.1	37	19
8.35	25	80.2	5	3.6	37	20.7	24	23.5	31	20
9.25	17	77.7	8	16.1	19	22.1	13	25.6	16	21
9.38	14	63.8	40	27.1	13	23.9	6	26.9	12	22
13.70	1	66.3	36	6.4	31	24.1	5	29.4	4	23
9.58	13	76.7	11	29.9	9	20.5	25	25.2	22	24
8.51	23	77.3	10	79.2	2	22.0	14	25.6	15	25
9.14	18	51.5	46	10.6	27	22.6	9	27.4	10	26
10.98	6	54.1	45	13.7	23	21.6	15	26.2	13	27
9.94	7	74.3	15	27.2	12	23.7	7	29.2	5	28
9.59	11	69.0	27	46.3	6	19.9	30	25.3	21	29
9.28	16	80.4	4	22.0	15	18.2	43	22.2	41	30
6.96	37	73.1	19	7.9	29	18.2	42	21.8	44	31
6.05	43	78.0	7	87.2	1	17.0	46	21.0	45	32
8.24	26	67.4	32	54.1	5	20.3	26	25.5	18	33
9.89	8	63.3	42	6.0	32	22.1	12	27.2	11	34
8.46	24	68.6	28	4.2	36	20.1	28	22.8	38	35
6.90	38	95.8	1	75.9	3	17.4	45	20.9	46	36
8.81	20	74.7	14	39.6	7	20.9	22	25.5	17	37
8.90	19	72.5	21	10.8	26	20.3	27	25.9	14	38
7.04	36	68.1	31	16.8	17	16.3	47	20.4	47	39
9.68	9	57.0	44	2.6	41	23.2	8	27.4	9	40
8.07	28	73.5	17	4.3	35	19.1	37	23.7	30	41
7.58	32	66.5	35	5.5	33	19.1	36	23.5	34	42
8.00	29	61.9	43	11.1	25	21.2	20	25.0	25	43
8.17	27	68.3	30	22.6	14	20.1	29	24.7	26	44
6.44	42	67.2	33	3.4	39	21.1	21	25.1	24	45
9.37	15	63.6	41	15.4	21	17.5	44	24.2	29	46
8.76	21	93.2	2	59.5	4	21.4	16	24.7	27	47

教育 E（指標）

			No. 152 不登校による小学校長期欠席児童比率(年度間30日以上)(児童千人当たり) Ratio of long-term absentees from elementary school due to refusal to attend school a) #E09213		No. 153 不登校による中学校長期欠席生徒比率(年度間30日以上)(生徒千人当たり) Ratio of long-term absentees from lower secondary school due to refusal to attend school a) #E09214		No. 154 中学校卒業者の進学率 Percentage of lower secondary graduates going on to further education #E09401		No. 155 高等学校卒業者の進学率 Percentage of upper secondary graduates going on to further education #E09402	
単位		Unit	—		—		%		%	
年度		Fiscal year	2021		2021		2021		2021	
	都道府県	Prefecture	指標値 Indicator	順位 Rank	指標値 Indicator	順位 Rank	指標値 Indicator	順位 Rank	指標値 Indicator	順位 Rank
00	全国	All Japan	13.10		50.61		94.3		59.4	
01	北海道	Hokkaido	13.96	17	59.87	3	94.2	33	50.2	33
02	青森県	Aomori-ken	9.18	42	47.09	29	97.2	5	51.9	31
03	岩手県	Iwate-ken	8.47	47	39.91	45	97.2	5	46.7	42
04	宮城県	Miyagi-ken	14.69	10	60.75	2	95.2	22	53.9	27
05	秋田県	Akita-ken	9.46	40	44.43	38	97.4	4	48.2	39
06	山形県	Yamagata-ken	8.71	44	41.75	43	97.7	1	49.4	35
07	福島県	Fukushima-ken	9.62	38	45.44	35	93.9	37	48.7	38
08	茨城県	Ibaraki-ken	16.50	3	57.56	7	94.7	28	54.8	25
09	栃木県	Tochigi-ken	12.42	29	59.21	4	93.7	38	54.6	26
10	群馬県	Gumma-ken	13.66	20	50.08	22	95.7	16	56.4	19
11	埼玉県	Saitama-ken	8.96	43	43.26	39	93.6	39	63.2	8
12	千葉県	Chiba-ken	11.76	32	41.31	44	94.7	28	61.3	10
13	東京都	Tokyo-to	12.96	24	48.83	26	94.3	32	71.4	1
14	神奈川県	Kanagawa-ken	14.07	15	48.13	27	93.6	39	65.9	4
15	新潟県	Niigata-ken	11.53	34	49.50	23	95.0	26	50.2	33
16	富山県	Toyama-ken	15.16	8	42.53	42	97.5	2	56.5	18
17	石川県	Ishikawa-ken	14.09	14	53.53	18	97.5	2	60.3	11
18	福井県	Fukui-ken	8.56	45	35.43	47	97.2	5	59.8	12
19	山梨県	Yamanashi-ken	12.60	26	53.97	16	94.0	36	59.8	12
20	長野県	Nagano-ken	15.66	5	56.37	10	94.7	28	53.4	30
21	岐阜県	Gifu-ken	15.34	7	51.55	20	92.5	46	59.1	15
22	静岡県	Shizuoka-ken	14.49	12	56.63	8	92.9	45	55.7	23
23	愛知県	Aichi-ken	13.82	18	54.28	15	91.3	47	61.8	9
24	三重県	Mie-ken	11.84	31	45.70	33	93.3	43	53.6	28
25	滋賀県	Shiga-ken	13.36	22	46.49	31	95.5	20	59.4	14
26	京都府	Kyoto-fu	12.66	25	45.21	36	94.8	27	71.3	2
27	大阪府	Osaka-fu	14.65	11	53.78	17	93.2	44	66.5	3
28	兵庫県	Hyogo-ken	13.14	23	56.19	11	93.4	42	65.9	4
29	奈良県	Nara-ken	15.35	6	55.28	13	95.7	16	63.4	7
30	和歌山県	Wakayama-ken	13.67	19	45.06	37	97.1	8	55.9	21
31	鳥取県	Tottori-ken	14.27	13	45.61	34	96.3	15	48.0	40
32	島根県	Shimane-ken	18.06	2	55.87	12	96.9	9	49.1	36
33	岡山県	Okayama-ken	11.70	33	39.20	46	95.1	23	54.9	24
34	広島県	Hiroshima-ken	13.96	16	49.13	24	94.2	33	63.8	6
35	山口県	Yamaguchi-ken	12.42	30	53.26	19	95.1	23	45.5	46
36	徳島県	Tokushima-ken	10.94	35	54.67	14	96.5	13	57.7	16
37	香川県	Kagawa-ken	8.50	46	42.76	41	95.1	23	56.4	19
38	愛媛県	Ehime-ken	10.12	37	46.80	30	96.6	12	55.8	22
39	高知県	Kochi-ken	14.89	9	61.40	1	96.5	13	53.6	28
40	福岡県	Fukuoka-ken	15.72	4	56.62	9	94.1	35	57.2	17
41	佐賀県	Saga-ken	12.50	28	46.37	32	94.7	28	46.7	42
42	長崎県	Nagasaki-ken	10.91	36	47.68	28	96.8	10	48.9	37
43	熊本県	Kumamoto-ken	13.58	21	58.16	5	95.6	18	47.9	41
44	大分県	Oita-ken	12.52	27	57.66	6	96.7	11	50.4	32
45	宮崎県	Miyazaki-ken	9.41	41	43.09	40	95.5	20	46.5	44
46	鹿児島県	Kagoshima-ken	9.50	39	49.01	25	95.6	18	46.5	44
47	沖縄県	Okinawa-ken	18.78	1	50.93	21	93.5	41	44.5	47

a) (per 1,000 students, 30 days and more for a school year)

No. 156 大学数（人口10万人当たり） Number of colleges and universities (per 100,000 persons) #E0610102 校：number of schools 2022 指標値 Indicator	順位 Rank	No. 157 出身高校所在地県の県内大学への入学者割合（対大学入学者数） Percentage of upper secondary school graduates entering colleges and universities in the same prefecture #E0940302 ％ 2022 指標値 Indicator	順位 Rank	No. 158 大学収容力指数（高等学校卒業者のうち大学進学者数） Entrance capacity index of colleges and universities #E0610202 — 2022 指標値 Indicator	順位 Rank	No. 159 短期大学数（人口10万人当たり） Number of junior colleges (per 100,000 persons) #E0610101 校：number of schools 2022 指標値 Indicator	順位 Rank	No. 160 専修学校数（人口10万人当たり） Number of specialized training colleges (per 100,000 persons) #E08101 校：number of schools 2022 指標値 Indicator	順位 Rank	都道府県コード Pref. code
0.65		...		116.2		0.25		2.44		00
0.72	15	67.1	3	109.4	11	0.29	19	3.09	12	01
0.83	8	40.7	14	72.7	30	0.42	6	2.16	36	02
0.51	32	27.3	27	59.7	37	0.34	16	2.88	19	03
0.61	24	55.9	6	129.9	4	0.22	30	2.98	15	04
0.75	13	27.0	28	69.3	32	0.43	3	1.72	42	05
0.58	25	21.1	38	71.6	31	0.29	20	1.92	40	06
0.45	36	22.5	34	52.6	41	0.28	21	2.91	16	07
0.39	41	19.3	41	52.1	42	0.11	47	2.32	33	08
0.47	34	24.2	33	58.8	38	0.31	18	2.88	18	09
0.78	10	33.5	21	80.7	23	0.37	12	3.55	7	10
0.37	44	29.4	24	89.1	18	0.16	35	1.43	46	11
0.43	37	34.0	19	100.2	15	0.13	44	1.47	45	12
1.03	3	67.9	2	227.3	2	0.26	23	2.80	21	13
0.34	45	39.3	16	116.2	8	0.14	40	1.15	47	14
1.02	4	39.5	15	83.7	21	0.23	27	3.90	3	15
0.49	33	21.0	39	62.3	35	0.20	32	2.16	35	16
1.25	2	47.6	9	122.7	6	0.36	13	3.22	9	17
0.80	9	30.2	23	63.8	34	0.13	43	2.52	28	18
0.87	6	24.4	32	101.6	14	0.37	11	2.99	14	19
0.54	30	19.6	40	51.2	45	0.40	7	2.87	20	20
0.67	18	21.7	35	51.5	44	0.57	1	1.70	43	21
0.39	40	28.9	25	51.0	46	0.14	41	2.51	29	22
0.69	16	71.6	1	121.6	7	0.24	26	2.32	34	23
0.40	39	21.7	36	44.3	47	0.23	29	2.07	38	24
0.64	22	21.6	37	115.1	9	0.21	31	1.56	44	25
1.33	1	52.6	7	244.2	1	0.35	14	2.43	32	26
0.66	20	58.9	5	134.0	3	0.25	25	2.49	30	27
0.65	21	45.1	11	103.1	13	0.28	22	1.74	41	28
0.84	7	14.5	46	73.1	29	0.23	28	2.14	37	29
0.55	27	18.8	42	53.3	40	0.11	46	2.44	31	30
0.55	28	14.1	47	82.8	22	0.18	34	3.68	6	31
0.30	46	17.3	44	67.5	33	0.15	37	2.89	17	32
0.97	5	41.8	13	114.0	10	0.43	4	2.79	22	33
0.76	12	52.3	8	98.7	16	0.14	39	2.57	27	34
0.76	11	26.2	30	106.2	12	0.38	9	3.12	11	35
0.57	26	36.4	17	87.0	19	0.43	5	1.99	39	36
0.43	38	17.4	43	51.9	43	0.32	17	2.68	24	37
0.38	43	33.3	22	74.4	27	0.38	8	2.76	23	38
0.74	14	26.5	29	85.0	20	0.15	38	3.85	4	39
0.68	17	65.1	4	128.1	5	0.35	15	3.15	10	40
0.25	47	16.7	45	57.6	39	0.37	10	3.75	5	41
0.62	23	35.9	18	77.8	25	0.16	36	2.65	25	42
0.52	31	47.3	10	94.0	17	0.12	45	3.03	13	43
0.45	35	25.2	31	78.9	24	0.45	2	4.34	1	44
0.67	19	27.9	26	60.6	36	0.19	33	3.42	8	45
0.38	42	33.6	20	74.1	28	0.26	24	2.62	26	46
0.54	29	42.5	12	75.9	26	0.14	42	4.22	2	47

教　育　E（指標）

		No. 161 各種学校数 （人口10万人当たり） Number of miscellaneous schools (per 100,000 persons) #E08102		No. 162 最終学歴が小学・中学卒の者 の割合（対卒業者総数） Percentage of people having completed up to elementary or lower secondary school only #E09501		No. 163 最終学歴が高校・旧中卒の者 の割合（対卒業者総数） Percentage of people having completed up to upper secondary school only #E09502		No. 164 最終学歴が短大・高専卒の者 の割合（対卒業者総数） Percentage of people having completed up to junior colleges or equivalent #E09503	
単位	Unit	校：number of schools		%		%		%	
年度	Fiscal year	2022		2020		2020		2020	
都道府県	Prefecture	指標値 Indicator	順位 Rank	指標値 Indicator	順位 Rank	指標値 Indicator	順位 Rank	指標値 Indicator	順位 Rank
00 全国	All Japan	0.84		12.0		37.6		13.8	
01 北海道	Hokkaido	0.93	21	15.8	17	41.5	31	14.1	16
02 青森県	Aomori-ken	0.83	24	22.0	1	47.5	7	11.4	46
03 岩手県	Iwate-ken	0.51	34	20.7	2	47.6	6	12.7	38
04 宮城県	Miyagi-ken	1.01	18	13.0	29	45.6	14	12.2	41
05 秋田県	Akita-ken	0.32	42	19.0	3	50.8	2	11.3	47
06 山形県	Yamagata-ken	0.38	37	16.7	11	51.1	1	12.2	42
07 福島県	Fukushima-ken	0.61	32	16.9	9	47.3	8	11.6	45
08 茨城県	Ibaraki-ken	0.42	35	14.5	24	43.5	20	12.7	39
09 栃木県	Tochigi-ken	0.89	22	14.5	25	43.2	21	13.2	28
10 群馬県	Gumma-ken	0.99	19	14.6	23	42.9	25	14.7	11
11 埼玉県	Saitama-ken	0.33	41	10.3	40	35.4	41	15.1	7
12 千葉県	Chiba-ken	0.22	44	9.6	45	35.1	42	14.7	10
13 東京都	Tokyo-to	1.09	17	5.6	47	23.1	47	12.8	36
14 神奈川県	Kanagawa-ken	0.13	46	7.6	46	30.2	46	15.1	6
15 新潟県	Niigata-ken	0.23	43	18.8	5	46.2	11	13.6	22
16 富山県	Toyama-ken	2.16	5	14.2	26	42.9	26	15.7	4
17 石川県	Ishikawa-ken	1.79	9	14.8	22	41.2	33	14.7	9
18 福井県	Fukui-ken	1.59	11	16.4	13	43.9	17	12.9	35
19 山梨県	Yamanashi-ken	1.37	13	12.4	33	43.0	24	15.9	3
20 長野県	Nagano-ken	0.99	20	12.3	34	44.1	16	16.9	1
21 岐阜県	Gifu-ken	1.70	10	16.6	12	42.9	27	13.4	25
22 静岡県	Shizuoka-ken	0.70	31	15.5	18	43.6	19	13.9	17
23 愛知県	Aichi-ken	0.83	25	12.9	30	36.2	39	13.6	21
24 三重県	Mie-ken	2.01	8	15.4	20	41.6	30	12.2	44
25 滋賀県	Shiga-ken	0.71	29	11.9	36	38.6	37	14.9	8
26 京都府	Kyoto-fu	2.08	7	9.7	42	32.9	44	13.3	27
27 大阪府	Osaka-fu	0.40	36	10.2	41	32.1	45	13.2	29
28 兵庫県	Hyogo-ken	1.37	14	10.7	38	36.0	40	13.7	20
29 奈良県	Nara-ken	2.14	6	9.7	43	36.5	38	15.2	5
30 和歌山県	Wakayama-ken	2.66	4	16.0	16	43.2	22	12.9	34
31 鳥取県	Tottori-ken	2.94	2	13.0	27	47.3	9	13.4	26
32 島根県	Shimane-ken	3.80	1	18.2	7	43.9	18	12.9	32
33 岡山県	Okayama-ken	0.75	28	11.4	37	43.0	23	13.9	19
34 広島県	Hiroshima-ken	0.76	27	9.6	44	38.7	36	16.1	2
35 山口県	Yamaguchi-ken	2.89	3	12.5	32	48.9	4	13.5	24
36 徳島県	Tokushima-ken	0.57	33	16.4	14	42.1	28	13.1	30
37 香川県	Kagawa-ken	1.50	12	11.9	35	42.0	29	14.3	13
38 愛媛県	Ehime-ken	0.77	26	15.2	21	41.2	32	14.2	14
39 高知県	Kochi-ken	0.89	23	18.2	6	39.7	34	12.9	33
40 福岡県	Fukuoka-ken	0.37	39	10.4	39	39.7	35	14.2	15
41 佐賀県	Saga-ken	0.12	47	15.5	19	48.6	5	13.1	31
42 長崎県	Nagasaki-ken	0.70	30	18.1	8	45.8	13	12.3	40
43 熊本県	Kumamoto-ken	0.35	40	16.1	15	45.5	15	12.8	37
44 大分県	Oita-ken	1.36	15	12.8	31	50.2	3	13.5	23
45 宮崎県	Miyazaki-ken	0.38	38	18.8	4	46.0	12	12.2	43
46 鹿児島県	Kagoshima-ken	0.19	45	16.9	10	46.4	10	14.4	12
47 沖縄県	Okinawa-ken	1.09	16	13.0	28	33.7	43	13.9	18

No. 165 最終学歴が大学・大学院卒の者の割合（対卒業者総数） Percentage of people having completed up to colleges and universities #E09504 % 2020 指標値 Indicator	順位 Rank	No. 166 小学校教育費（児童1人当たり） Elementary school educational expenses (per student) #E10102 円：yen 2020 指標値 Indicator	順位 Rank	No. 167 中学校教育費（生徒1人当たり） Lower secondary school educational expenses (per student) #E10103 円：yen 2020 指標値 Indicator	順位 Rank	No. 168 高等学校教育費（全日制）（生徒1人当たり） Upper secondary school educational expenses (Full-day course) (per student) #E10104 円：yen 2020 指標値 Indicator	順位 Rank	No. 169 幼稚園教育費（在園者1人当たり） Kindergarten educational expenses (per kindergarten pupil) #E10101 円：yen 2020 指標値 Indicator	順位 Rank	都道府県コード Pref. code
21.7		1,036,472		1,197,343		1,273,921		1,156,735		00
14.4	38	1,293,106	8	1,497,805	7	1,346,800	21	1,787,437	4	01
11.8	47	1,318,382	6	1,537,265	5	1,592,701	6	2,573,226	1	02
12.7	45	1,379,118	4	1,514,042	6	1,587,119	7	1,989,357	2	03
18.4	22	1,127,712	20	1,258,742	23	1,448,215	13	982,567	45	04
11.9	46	1,496,116	1	1,554,748	2	1,822,537	2	1,570,098	7	05
13.7	42	1,296,054	7	1,321,431	17	1,448,723	12	1,380,800	14	06
13.1	44	1,235,619	11	1,436,669	9	1,462,392	9	1,163,936	31	07
18.2	23	1,193,851	16	1,269,234	21	1,205,619	36	1,444,008	10	08
17.3	28	1,107,434	24	1,177,393	33	1,182,602	38	1,134,915	34	09
17.5	27	1,075,848	28	1,168,330	36	1,310,151	27	1,252,410	23	10
23.9	7	824,817	47	1,001,652	45	1,149,371	43	1,305,958	18	11
24.9	4	986,903	34	1,134,706	38	1,212,614	35	1,128,524	35	12
31.6	1	1,078,841	27	1,415,845	11	1,185,480	37	1,220,630	25	13
29.2	2	870,959	46	945,418	47	1,138,167	44	1,061,166	40	14
14.5	37	1,225,846	13	1,380,914	13	1,378,766	19	1,594,727	6	15
19.8	16	1,223,789	14	1,181,559	31	1,372,007	20	1,421,504	12	16
19.8	17	1,070,414	29	1,098,207	42	1,340,089	22	1,598,043	5	17
18.8	20	1,181,639	17	1,203,942	26	1,422,066	14	1,540,131	8	18
19.9	15	1,336,778	5	1,294,141	19	1,292,597	31	1,179,885	30	19
18.1	24	1,097,583	26	1,306,427	18	1,257,137	34	973,668	46	20
18.5	21	1,029,443	31	1,118,198	40	1,286,835	32	1,280,660	21	21
19.5	18	927,371	42	1,120,495	39	1,170,021	42	1,085,259	38	22
23.7	8	909,641	44	990,392	46	1,098,865	45	992,895	44	23
18.0	26	1,051,771	30	1,170,293	35	1,171,936	40	1,082,555	39	24
22.4	10	936,690	41	1,214,353	25	1,049,051	47	895,848	47	25
24.0	6	961,521	40	1,179,755	32	1,650,951	3	1,112,572	36	26
21.8	11	983,205	35	1,098,722	41	1,083,212	46	1,241,666	24	27
24.5	5	891,538	45	1,070,782	43	1,171,854	41	1,032,175	41	28
26.3	3	965,701	39	1,175,585	34	1,177,892	39	1,180,571	29	29
16.3	31	1,256,590	10	1,416,688	10	1,293,690	30	1,207,149	28	30
16.6	30	1,156,177	19	1,395,732	12	1,555,374	8	1,468,313	9	31
15.8	34	1,472,817	2	1,552,900	3	1,457,780	10	1,363,530	15	32
20.4	13	1,124,949	21	1,188,888	30	1,304,349	29	1,023,098	42	33
23.1	9	972,095	37	1,201,991	27	1,319,325	24	1,143,597	32	34
16.9	29	1,168,297	18	1,361,883	14	1,642,753	4	1,317,627	17	35
19.2	19	1,269,782	9	1,541,831	4	1,452,465	11	1,095,734	37	36
20.8	12	1,024,781	33	1,197,628	28	1,307,463	28	1,253,690	22	37
18.0	25	1,027,183	32	1,221,929	24	1,330,275	23	1,209,932	26	38
14.3	39	1,442,387	3	1,811,342	1	1,856,838	1	1,392,138	13	39
20.4	14	926,055	43	1,059,467	44	1,310,533	26	1,209,242	27	40
15.7	36	1,113,556	22	1,277,047	20	1,411,276	16	1,422,071	11	41
14.1	40	1,202,761	15	1,356,412	15	1,397,135	17	1,360,073	16	42
16.3	32	1,102,291	25	1,265,520	22	1,261,172	33	1,288,739	20	43
15.9	33	1,109,644	23	1,468,770	8	1,417,862	15	1,294,931	19	44
13.4	43	976,228	36	1,189,389	29	1,381,570	18	1,852,130	3	45
14.0	41	1,230,021	12	1,344,753	16	1,636,618	5	1,139,257	33	46
15.8	35	966,164	38	1,150,091	37	1,317,632	25	1,002,374	43	47

教　育　E（指標）

44

No. 170 幼保連携型認定こども園教育費（在園者1人当たり） Authorized child centers educational expenses (per pupil) b) #E10105			

単位	Unit	円：yen	
年度	Fiscal year	2020	
都道府県	Prefecture	指標値 Indicator	順位 Rank

	都道府県	Prefecture	Indicator	Rank
00	全国	All Japan	1,382,388	
01	北海道	Hokkaido	1,596,875	10
02	青森県	Aomori-ken	1,711,773	8
03	岩手県	Iwate-ken	2,130,248	3
04	宮城県	Miyagi-ken	2,173,367	2
05	秋田県	Akita-ken	1,810,667	7
06	山形県	Yamagata-ken	978,016	40
07	福島県	Fukushima-ken	1,410,672	19
08	茨城県	Ibaraki-ken	1,429,700	18
09	栃木県	Tochigi-ken	1,139,126	32
10	群馬県	Gumma-ken	1,040,621	36
11	埼玉県	Saitama-ken	1,135,848	33
12	千葉県	Chiba-ken	1,405,442	21
13	東京都	Tokyo-to	1,874,057	6
14	神奈川県	Kanagawa-ken	1,487,850	16
15	新潟県	Niigata-ken	900,203	43
16	富山県	Toyama-ken	1,327,332	24
17	石川県	Ishikawa-ken	1,115,157	34
18	福井県	Fukui-ken	1,206,493	27
19	山梨県	Yamanashi-ken	0	45
20	長野県	Nagano-ken	1,188,075	28
21	岐阜県	Gifu-ken	1,006,523	37
22	静岡県	Shizuoka-ken	1,547,791	12
23	愛知県	Aichi-ken	1,002,851	38
24	三重県	Mie-ken	733,476	44
25	滋賀県	Shiga-ken	1,187,627	29
26	京都府	Kyoto-fu	1,489,729	15
27	大阪府	Osaka-fu	1,552,347	11
28	兵庫県	Hyogo-ken	1,369,334	23
29	奈良県	Nara-ken	1,179,078	30
30	和歌山県	Wakayama-ken	1,389,052	22
31	鳥取県	Tottori-ken	1,323,958	25
32	島根県	Shimane-ken	3,564,765	1
33	岡山県	Okayama-ken	1,407,929	20
34	広島県	Hiroshima-ken	1,900,540	5
35	山口県	Yamaguchi-ken	987,744	39
36	徳島県	Tokushima-ken	1,915,923	4
37	香川県	Kagawa-ken	1,237,417	26
38	愛媛県	Ehime-ken	932,525	42
39	高知県	Kochi-ken	1,098,645	35
40	福岡県	Fukuoka-ken	959,962	41
41	佐賀県	Saga-ken	0	45
42	長崎県	Nagasaki-ken	1,176,529	31
43	熊本県	Kumamoto-ken	1,441,250	17
44	大分県	Oita-ken	1,701,543	9
45	宮崎県	Miyazaki-ken	0	45
46	鹿児島県	Kagoshima-ken	1,507,183	14
47	沖縄県	Okinawa-ken	1,512,250	13

b) (Kindergarten-and-day-care center type)

教　育

E

（指標）

F. 労働　　　F Labour

都道府県 / Prefecture		No. 171 労働力人口比率 (対15歳以上人口) (男) Labour force participation rate (Male) #F0110101 % 2020 指標値 Indicator	順位 Rank	No. 172 労働力人口比率 (対15歳以上人口) (女) Labour force participation rate (Female) #F0110102 % 2020 指標値 Indicator	順位 Rank	No. 173 第1次産業就業者比率 (対就業者) Percentage of persons employed in primary industry #F01201 % 2020 指標値 Indicator	順位 Rank	No. 174 第2次産業就業者比率 (対就業者) Percentage of persons employed in secondary industry #F01202 % 2020 指標値 Indicator	順位 Rank
00	全国 All Japan	63.2		48.1		3.4		23.0	
01	北海道 Hokkaido	62.0	41	45.4	44	6.7	15	16.5	44
02	青森県 Aomori-ken	67.3	10	49.9	20	11.1	1	19.6	38
03	岩手県 Iwate-ken	68.3	5	50.8	14	9.6	4	24.3	21
04	宮城県 Miyagi-ken	65.7	21	48.7	28	4.1	27	21.9	30
05	秋田県 Akita-ken	66.0	19	47.9	34	8.6	6	23.6	23
06	山形県 Yamagata-ken	67.9	7	52.1	6	8.6	7	28.1	12
07	福島県 Fukushima-ken	65.9	20	48.7	30	6.2	19	28.8	10
08	茨城県 Ibaraki-ken	65.5	25	49.1	27	5.1	23	27.9	13
09	栃木県 Tochigi-ken	66.0	17	49.8	22	5.2	21	30.4	8
10	群馬県 Gumma-ken	67.1	11	51.3	12	4.5	25	30.3	9
11	埼玉県 Saitama-ken	64.2	33	48.5	32	1.5	44	22.2	29
12	千葉県 Chiba-ken	62.6	38	47.5	35	2.4	37	18.4	43
13	東京都 Tokyo-to	57.2	46	45.8	42	0.4	47	14.6	46
14	神奈川県 Kanagawa-ken	62.0	40	46.8	40	0.8	45	19.5	39
15	新潟県 Niigata-ken	66.6	14	50.8	13	5.1	22	27.9	14
16	富山県 Toyama-ken	68.7	3	53.0	3	2.9	33	32.5	1
17	石川県 Ishikawa-ken	66.8	12	52.7	5	2.6	36	27.4	16
18	福井県 Fukui-ken	69.4	1	54.5	1	3.2	31	30.9	6
19	山梨県 Yamanashi-ken	67.5	8	51.6	11	6.6	16	27.5	15
20	長野県 Nagano-ken	68.8	2	52.9	4	8.4	8	28.1	11
21	岐阜県 Gifu-ken	67.4	9	51.7	10	2.8	34	31.9	3
22	静岡県 Shizuoka-ken	68.0	6	52.1	7	3.5	30	32.1	2
23	愛知県 Aichi-ken	66.5	15	50.7	16	1.9	42	31.5	5
24	三重県 Mie-ken	65.6	23	49.9	21	3.1	32	30.7	7
25	滋賀県 Shiga-ken	66.0	18	50.3	19	2.4	39	31.9	4
26	京都府 Kyoto-fu	58.8	44	44.9	45	2.0	41	21.7	31
27	大阪府 Osaka-fu	57.5	45	43.9	47	0.5	46	21.6	32
28	兵庫県 Hyogo-ken	62.3	39	45.9	41	1.8	43	24.1	22
29	奈良県 Nara-ken	60.9	42	44.1	46	2.4	40	21.4	34
30	和歌山県 Wakayama-ken	64.2	32	47.2	37	8.1	10	21.5	33
31	鳥取県 Tottori-ken	66.1	16	51.7	8	7.7	11	21.1	35
32	島根県 Shimane-ken	66.8	13	51.7	9	6.4	18	22.9	26
33	岡山県 Okayama-ken	64.9	28	49.1	24	4.1	26	26.2	17
34	広島県 Hiroshima-ken	65.5	24	49.3	23	2.7	35	25.3	19
35	山口県 Yamaguchi-ken	64.0	34	47.0	39	4.1	28	25.7	18
36	徳島県 Tokushima-ken	63.9	35	48.7	29	7.4	12	22.7	27
37	香川県 Kagawa-ken	64.3	30	49.1	25	4.7	24	24.4	20
38	愛媛県 Ehime-ken	63.0	36	47.1	38	6.8	14	23.3	25
39	高知県 Kochi-ken	60.0	43	47.4	36	10.2	2	16.5	45
40	福岡県 Fukuoka-ken	62.7	37	48.0	33	2.4	38	19.4	40
41	佐賀県 Saga-ken	68.4	4	53.0	2	7.4	13	23.5	24
42	長崎県 Nagasaki-ken	65.2	26	49.1	26	6.6	17	18.8	41
43	熊本県 Kumamoto-ken	65.0	27	50.8	15	8.8	5	20.7	36
44	大分県 Oita-ken	64.9	29	48.6	31	6.1	20	22.6	28
45	宮崎県 Miyazaki-ken	64.3	31	50.5	17	9.9	3	20.4	37
46	鹿児島県 Kagoshima-ken	65.7	22	50.5	18	8.3	9	18.8	42
47	沖縄県 Okinawa-ken	56.9	47	45.6	43	4.0	29	13.7	47

No. 175 第3次産業就業者比率 (対就業者) Percentage of persons employed in tertiary industry #F01203 % 2020 指標値 Indicator	順位 Rank	No. 176 完全失業率 (完全失業者数／労働力人口) Unemployment rate (Both sexes) #F01301 % 2020 指標値 Indicator	順位 Rank	No. 177 雇用者比率 (雇用者数／就業者) Percentage of employees to all workers #F02301 % 2020 指標値 Indicator	順位 Rank	No. 178 県内就業者比率 (対就業者) Percentage of persons living and working in the same prefecture #F02501 % 2020 指標値 Indicator	順位 Rank	No. 179 他市区町村への通勤者比率 (対就業者) Percentage of commuters to other municipalities #F02701 % 2020 指標値 Indicator	順位 Rank	都道府県コード Pref. code
70.6		3.8		81.4		88.4		42.6		00
74.1	6	4.2	7	81.1	18	96.9	7	29.1	27	01
67.1	26	4.6	2	77.0	43	97.0	6	20.1	40	02
64.3	33	3.8	26	79.1	31	96.6	11	22.9	37	03
71.4	12	4.3	5	82.4	8	95.8	20	43.2	11	04
66.1	31	4.1	14	78.6	36	97.7	2	16.6	42	05
61.4	46	3.4	38	77.1	42	97.1	3	27.5	34	06
62.0	44	4.1	10	79.1	32	95.9	18	22.5	38	07
64.0	35	3.9	21	81.2	17	87.7	39	41.1	14	08
61.6	45	4.1	13	80.5	23	90.3	35	33.8	20	09
62.5	42	3.8	25	80.5	25	91.6	32	35.8	19	10
73.0	9	4.0	18	83.9	2	68.6	47	57.4	3	11
75.7	4	3.8	23	83.8	3	70.4	45	54.8	6	12
81.1	1	3.6	32	80.9	21	88.2	38	58.9	1	13
76.5	3	3.7	29	84.9	1	72.7	44	58.3	2	14
65.0	32	3.6	31	81.0	19	97.8	1	28.4	31	15
62.3	43	3.1	45	82.8	6	96.3	15	29.0	28	16
67.9	23	3.4	39	81.6	15	96.4	13	30.1	26	17
63.7	36	2.9	46	80.5	24	96.9	9	28.9	29	18
64.1	34	3.9	19	77.0	44	94.9	27	41.6	13	19
61.3	47	3.3	43	77.3	40	97.0	5	28.2	32	20
63.1	38	3.3	41	81.2	16	87.1	40	40.0	15	21
62.8	39	3.8	27	82.1	11	96.7	10	36.3	18	22
63.7	37	3.3	42	83.6	5	94.6	29	48.0	8	23
62.7	40	3.1	44	82.0	12	91.1	33	30.6	25	24
62.5	41	3.4	40	83.7	4	86.4	41	41.9	12	25
72.8	10	4.1	11	79.6	30	84.0	42	48.2	7	26
73.7	7	4.5	4	81.8	13	89.4	37	56.0	4	27
70.6	14	4.0	16	82.5	7	83.4	43	46.5	10	28
73.1	8	4.1	9	80.9	20	70.4	46	55.2	5	29
67.1	28	3.9	22	74.7	46	91.0	34	28.0	33	30
68.3	19	3.5	35	78.8	34	94.3	30	23.4	36	31
68.0	21	2.7	47	79.7	29	95.5	22	13.5	47	32
66.6	30	3.6	30	80.8	22	94.8	28	32.4	23	33
69.0	17	3.4	37	82.1	10	95.0	26	33.5	21	34
68.3	20	3.5	36	82.1	9	95.5	21	20.5	39	35
67.1	27	4.2	6	76.8	45	95.3	25	33.3	22	36
68.0	22	3.5	34	80.3	26	95.9	19	28.7	30	37
67.3	25	3.7	28	78.0	38	96.4	12	15.4	45	38
70.2	15	4.1	12	74.7	47	96.2	17	23.5	35	39
74.9	5	4.6	3	81.6	14	93.9	31	46.6	9	40
66.9	29	3.6	33	78.7	35	89.5	36	32.3	24	41
72.2	11	3.8	24	79.0	33	96.2	16	17.7	41	42
68.5	18	3.9	20	77.6	39	95.5	23	37.3	17	43
69.3	16	4.2	8	80.0	27	96.4	14	16.2	43	44
67.8	24	4.0	17	77.3	41	96.9	8	15.6	44	45
71.1	13	4.0	15	78.5	37	97.1	4	14.5	46	46
78.2	2	5.5	1	79.9	28	95.4	24	39.1	16	47

労働 F （指標）

		No. 180 他市区町村からの通勤者比率 （対就業者） Percentage of commuters from other municipalities #F02702		No. 181 有効求人倍率 （求人数／求職者数） Ratio of job vacancies to application #F03103		No. 182 高齢就業者割合 （65歳以上） （対65歳以上人口） Percentage of aged employees (65 years old and over) #F0350303		No. 183 高齢一般労働者割合 （65歳以上） （対65歳以上人口） Percentage of aged general workers (65 years old and over) #F0350406	
単位 Unit		%		倍：times		%		%	
年度 Fiscal year		2020		2022		2020		2022	
都道府県 Prefecture		指標値 Indicator	順位 Rank	指標値 Indicator	順位 Rank	指標値 Indicator	順位 Rank	指標値 Indicator	順位 Rank
00	全国 All Japan	42.6		1.31		24.7		3.12	
01	北海道 Hokkaido	29.1	28	1.16	38	22.6	43	4.12	2
02	青森県 Aomori-ken	20.0	40	1.20	35	25.6	20	2.65	37
03	岩手県 Iwate-ken	22.6	38	1.33	30	27.5	7	3.14	16
04	宮城県 Miyagi-ken	43.0	6	1.47	22	24.3	37	3.25	15
05	秋田県 Akita-ken	16.4	42	1.50	19	25.0	27	2.73	35
06	山形県 Yamagata-ken	27.3	33	1.66	5	27.8	6	2.90	26
07	福島県 Fukushima-ken	23.1	37	1.51	17	26.3	15	2.86	28
08	茨城県 Ibaraki-ken	37.4	11	1.48	20	25.4	21	2.85	29
09	栃木県 Tochigi-ken	32.3	23	1.23	33	26.7	10	3.38	10
10	群馬県 Gumma-ken	36.3	16	1.39	27	26.4	14	3.69	5
11	埼玉県 Saitama-ken	36.6	13	1.05	43	24.5	32	2.27	44
12	千葉県 Chiba-ken	34.7	18	0.96	46	23.8	40	2.46	43
13	東京都 Tokyo-to	93.6	1	1.46	23	25.6	19	4.51	1
14	神奈川県 Kanagawa-ken	41.3	7	0.88	47	22.7	42	3.29	11
15	新潟県 Niigata-ken	28.4	31	1.75	3	24.9	28	2.49	42
16	富山県 Toyama-ken	28.9	29	1.63	7	26.5	13	3.28	12
17	石川県 Ishikawa-ken	30.2	25	1.56	13	26.6	12	2.74	34
18	福井県 Fukui-ken	29.5	26	1.94	1	29.0	3	3.01	21
19	山梨県 Yamanashi-ken	40.3	8	1.39	28	29.8	2	2.98	23
20	長野県 Nagano-ken	28.1	32	1.66	6	30.6	1	3.00	22
21	岐阜県 Gifu-ken	34.2	19	1.70	4	27.2	9	2.60	38
22	静岡県 Shizuoka-ken	36.3	17	1.40	26	26.6	11	2.95	25
23	愛知県 Aichi-ken	50.0	3	1.42	25	25.4	22	2.78	31
24	三重県 Mie-ken	28.6	30	1.51	15	25.1	25	2.59	39
25	滋賀県 Shiga-ken	36.6	14	1.08	42	25.1	26	2.53	41
26	京都府 Kyoto-fu	49.4	4	1.17	37	24.3	34	2.54	40
27	大阪府 Osaka-fu	65.2	2	1.22	34	21.7	46	3.27	13
28	兵庫県 Hyogo-ken	38.1	10	1.02	44	22.3	44	2.89	27
29	奈良県 Nara-ken	36.4	15	1.13	40	21.6	47	1.52	47
30	和歌山県 Wakayama-ken	25.2	34	1.08	41	25.3	23	2.08	46
31	鳥取県 Tottori-ken	23.1	36	1.61	9	27.2	8	2.68	36
32	島根県 Shimane-ken	13.7	47	1.91	2	28.1	5	2.81	30
33	岡山県 Okayama-ken	32.1	24	1.51	16	24.5	33	3.40	8
34	広島県 Hiroshima-ken	33.9	20	1.61	8	24.7	30	3.01	20
35	山口県 Yamaguchi-ken	20.1	39	1.60	10	24.0	39	3.02	19
36	徳島県 Tokushima-ken	32.5	22	1.30	31	24.3	35	2.76	33
37	香川県 Kagawa-ken	29.2	27	1.51	18	24.8	29	3.74	4
38	愛媛県 Ehime-ken	15.6	44	1.54	14	24.3	38	2.77	32
39	高知県 Kochi-ken	23.4	35	1.16	39	25.3	24	2.16	45
40	福岡県 Fukuoka-ken	46.5	5	1.17	36	23.6	41	3.12	18
41	佐賀県 Saga-ken	33.6	21	1.34	29	28.1	4	3.60	6
42	長崎県 Nagasaki-ken	17.2	41	1.27	32	24.3	36	2.95	24
43	熊本県 Kumamoto-ken	36.7	12	1.58	12	25.8	17	3.77	3
44	大分県 Oita-ken	16.1	43	1.48	21	24.6	31	3.12	17
45	宮崎県 Miyazaki-ken	15.5	45	1.58	11	26.2	16	3.45	7
46	鹿児島県 Kagoshima-ken	14.4	46	1.43	24	25.8	18	3.25	14
47	沖縄県 Okinawa-ken	39.1	9	0.99	45	21.7	45	3.40	9

No. 184 障害者就職率 Percentage of employment for the disabled persons #F03602 % 2022		No. 185 高等学校卒業者に占める就職者の割合（対高等学校卒業者数） Percentage of new employment to upper secondary school graduates #F03303 % 2021		No. 186 高等学校卒業者に占める県外就職者の割合（対高等学校卒業者就職者数） Percentage of upper secondary school graduates getting jobs outside the prefecture #F03302 % 2021		No. 187 高等学校新規卒業者の求人倍率（対新規高等学校卒業者求職者数） Job vacancies rate of new upper secondary school graduates #F03304 倍：times 2021		No. 188 大学卒業者に占める就職者の割合（対大学卒業者数） Percentage of new employment to college or university graduates #F03403 % 2021		都道府県コード Pref. code
指標値 Indicator	順位 Rank	指標値 Indicator	順位 Rank	指標値 Indicator	順位 Rank	指標値 Indicator	順位 Rank	指標値 Indicator	順位 Rank	
43.9		14.7		17.5		2.89		74.5		00
41.7	42	18.6	24	6.4	45	2.92	14	71.3	30	01
53.1	8	24.2	10	37.4	3	2.07	38	78.5	3	02
51.5	13	25.4	6	27.1	11	2.32	27	68.1	36	03
45.2	30	19.6	21	17.9	27	2.92	13	73.7	19	04
56.0	5	27.5	3	24.2	13	2.66	22	67.3	39	05
51.9	11	25.2	7	19.8	19	2.75	19	67.9	37	06
50.0	19	25.9	5	16.2	29	2.21	31	73.3	22	07
51.0	16	17.6	28	13.2	32	2.54	24	61.6	46	08
51.5	13	19.6	20	18.0	26	2.24	29	75.7	11	09
44.8	31	16.6	30	10.5	37	3.05	10	78.2	5	10
36.6	45	10.9	41	28.6	8	2.73	20	78.3	4	11
38.6	44	10.5	42	19.7	20	2.41	25	74.2	17	12
32.6	47	4.8	47	12.2	34	8.62	1	74.4	16	13
34.0	46	7.0	45	18.7	22	2.89	15	73.2	23	14
52.1	10	15.8	35	9.0	42	3.27	6	69.7	34	15
58.1	3	18.6	25	4.7	46	3.04	11	64.5	43	16
51.1	15	18.1	27	9.8	40	2.96	12	74.5	14	17
47.4	27	19.1	23	10.0	39	3.31	5	72.5	25	18
52.8	9	14.2	37	13.9	31	2.28	28	74.0	18	19
49.3	25	15.9	33	10.1	38	2.40	26	65.0	42	20
53.6	7	20.5	15	24.3	12	2.71	21	75.5	12	21
44.0	34	19.6	22	8.8	44	2.58	23	77.5	6	22
43.4	37	16.7	29	4.6	47	3.14	7	80.0	1	23
45.7	29	24.7	9	12.3	33	2.23	30	73.4	21	24
50.4	18	15.8	34	9.0	43	2.09	36	70.6	31	25
44.5	32	6.7	46	18.3	24	3.55	4	73.7	20	26
43.5	36	9.0	44	9.1	41	4.85	2	77.1	8	27
42.1	40	11.5	40	15.4	30	3.08	9	77.4	7	28
43.2	38	10.2	43	33.6	6	2.11	35	75.8	9	29
43.0	39	18.1	26	22.8	15	2.15	33	72.1	27	30
63.9	1	22.8	13	21.3	17	2.06	39	63.4	44	31
58.9	2	20.4	16	21.2	18	2.77	17	68.7	35	32
47.4	27	19.7	18	18.2	25	2.14	34	75.5	13	33
40.5	43	12.6	38	12.0	36	3.72	3	78.9	2	34
48.0	26	28.0	2	17.0	28	2.17	32	70.2	33	35
57.3	4	19.6	19	22.3	16	2.09	37	62.6	45	36
43.6	35	16.2	31	12.2	35	3.08	8	71.6	29	37
54.7	6	19.8	17	18.7	23	2.86	16	75.8	10	38
50.9	17	15.9	32	27.9	9	1.99	41	70.2	32	39
42.1	40	15.5	36	19.2	21	2.76	18	74.4	15	40
50.0	19	28.5	1	33.6	5	1.82	45	65.5	41	41
44.1	33	25.0	8	27.9	10	1.77	46	72.2	26	42
49.5	24	23.8	11	37.6	1	1.90	43	73.1	24	43
49.8	23	22.5	14	23.1	14	2.04	40	66.3	40	44
50.0	19	26.0	4	37.5	2	1.96	42	71.9	28	45
49.9	22	23.2	12	35.5	4	1.86	44	67.7	38	46
51.9	11	12.6	39	30.2	7	1.77	47	57.4	47	47

労 働 F （指標）

都道府県	Prefecture	No. 189 大学新規卒業者の無業者率（対大学卒業者数） Percentage of new college or university graduates not working #F03402 % 2021 指標値 Indicator	順位 Rank	No. 190 転職率（転職者数／有業者数） Percentage of persons who changed jobs #F04101 % 2022 指標値 Indicator	順位 Rank	No. 191 離職率（離職者数／（継続就業者数＋転職者数＋離職者数）） Percentage of persons who quit their jobs #F04102 % 2022 指標値 Indicator	順位 Rank	No. 192 新規就業率（新規就業者数／有業者数） Percentage of newly employed #F04103 % 2022 指標値 Indicator	順位 Rank
00 全国	All Japan	9.4		4.5		3.8		5.3	
01 北海道	Hokkaido	11.1	3	4.1	19	4.2	8	5.7	5
02 青森県	Aomori-ken	8.7	22	3.8	38	4.5	2	4.4	40
03 岩手県	Iwate-ken	9.2	15	4.2	18	3.7	30	4.3	42
04 宮城県	Miyagi-ken	8.0	27	4.6	9	4.6	1	5.7	7
05 秋田県	Akita-ken	5.4	44	3.8	36	3.7	29	4.0	47
06 山形県	Yamagata-ken	6.5	39	4.0	27	3.4	41	4.2	44
07 福島県	Fukushima-ken	9.0	17	3.8	33	3.8	19	4.6	37
08 茨城県	Ibaraki-ken	7.8	28	3.9	31	3.3	44	5.4	12
09 栃木県	Tochigi-ken	7.1	34	4.3	16	3.6	31	5.0	25
10 群馬県	Gumma-ken	9.3	13	4.3	15	3.7	27	5.0	23
11 埼玉県	Saitama-ken	10.2	8	4.7	8	4.1	10	5.6	10
12 千葉県	Chiba-ken	9.2	14	4.7	6	3.7	26	5.7	6
13 東京都	Tokyo-to	10.8	4	5.4	1	3.5	38	5.8	2
14 神奈川県	Kanagawa-ken	10.7	5	5.1	4	3.8	23	5.7	4
15 新潟県	Niigata-ken	7.8	29	3.8	32	3.5	39	4.4	41
16 富山県	Toyama-ken	4.8	45	3.6	39	3.6	34	4.7	33
17 石川県	Ishikawa-ken	5.7	42	3.8	34	3.8	25	5.0	24
18 福井県	Fukui-ken	4.3	47	3.6	42	3.0	47	4.3	43
19 山梨県	Yamanashi-ken	9.3	12	3.6	40	3.3	45	5.2	19
20 長野県	Nagano-ken	6.6	38	4.0	28	3.5	36	4.7	35
21 岐阜県	Gifu-ken	5.9	41	4.1	24	3.4	40	4.7	34
22 静岡県	Shizuoka-ken	7.4	32	4.1	20	3.6	32	4.8	32
23 愛知県	Aichi-ken	6.5	40	4.2	17	3.6	35	5.3	14
24 三重県	Mie-ken	6.9	35	3.8	37	4.1	12	4.8	31
25 滋賀県	Shiga-ken	7.2	33	4.4	11	3.1	46	5.1	21
26 京都府	Kyoto-fu	9.4	11	4.4	12	3.6	33	5.3	16
27 大阪府	Osaka-fu	8.3	24	4.9	5	4.2	7	5.6	9
28 兵庫県	Hyogo-ken	10.4	6	4.4	14	4.4	5	5.5	11
29 奈良県	Nara-ken	9.2	16	4.1	23	4.1	9	5.7	8
30 和歌山県	Wakayama-ken	4.7	46	3.3	47	3.8	18	4.8	30
31 鳥取県	Tottori-ken	6.6	37	3.5	43	3.3	43	4.6	36
32 島根県	Shimane-ken	5.5	43	3.8	35	3.3	42	4.1	45
33 岡山県	Okayama-ken	8.0	26	4.4	10	3.8	21	5.3	18
34 広島県	Hiroshima-ken	7.5	31	4.1	25	3.8	20	5.8	3
35 山口県	Yamaguchi-ken	10.0	9	4.1	22	3.9	15	5.3	15
36 徳島県	Tokushima-ken	8.8	21	3.4	45	3.5	37	4.8	29
37 香川県	Kagawa-ken	9.7	10	4.0	29	3.9	16	4.8	28
38 愛媛県	Ehime-ken	8.4	23	3.3	46	3.8	24	4.5	38
39 高知県	Kochi-ken	8.1	25	3.5	44	3.9	17	4.1	46
40 福岡県	Fukuoka-ken	9.0	18	5.4	2	4.0	14	5.4	13
41 佐賀県	Saga-ken	7.6	30	4.1	26	3.8	22	5.0	22
42 長崎県	Nagasaki-ken	9.0	19	3.6	41	4.1	11	5.2	20
43 熊本県	Kumamoto-ken	9.0	20	4.7	7	4.0	13	4.4	39
44 大分県	Oita-ken	17.2	2	3.9	30	3.7	28	4.8	27
45 宮崎県	Miyazaki-ken	6.7	36	4.1	21	4.4	4	4.8	26
46 鹿児島県	Kagoshima-ken	10.3	7	4.4	13	4.3	6	5.3	17
47 沖縄県	Okinawa-ken	20.7	1	5.2	3	4.4	3	5.9	1

No. 193 就業異動率 Percentage of job changes #F04104 % 2022 指標値 Indicator	順位 Rank	No. 194 月間平均実労働時間数(男) Monthly average of hours actually worked (Male) #F0610103 時間:hours 2022 指標値 Indicator	順位 Rank	No. 195 月間平均実労働時間数(女) Monthly average of hours actually worked (Female) #F0610104 時間:hours 2022 指標値 Indicator	順位 Rank	No. 196 男性パートタイムの給与(1時間当たり) Salary of part-time workers (per hour, Male) #F06207 円:yen 2022 指標値 Indicator	順位 Rank	No. 197 女性パートタイムの給与(1時間当たり) Salary of part-time workers (per hour, Female) #F06206 円:yen 2022 指標値 Indicator	順位 Rank	都道府県コード Pref. code
8.2		181		171		1,624		1,270		00
7.9	13	184	4	167	45	1,271	36	1,119	32	01
7.1	35	182	13	171	9	1,356	22	1,058	42	02
7.1	36	181	22	170	18	1,308	31	1,099	37	03
8.7	4	183	6	171	9	1,211	42	1,138	26	04
6.4	47	181	22	171	9	1,196	43	1,030	46	05
6.8	39	181	22	171	9	1,277	35	1,051	45	06
7.2	34	181	22	168	42	1,239	40	1,157	23	07
7.5	25	182	13	171	9	1,502	12	1,164	22	08
7.7	19	182	13	172	1	1,249	39	1,199	13	09
7.9	14	182	13	172	1	1,391	19	1,226	11	10
8.7	6	186	1	170	18	1,667	7	1,245	7	11
8.5	8	180	33	167	45	1,567	9	1,233	8	12
9.7	1	178	44	171	9	2,035	1	1,530	1	13
9.1	3	181	22	170	18	1,841	2	1,405	2	14
6.8	40	177	46	168	42	1,350	24	1,138	26	15
7.2	33	180	33	171	9	1,323	29	1,179	16	16
7.6	23	182	13	170	18	1,299	32	1,171	19	17
6.8	38	180	33	170	18	1,342	27	1,153	24	18
7.4	30	182	13	172	1	1,467	14	1,189	14	19
7.5	26	180	33	170	18	1,350	24	1,170	20	20
7.5	28	183	6	170	18	1,310	30	1,174	18	21
7.7	20	183	6	169	36	1,454	15	1,229	10	22
8.1	10	184	4	171	9	1,660	8	1,325	5	23
7.5	27	186	1	170	18	1,432	18	1,189	14	24
7.8	17	181	22	172	1	1,435	17	1,151	25	25
7.9	15	183	6	171	9	1,674	6	1,356	3	26
8.7	5	180	33	168	42	1,769	4	1,355	4	27
8.1	9	183	6	170	18	1,840	3	1,280	6	28
7.5	24	181	22	169	36	1,359	21	1,165	21	29
6.7	41	181	22	169	36	1,540	10	1,137	28	30
6.7	42	179	42	169	36	1,106	47	1,069	40	31
6.6	43	180	33	170	18	1,343	26	1,072	39	32
7.9	16	181	22	170	18	1,677	5	1,127	30	33
8.1	11	182	13	172	1	1,439	16	1,220	12	34
7.5	29	180	33	170	18	1,353	23	1,087	38	35
6.5	45	177	46	165	47	1,250	38	1,231	9	36
7.3	31	182	13	172	1	1,220	41	1,101	36	37
6.6	44	180	33	170	18	1,123	46	1,066	41	38
6.5	46	179	42	170	18	1,262	37	1,122	31	39
8.6	7	183	6	170	18	1,473	13	1,119	32	40
7.6	21	186	1	172	1	1,384	20	1,129	29	41
7.2	32	183	6	170	18	1,178	45	1,053	44	42
7.6	22	182	13	170	18	1,296	34	1,104	35	43
7.1	37	181	22	169	36	1,341	28	1,055	43	44
7.7	18	181	22	170	18	1,193	44	1,030	46	45
8.1	12	180	33	172	1	1,516	11	1,175	17	46
9.3	2	178	44	169	36	1,299	32	1,118	34	47

労働 F (指標)

			No. 198		No. 199		No. 200		No. 201	
			男性パートタイム労働者数		女性パートタイム労働者数		新規学卒者所定内給与額（高校）（男）		新規学卒者所定内給与額（高校）（女）	
			Number of part-time workers (Male)		Number of part-time workers (Female)		Scheduled cash earnings for upper secondary school graduates (Male)		Scheduled cash earnings for upper secondary school graduates (Female)	
			#F03242		#F03241		#F0620307		#F0620308	
単位	Unit		人：person		人：person		千円：thousand yen		千円：thousand yen	
年度	Fiscal year		2022		2022		2022		2022	
都道府県	Prefecture		指標値 Indicator	順位 Rank	指標値 Indicator	順位 Rank	指標値 Indicator	順位 Rank	指標値 Indicator	順位 Rank
00	全国	All Japan	3,162,210		8,400,340		183.4		177.6	
01	北海道	Hokkaido	109,300	9	330,390	9	172.6	39	167.6	35
02	青森県	Aomori-ken	14,700	41	56,220	35	165.7	46	162.7	42
03	岩手県	Iwate-ken	13,260	42	43,440	41	170.1	41	173.9	18
04	宮城県	Miyagi-ken	52,650	14	129,760	15	174.7	34	169.5	32
05	秋田県	Akita-ken	12,770	43	39,640	43	165.4	47	172.7	23
06	山形県	Yamagata-ken	18,840	35	45,740	39	168.7	44	164.5	39
07	福島県	Fukushima-ken	33,410	24	113,140	20	173.3	38	160.1	46
08	茨城県	Ibaraki-ken	53,810	13	175,420	13	184.2	17	179.1	13
09	栃木県	Tochigi-ken	45,080	18	114,460	19	187.2	12	181.6	10
10	群馬県	Gumma-ken	46,790	17	124,220	17	187.4	11	173.0	22
11	埼玉県	Saitama-ken	185,090	5	488,520	5	193.4	3	187.3	6
12	千葉県	Chiba-ken	146,620	6	377,510	7	196.4	2	191.2	5
13	東京都	Tokyo-to	533,730	1	1,134,040	1	199.0	1	202.1	2
14	神奈川県	Kanagawa-ken	252,350	3	741,680	2	189.7	6	202.6	1
15	新潟県	Niigata-ken	44,650	19	126,150	16	174.1	36	171.0	28
16	富山県	Toyama-ken	21,290	32	58,490	32	182.1	20	173.5	19
17	石川県	Ishikawa-ken	24,090	30	63,190	31	176.1	30	171.4	24
18	福井県	Fukui-ken	17,320	36	42,590	42	191.9	4	171.4	24
19	山梨県	Yamanashi-ken	21,120	33	50,430	37	169.3	43	167.7	34
20	長野県	Nagano-ken	47,210	16	113,080	21	175.5	32	175.1	17
21	岐阜県	Gifu-ken	50,870	15	135,310	14	178.8	28	176.5	15
22	静岡県	Shizuoka-ken	77,670	10	201,820	10	188.8	9	183.5	9
23	愛知県	Aichi-ken	219,260	4	587,150	4	188.9	8	192.7	4
24	三重県	Mie-ken	34,750	22	116,650	18	181.9	22	175.7	16
25	滋賀県	Shiga-ken	39,810	20	104,760	23	181.2	24	179.2	12
26	京都府	Kyoto-fu	74,210	11	184,000	12	184.1	18	184.1	8
27	大阪府	Osaka-fu	268,870	2	670,950	3	187.8	10	179.0	14
28	兵庫県	Hyogo-ken	133,900	7	403,950	6	185.6	13	186.7	7
29	奈良県	Nara-ken	34,260	23	89,530	25	191.2	5	197.1	3
30	和歌山県	Wakayama-ken	19,600	34	58,250	33	174.2	35	168.3	33
31	鳥取県	Tottori-ken	8,420	47	25,500	47	172.0	40	166.5	37
32	島根県	Shimane-ken	10,900	46	30,500	45	176.0	31	160.9	45
33	岡山県	Okayama-ken	39,610	21	107,300	22	185.1	14	173.4	20
34	広島県	Hiroshima-ken	66,870	12	194,180	11	179.4	26	173.4	20
35	山口県	Yamaguchi-ken	32,570	25	75,760	29	182.0	21	162.1	43
36	徳島県	Tokushima-ken	11,130	45	35,910	44	179.6	25	169.9	29
37	香川県	Kagawa-ken	16,940	38	49,620	38	181.9	22	169.8	31
38	愛媛県	Ehime-ken	29,420	27	77,850	28	182.5	19	171.1	26
39	高知県	Kochi-ken	11,630	44	28,350	46	167.5	45	164.1	40
40	福岡県	Fukuoka-ken	130,850	8	360,150	8	184.3	16	169.9	29
41	佐賀県	Saga-ken	15,950	39	44,600	40	175.2	33	166.6	36
42	長崎県	Nagasaki-ken	21,370	31	71,020	30	179.1	27	163.2	41
43	熊本県	Kumamoto-ken	32,220	26	87,530	26	174.1	36	171.1	26
44	大分県	Oita-ken	15,260	40	55,420	36	178.2	29	181.1	11
45	宮崎県	Miyazaki-ken	16,950	37	57,230	34	189.3	7	130.3	47
46	鹿児島県	Kagoshima-ken	27,990	28	98,980	24	169.7	42	165.4	38
47	沖縄県	Okinawa-ken	26,890	29	79,990	27	185.0	15	161.0	44

労働 F （指標）

G. 文化・スポーツ　G Culture and Sports

			No. 202 公民館数 (人口100万人当たり) Number of community centers (per 1,000,000 persons) #G01101		No. 203 図書館数 (人口100万人当たり) Number of libraries (per 1,000,000 persons) #G01104		No. 204 博物館数 (人口100万人当たり) Number of museums (per 1,000,000 persons) #G01107		No. 205 青少年教育施設数 (人口100万人当たり) Number of educational facilities for youth and children (per 1,000,000 persons) #G01109	
	単位	Unit	館：number of community centers		館：number of libraries		館：number of museums		所：number of facilities	
	年度	Fiscal year	2021		2021		2021		2021	
	都道府県	Prefecture	指標値 Indicator	順位 Rank	指標値 Indicator	順位 Rank	指標値 Indicator	順位 Rank	指標値 Indicator	順位 Rank
00	全国	All Japan	104.9		27.0		10.4		6.7	
01	北海道	Hokkaido	70.2	35	31.8	24	12.7	24	11.8	10
02	青森県	Aomori-ken	198.2	18	28.7	31	4.1	46	4.9	41
03	岩手県	Iwate-ken	145.5	24	39.3	12	17.6	11	5.0	40
04	宮城県	Miyagi-ken	189.5	19	15.3	45	7.4	38	5.2	39
05	秋田県	Akita-ken	333.3	5	51.9	7	11.6	31	15.9	4
06	山形県	Yamagata-ken	401.9	3	37.9	15	15.2	17	11.4	11
07	福島県	Fukushima-ken	199.2	17	39.2	13	7.2	39	10.5	13
08	茨城県	Ibaraki-ken	79.6	34	23.5	40	8.8	35	4.2	43
09	栃木県	Tochigi-ken	95.3	31	28.6	32	13.0	22	6.8	33
10	群馬県	Gumma-ken	113.1	30	29.1	30	13.5	21	9.3	15
11	埼玉県	Saitama-ken	66.8	36	23.7	39	3.5	47	2.5	47
12	千葉県	Chiba-ken	45.1	42	22.9	41	7.0	40	5.9	36
13	東京都	Tokyo-to	5.7	47	28.6	33	8.1	36	2.6	46
14	神奈川県	Kanagawa-ken	17.4	45	9.2	47	5.5	44	3.7	44
15	新潟県	Niigata-ken	164.0	22	36.3	19	17.0	12	7.8	30
16	富山県	Toyama-ken	261.5	12	54.6	6	36.1	2	8.8	19
17	石川県	Ishikawa-ken	257.8	13	36.4	18	27.6	5	14.2	5
18	福井県	Fukui-ken	271.1	10	48.7	8	28.9	4	13.2	8
19	山梨県	Yamanashi-ken	352.8	4	65.8	1	26.1	6	16.1	3
20	長野県	Nagano-ken	880.0	1	59.0	3	40.8	1	13.3	7
21	岐阜県	Gifu-ken	143.3	26	36.7	17	11.7	30	9.7	14
22	静岡県	Shizuoka-ken	13.9	46	26.6	35	11.9	29	5.3	38
23	愛知県	Aichi-ken	43.5	43	12.9	46	5.7	43	3.3	45
24	三重県	Mie-ken	177.7	21	26.8	34	12.0	28	4.6	42
25	滋賀県	Shiga-ken	55.3	40	36.1	20	10.6	34	8.5	21
26	京都府	Kyoto-fu	56.2	39	26.6	37	14.8	18	7.0	32
27	大阪府	Osaka-fu	22.4	44	17.6	44	4.3	45	7.8	29
28	兵庫県	Hyogo-ken	51.5	41	19.7	43	6.6	41	7.9	28
29	奈良県	Nara-ken	264.6	11	25.1	38	16.7	13	7.6	31
30	和歌山県	Wakayama-ken	274.6	9	29.5	29	14.2	20	6.6	35
31	鳥取県	Tottori-ken	315.1	7	54.6	5	12.8	23	20.0	1
32	島根県	Shimane-ken	234.6	14	61.7	2	31.6	3	12.0	9
33	岡山県	Okayama-ken	210.0	16	37.3	16	17.6	10	8.0	27
34	広島県	Hiroshima-ken	87.1	32	30.9	25	10.8	33	8.6	20
35	山口県	Yamaguchi-ken	120.5	28	41.4	9	18.1	9	9.0	17
36	徳島県	Tokushima-ken	446.6	2	40.7	10	15.4	16	8.4	23
37	香川県	Kagawa-ken	162.4	23	31.8	23	15.9	15	8.5	22
38	愛媛県	Ehime-ken	327.8	6	33.3	21	18.9	8	8.3	24
39	高知県	Kochi-ken	288.0	8	58.5	4	24.9	7	19.0	2
40	福岡県	Fukuoka-ken	57.8	38	22.2	42	5.9	42	5.7	37
41	佐賀県	Saga-ken	142.7	27	38.5	14	16.1	14	13.6	6
42	長崎県	Nagasaki-ken	115.7	29	30.8	26	12.3	26	9.3	16
43	熊本県	Kumamoto-ken	182.3	20	30.1	27	11.0	32	8.1	26
44	大分県	Oita-ken	217.2	15	29.6	28	14.4	19	9.0	18
45	宮崎県	Miyazaki-ken	81.1	33	32.0	22	7.5	37	6.6	34
46	鹿児島県	Kagoshima-ken	144.0	25	40.0	11	12.7	25	10.8	12
47	沖縄県	Okinawa-ken	59.9	37	26.6	36	12.3	27	8.2	25

No. 206 社会体育施設数 （人口100万人当たり） Number of sports facilities (per 1,000,000 persons) #G01321 施設：number of facilities 2021		No. 207 多目的運動広場数（公共） （人口100万人当たり） Number of multi-purpose playgrounds (Public) (per 1,000,000 persons) #G01323 施設：number of playgrounds 2021		No. 208 青少年学級・講座数 （人口100万人当たり） Youth education classes (per 1,000,000 persons) #G03201 学級・講座：number of classes 2020		No. 209 成人一般学級・講座数 （人口100万人当たり） Number of general adults education classes (per 1,000,000 persons) #G03203 学級・講座：number of classes 2020		No. 210 女性学級・講座数 （女性人口100万人当たり） Number of women education classes (per 1,000,000 persons) (Female) #G0320501 学級・講座：number of classes 2020		都道府県コード
指標値 Indicator	順位 Rank	指標値 Indicator	順位 Rank	指標値 Indicator	順位 Rank	指標値 Indicator	順位 Rank	指標値 Indicator	順位 Rank	Pref. code
363. 8		61. 4		327. 4		1, 312. 1		234. 8		00
719. 3	7	63. 7	30	581. 7	15	1, 172. 0	25	65. 6	38	01
570. 8	19	58. 1	37	464. 5	18	1, 023. 4	29	216. 9	25	02
724. 9	6	97. 0	21	761. 6	12	1, 467. 9	17	631. 0	13	03
368. 6	35	63. 3	31	364. 9	25	1, 052. 6	28	262. 0	21	04
906. 9	1	148. 1	4	343. 9	26	1, 230. 8	23	270. 2	20	05
614. 2	16	96. 7	22	578. 6	16	1, 187. 2	24	427. 9	17	06
699. 8	8	145. 7	7	609. 3	14	2, 051. 1	15	726. 4	12	07
406. 0	31	62. 1	33	110. 6	43	437. 4	40	98. 2	32	08
484. 6	28	59. 3	35	211. 1	36	557. 1	37	230. 3	22	09
609. 2	17	128. 2	12	343. 5	27	891. 1	34	209. 2	26	10
239. 6	42	35. 6	41	180. 1	39	526. 5	38	73. 9	34	11
240. 6	41	33. 1	44	82. 3	45	228. 5	45	26. 8	44	12
159. 1	46	9. 6	47	97. 7	44	106. 5	46	5. 2	47	13
171. 6	45	34. 9	42	41. 6	47	95. 5	47	6. 2	46	14
647. 7	9	76. 3	27	434. 7	19	1, 014. 4	30	113. 9	31	15
637. 1	11	106. 3	19	1, 114. 2	6	3, 263. 4	10	2, 510. 4	2	16
635. 6	12	72. 0	29	1, 317. 4	4	5, 083. 3	5	1, 261. 3	7	17
634. 2	13	61. 8	34	2, 493. 3	2	6, 787. 4	2	1, 824. 9	3	18
730. 4	5	162. 7	3	372. 9	24	969. 2	32	220. 5	24	19
899. 2	3	129. 4	11	415. 5	21	1, 948. 7	16	293. 0	19	20
552. 3	21	106. 6	18	203. 2	38	1, 241. 2	22	227. 8	23	21
351. 2	37	87. 9	24	213. 0	35	431. 0	41	61. 9	40	22
230. 8	43	32. 6	45	245. 5	34	407. 2	42	55. 3	41	23
355. 4	36	58. 7	36	412. 4	23	2, 429. 0	13	627. 1	14	24
388. 4	32	82. 2	25	1, 141. 8	5	2, 168. 2	14	148. 0	29	25
249. 1	40	55. 1	38	134. 2	41	277. 7	43	72. 8	35	26
135. 6	47	26. 9	46	60. 6	46	253. 9	44	18. 3	45	27
205. 8	44	34. 2	43	133. 9	42	6, 366. 1	3	82. 7	33	28
371. 9	34	63. 1	32	140. 4	40	911. 3	33	124. 2	30	29
483. 6	29	99. 6	20	420. 6	20	4, 161. 1	7	424. 6	18	30
901. 6	2	202. 2	1	3, 001. 4	1	23, 259. 6	1	1, 764. 9	4	31
788. 0	4	145. 9	6	2, 381. 1	3	5, 431. 2	4	3, 148. 5	1	32
422. 2	30	77. 8	26	789. 5	10	3, 846. 0	8	587. 5	15	33
373. 7	33	107. 2	17	275. 0	32	1, 140. 5	27	63. 8	39	34
537. 7	22	140. 1	8	663. 9	13	2, 672. 0	11	552. 9	16	35
487. 4	27	109. 6	16	277. 9	31	2, 508. 5	12	807. 9	8	36
503. 2	25	75. 4	28	207. 3	37	1, 432. 3	20	794. 2	9	37
492. 1	26	112. 8	15	991. 1	7	1, 445. 9	18	1, 578. 8	5	38
557. 0	20	127. 2	13	886. 4	8	1, 167. 0	26	52. 1	42	39
250. 6	39	45. 9	40	322. 1	29	855. 1	35	71. 4	36	40
609. 2	18	179. 9	2	786. 3	11	1, 282. 9	21	168. 6	28	41
629. 9	14	136. 5	9	570. 0	17	1, 445. 5	19	753. 5	11	42
524. 9	23	133. 7	10	310. 6	30	793. 9	36	38. 2	43	43
510. 8	24	89. 8	23	814. 2	9	4, 182. 9	6	1, 309. 2	6	44
624. 9	15	124. 4	14	256. 2	33	969. 5	31	177. 0	27	45
639. 6	10	147. 2	5	414. 3	22	3, 605. 8	9	787. 0	10	46
295. 6	38	54. 5	39	326. 4	28	502. 2	39	67. 1	37	47

文化・スポーツ

G

（指標）

		No. 211 高齢者学級・講座数 (人口100万人当たり) Number of education classes for the aged (per 1,000,000 persons) #G03207		No. 212 ボランティア活動の 年間行動者率 (10歳以上) Participation rate of volunteer activities (10 years old and over) #G041011		No. 213 スポーツの年間行動者率 (10歳以上) Participation rate of sports (10 years old and over) #G042111		No. 214 旅行・行楽の年間行動者率 (10歳以上) Participation rate of travels and day excursion (10 years old and over) #G043061	
単位	Unit	学級・講座:number of classes		%		%		%	
年度	Fiscal year	2020		2021		2021		2021	
都道府県	Prefecture	指標値 Indicator	順位 Rank	指標値 Indicator	順位 Rank	指標値 Indicator	順位 Rank	指標値 Indicator	順位 Rank
00 全国	All Japan	185.6		17.8		66.5		49.5	
01 北海道	Hokkaido	253.8	21	16.3	42	62.2	31	51.0	11
02 青森県	Aomori-ken	201.1	28	14.0	47	52.1	47	36.6	44
03 岩手県	Iwate-ken	304.8	19	24.4	3	59.1	42	45.3	24
04 宮城県	Miyagi-ken	237.6	24	20.7	16	64.4	20	52.2	6
05 秋田県	Akita-ken	674.3	7	20.9	15	57.1	46	44.8	27
06 山形県	Yamagata-ken	347.4	16	23.6	6	58.4	44	44.3	30
07 福島県	Fukushima-ken	407.5	14	19.7	21	59.5	40	44.4	29
08 茨城県	Ibaraki-ken	51.6	42	17.1	37	65.8	14	45.0	25
09 栃木県	Tochigi-ken	114.3	36	16.5	41	62.6	30	47.3	19
10 群馬県	Gumma-ken	120.7	34	19.2	26	67.0	7	50.8	12
11 埼玉県	Saitama-ken	117.4	35	15.6	43	69.3	3	51.5	10
12 千葉県	Chiba-ken	37.6	44	14.9	45	67.4	5	47.9	16
13 東京都	Tokyo-to	6.7	47	15.5	44	74.5	1	55.5	2
14 神奈川県	Kanagawa-ken	20.4	45	17.0	38	71.8	2	54.5	3
15 新潟県	Niigata-ken	201.7	27	19.3	24	59.0	43	47.6	17
16 富山県	Toyama-ken	814.6	6	19.5	23	59.7	39	41.1	38
17 石川県	Ishikawa-ken	1,035.7	3	20.7	16	63.4	26	44.7	28
18 福井県	Fukui-ken	889.3	5	21.7	11	61.5	34	44.3	30
19 山梨県	Yamanashi-ken	76.5	39	21.1	13	62.2	31	46.7	23
20 長野県	Nagano-ken	250.5	22	22.0	10	64.0	23	46.9	22
21 岐阜県	Gifu-ken	241.6	23	21.7	11	64.1	22	48.6	15
22 静岡県	Shizuoka-ken	66.3	41	18.9	28	66.3	12	41.3	37
23 愛知県	Aichi-ken	43.5	43	16.6	39	68.8	4	57.6	1
24 三重県	Mie-ken	183.6	30	19.3	24	64.3	21	47.0	21
25 滋賀県	Shiga-ken	344.5	17	24.2	4	67.2	6	52.2	6
26 京都府	Kyoto-fu	102.4	37	16.6	39	67.0	7	54.2	4
27 大阪府	Osaka-fu	10.0	46	14.5	46	66.1	13	51.9	8
28 兵庫県	Hyogo-ken	144.2	33	17.7	34	66.4	11	51.6	9
29 奈良県	Nara-ken	194.8	29	18.5	31	64.8	18	50.4	14
30 和歌山県	Wakayama-ken	455.2	10	18.2	32	59.8	38	44.1	32
31 鳥取県	Tottori-ken	1,592.0	2	24.1	5	61.2	36	38.4	42
32 島根県	Shimane-ken	2,378.1	1	25.6	1	61.4	35	39.8	39
33 岡山県	Okayama-ken	323.5	18	23.2	7	64.8	18	43.0	35
34 広島県	Hiroshima-ken	159.7	32	18.6	30	65.3	17	47.1	20
35 山口県	Yamaguchi-ken	374.8	15	20.1	19	63.2	27	43.5	33
36 徳島県	Tokushima-ken	600.4	9	17.4	35	60.9	37	32.2	46
37 香川県	Kagawa-ken	275.7	20	18.1	33	61.8	33	39.0	41
38 愛媛県	Ehime-ken	920.0	4	19.6	22	64.0	23	37.4	43
39 高知県	Kochi-ken	623.3	8	18.9	28	59.4	41	39.2	40
40 福岡県	Fukuoka-ken	212.1	26	19.1	27	67.0	7	52.3	5
41 佐賀県	Saga-ken	220.6	25	24.8	2	62.8	29	47.5	18
42 長崎県	Nagasaki-ken	410.0	13	21.0	14	57.8	45	36.1	45
43 熊本県	Kumamoto-ken	67.3	40	22.1	9	66.6	10	50.5	13
44 大分県	Oita-ken	430.7	12	20.3	18	63.1	28	45.0	25
45 宮崎県	Miyazaki-ken	160.8	31	20.1	19	65.8	14	42.8	36
46 鹿児島県	Kagoshima-ken	437.0	11	22.3	8	63.5	25	43.3	34
47 沖縄県	Okinawa-ken	77.7	38	17.4	35	65.8	14	31.1	47

No. 215 海外旅行の年間行動者率 （10歳以上） Participation rate of travel outside Japan (10 years old and over) #G043071		No. 216 客室稼働率 Hotel room occupancy rate #G04308		No. 217 一般旅券発行件数 （人口千人当たり） Number of passports issued (per 1,000 persons) #G0430501		都道府県コード
%		%		件：number of issues		
2021		2022		2022		
指標値 Indicator	順位 Rank	指標値 Indicator	順位 Rank	指標値 Indicator	順位 Rank	Pref. code
0.4		53.4		9.8		00
0.4	9	52.7	27	5.3	26	01
0.2	34	59.5	3	2.8	46	02
0.2	34	54.3	21	3.1	45	03
0.3	22	56.4	14	5.2	27	04
0.5	5	52.5	31	2.7	47	05
0.2	34	52.7	27	3.2	43	06
0.2	34	51.4	34	3.8	41	07
0.6	2	58.1	7	7.1	14	08
0.4	9	57.7	11	6.5	16	09
0.2	34	52.9	26	5.7	22	10
0.3	22	58.1	7	9.6	8	11
0.4	9	57.0	12	11.6	3	12
0.4	9	55.8	16	22.0	1	13
0.5	5	60.7	2	15.1	2	14
0.4	9	50.9	35	3.8	40	15
0.3	22	49.8	39	5.2	28	16
0.3	22	47.2	44	5.7	21	17
0.4	9	55.5	17	5.4	25	18
0.2	34	45.5	46	6.9	15	19
0.2	34	47.1	45	6.0	20	20
0.4	9	48.1	43	6.3	18	21
0.3	22	52.6	30	7.4	13	22
0.4	9	56.3	15	9.9	7	23
0.2	34	58.5	5	6.3	19	24
0.6	2	54.8	19	8.8	11	25
0.7	1	49.0	40	11.2	5	26
0.2	34	48.2	42	11.4	4	27
0.6	2	53.9	24	10.3	6	28
0.2	34	43.1	47	9.0	10	29
0.5	5	54.1	22	5.1	29	30
0.4	9	50.9	35	3.8	42	31
0.1	45	61.1	1	3.2	44	32
0.5	5	58.0	9	5.4	24	33
0.4	9	53.4	25	6.4	17	34
0.4	9	58.2	6	5.0	32	35
0.2	34	52.2	32	4.4	35	36
0.3	22	50.4	38	5.0	31	37
0.1	45	57.0	12	4.3	36	38
0.1	45	59.4	4	4.2	37	39
0.3	22	51.8	33	8.4	12	40
0.3	22	55.2	18	5.0	30	41
0.4	9	57.8	10	5.0	33	42
0.3	22	54.0	23	5.4	23	43
0.3	22	52.7	27	4.8	34	44
0.3	22	54.5	20	3.9	38	45
0.3	22	50.6	37	3.9	39	46
0.4	9	48.9	41	9.0	9	47

文化・スポーツ

G

（指標）

H. 居住　　H Dwelling

			No. 218 着工新設住宅比率（対居住世帯あり住宅数）Percentage of newly constructed dwellings #H01204		No. 219 持ち家比率（対居住世帯あり住宅数）Percentage of owned houses #H01301		No. 220 借家比率（対居住世帯あり住宅数）Percentage of rented houses #H01302		No. 221 民営借家比率（対居住世帯あり住宅数）Percentage of rented houses owned privately #H0130202	
	単位	Unit	%		%		%		%	
	年度	Fiscal year	2022		2018		2018		2018	
	都道府県	Prefecture	指標値 Indicator	順位 Rank	指標値 Indicator	順位 Rank	指標値 Indicator	順位 Rank	指標値 Indicator	順位 Rank
00	全国	All Japan	1.6		61.2		35.6		28.5	
01	北海道	Hokkaido	1.2	35	56.3	43	41.3	4	31.9	4
02	青森県	Aomori-ken	1.0	44	70.3	14	28.2	32	22.6	29
03	岩手県	Iwate-ken	1.4	25	69.9	17	28.6	28	22.0	32
04	宮城県	Miyagi-ken	1.8	6	58.1	42	38.7	6	31.6	6
05	秋田県	Akita-ken	1.0	45	77.3	1	21.6	46	16.6	47
06	山形県	Yamagata-ken	1.2	41	74.9	3	23.1	44	18.8	43
07	福島県	Fukushima-ken	1.2	36	67.7	23	29.7	25	22.5	30
08	茨城県	Ibaraki-ken	1.6	14	71.2	13	25.9	38	21.7	33
09	栃木県	Tochigi-ken	1.4	21	69.1	21	28.4	31	24.0	25
10	群馬県	Gumma-ken	1.4	19	71.4	11	26.5	36	21.1	35
11	埼玉県	Saitama-ken	1.7	10	65.7	28	31.0	22	25.9	15
12	千葉県	Chiba-ken	1.8	8	65.4	30	31.6	18	25.4	16
13	東京都	Tokyo-to	2.0	1	45.0	46	49.1	2	40.0	2
14	神奈川県	Kanagawa-ken	1.7	12	59.1	41	37.2	8	30.6	7
15	新潟県	Niigata-ken	1.1	43	74.0	7	24.3	41	20.4	40
16	富山県	Toyama-ken	1.4	30	76.8	2	21.6	47	17.0	46
17	石川県	Ishikawa-ken	1.3	33	69.3	18	28.5	29	24.2	23
18	福井県	Fukui-ken	1.7	11	74.9	4	22.8	45	17.7	45
19	山梨県	Yamanashi-ken	1.4	29	70.2	16	26.8	34	20.5	39
20	長野県	Nagano-ken	1.5	17	71.2	12	26.7	35	21.1	36
21	岐阜県	Gifu-ken	1.5	18	74.3	5	23.2	43	19.7	42
22	静岡県	Shizuoka-ken	1.4	22	67.0	25	30.1	24	25.3	18
23	愛知県	Aichi-ken	1.9	5	59.5	40	37.7	7	30.2	8
24	三重県	Mie-ken	1.4	24	72.0	9	25.6	39	20.8	38
25	滋賀県	Shiga-ken	1.9	4	71.6	10	25.9	37	21.4	34
26	京都府	Kyoto-fu	1.4	31	61.3	39	34.7	10	28.7	10
27	大阪府	Osaka-fu	1.9	3	54.7	44	41.2	5	31.6	5
28	兵庫県	Hyogo-ken	1.4	23	64.8	33	32.7	16	24.0	24
29	奈良県	Nara-ken	1.2	42	74.1	6	24.1	42	18.4	44
30	和歌山県	Wakayama-ken	1.2	37	73.0	8	24.9	40	19.7	41
31	鳥取県	Tottori-ken	1.2	39	68.8	22	29.0	26	23.1	27
32	島根県	Shimane-ken	1.4	27	70.2	15	28.4	30	21.0	37
33	岡山県	Okayama-ken	1.5	16	64.9	32	31.5	19	26.8	12
34	広島県	Hiroshima-ken	1.5	15	61.4	38	35.7	9	30.1	9
35	山口県	Yamaguchi-ken	1.2	38	67.1	24	30.4	23	22.8	28
36	徳島県	Tokushima-ken	0.9	46	69.2	20	27.7	33	22.2	31
37	香川県	Kagawa-ken	1.4	28	69.3	19	29.0	27	23.6	26
38	愛媛県	Ehime-ken	1.2	40	66.5	27	31.4	20	26.0	14
39	高知県	Kochi-ken	0.9	47	64.9	31	31.8	17	25.0	20
40	福岡県	Fukuoka-ken	1.8	7	52.8	45	44.4	3	35.1	3
41	佐賀県	Saga-ken	1.8	9	66.9	26	31.2	21	24.7	22
42	長崎県	Nagasaki-ken	1.3	32	63.7	35	34.2	12	24.9	21
43	熊本県	Kumamoto-ken	1.9	2	61.9	37	34.5	11	26.2	13
44	大分県	Oita-ken	1.4	20	63.6	36	34.0	13	27.4	11
45	宮崎県	Miyazaki-ken	1.3	34	65.7	29	32.9	15	25.3	17
46	鹿児島県	Kagoshima-ken	1.4	26	64.6	34	33.8	14	25.1	19
47	沖縄県	Okinawa-ken	1.6	13	44.4	47	49.5	1	43.3	1

No. 222 空き家比率（対総住宅数）Percentage of vacant houses #H01405 % 2018 指標値 Indicator	順位 Rank	No. 223 着工新設持ち家比率（対着工新設住宅戸数）Percentage of newly constructed owned dwellings #H01601 % 2022 指標値 Indicator	順位 Rank	No. 224 着工新設貸家比率（対着工新設住宅戸数）Percentage of newly constructed rented dwellings #H01603 % 2022 指標値 Indicator	順位 Rank	No. 225 一戸建住宅比率（対居住世帯あり住宅数）Percentage of detached houses #H01401 % 2018 指標値 Indicator	順位 Rank	No. 226 共同住宅比率（対居住世帯あり住宅数）Percentage of apartments #H01403 % 2018 指標値 Indicator	順位 Rank	都道府県コード Pref code
13.6		28.8		40.4		53.6		43.6		00
13.5	34	32.1	35	48.2	3	52.0	40	43.8	9	01
15.0	24	58.1	5	25.0	41	75.2	5	21.3	43	02
16.1	14	47.1	22	39.0	16	72.9	12	23.4	39	03
12.0	42	24.6	41	46.8	5	55.3	37	42.4	11	04
13.6	33	58.3	4	27.1	39	79.8	1	17.8	47	05
12.1	41	54.3	7	28.4	35	77.6	2	20.5	45	06
14.3	29	51.7	12	26.9	40	70.1	19	26.8	29	07
14.8	25	46.5	23	28.7	34	72.3	14	24.7	34	08
17.3	10	51.7	13	24.2	45	71.6	16	25.9	31	09
16.7	12	47.3	19	22.6	46	73.9	9	23.9	37	10
10.2	47	27.0	39	32.9	27	54.8	38	43.5	10	11
12.6	40	24.4	42	38.4	18	53.1	39	44.8	8	12
10.6	45	10.8	47	51.7	1	26.8	47	71.1	1	13
10.8	44	18.9	45	38.6	17	41.4	44	56.1	3	14
14.7	26	58.8	3	24.7	42	74.3	7	23.6	38	15
13.3	36	53.3	10	34.3	23	77.1	3	19.7	46	16
14.5	27	51.2	14	31.9	30	69.8	20	28.4	27	17
13.8	31	47.7	18	39.7	14	76.7	4	21.2	44	18
21.3	1	63.0	2	24.6	43	73.8	10	24.2	36	19
19.6	3	53.7	8	28.0	38	73.2	11	23.3	40	20
15.6	15	50.3	15	28.9	32	74.4	6	23.1	41	21
16.4	13	49.0	16	31.5	31	66.0	31	31.8	17	22
11.3	43	29.5	36	35.4	21	51.0	41	45.8	7	23
15.2	21	47.3	20	33.1	26	72.9	13	24.6	35	24
13.0	37	41.6	28	35.1	22	67.4	29	30.3	19	25
12.8	38	26.2	40	42.5	9	55.3	36	41.9	12	26
15.2	22	13.7	46	51.3	2	40.7	45	55.4	4	27
13.4	35	27.1	38	40.0	13	50.4	42	46.6	6	28
14.1	30	42.8	27	24.5	44	67.6	25	28.9	22	29
20.3	2	53.4	9	28.0	37	74.1	8	22.1	42	30
15.5	17	57.4	6	28.8	33	70.9	17	25.4	32	31
15.4	20	44.0	26	40.3	12	71.7	15	25.0	33	32
15.6	16	40.9	30	37.7	19	66.6	30	30.7	18	33
15.1	23	24.1	43	44.2	7	55.5	35	41.3	13	34
17.6	9	44.4	25	33.3	25	67.5	28	29.1	21	35
19.5	4	63.5	1	21.6	47	70.7	18	26.4	30	36
18.1	8	47.2	21	31.9	29	67.6	27	28.4	26	37
18.2	7	47.8	17	34.2	24	68.3	23	28.7	23	38
19.1	5	52.7	11	28.0	36	67.6	26	28.4	25	39
12.7	39	21.4	44	48.1	4	44.3	43	52.8	5	40
14.3	28	40.1	31	41.9	10	69.2	21	27.4	28	41
15.4	19	35.7	34	43.4	8	64.4	32	31.8	16	42
13.8	32	35.8	33	44.2	6	63.1	33	32.7	15	43
16.8	11	35.8	32	39.6	15	63.1	34	34.0	14	44
15.4	18	44.5	24	37.1	20	68.4	22	28.5	24	45
19.0	6	41.4	29	32.4	28	67.9	24	29.6	20	46
10.4	46	28.8	37	41.4	11	38.8	46	59.0	2	47

居住 H （指標）

都道府県 Prefecture		No. 227 住宅の敷地面積（１住宅当たり）Site area per dwelling #H02104		No. 228 持ち家住宅の延べ面積（１住宅当たり）Floor area of owned houses (per dwelling) #H0210301		No. 229 借家住宅の延べ面積（１住宅当たり）Floor area of rented houses (per dwelling) #H0210302		No. 230 持ち家住宅の居住室の畳数（１住宅当たり）Number of tatami units of dwelling rooms of owned houses (per dwelling) #H0210201	
単位 Unit		㎡		㎡		㎡		畳：number of tatami units	
年度 Fiscal year		2018		2018		2018		2018	
		指標値 Indicator	順位 Rank	指標値 Indicator	順位 Rank	指標値 Indicator	順位 Rank	指標値 Indicator	順位 Rank
00 全国	All Japan	252		119.9		46.8		41.49	
01 北海道	Hokkaido	268	28	120.2	34	51.9	11	42.65	28
02 青森県	Aomori-ken	335	10	148.4	9	54.6	2	49.05	8
03 岩手県	Iwate-ken	361	3	147.4	11	52.6	4	49.00	9
04 宮城県	Miyagi-ken	326	12	130.7	21	47.0	41	44.43	21
05 秋田県	Akita-ken	356	4	154.3	6	52.1	8	51.26	2
06 山形県	Yamagata-ken	368	2	160.9	3	51.9	10	50.61	3
07 福島県	Fukushima-ken	351	6	140.0	13	50.3	26	46.78	12
08 茨城県	Ibaraki-ken	395	1	129.2	23	49.1	32	43.67	25
09 栃木県	Tochigi-ken	352	5	129.9	22	49.7	29	43.27	26
10 群馬県	Gumma-ken	338	9	129.0	24	48.3	35	42.69	27
11 埼玉県	Saitama-ken	208	41	106.5	43	46.1	43	38.30	41
12 千葉県	Chiba-ken	241	34	110.6	41	46.5	42	39.50	37
13 東京都	Tokyo-to	139	46	93.3	47	40.8	47	34.76	47
14 神奈川県	Kanagawa-ken	170	44	99.6	46	44.2	44	37.38	43
15 新潟県	Niigata-ken	316	15	154.8	5	50.3	25	49.72	6
16 富山県	Toyama-ken	349	7	171.8	1	50.6	21	53.83	1
17 石川県	Ishikawa-ken	271	27	158.2	4	49.8	28	50.55	4
18 福井県	Fukui-ken	303	19	164.7	2	52.2	6	50.43	5
19 山梨県	Yamanashi-ken	333	11	136.0	16	48.9	33	45.36	17
20 長野県	Nagano-ken	342	8	148.3	10	50.4	24	48.51	10
21 岐阜県	Gifu-ken	285	22	143.8	12	51.2	16	49.13	7
22 静岡県	Shizuoka-ken	258	33	127.8	26	48.3	36	43.80	24
23 愛知県	Aichi-ken	239	35	125.3	29	47.2	40	44.09	22
24 三重県	Mie-ken	280	25	131.9	20	50.1	27	45.13	18
25 滋賀県	Shiga-ken	259	32	139.5	15	49.1	31	47.46	11
26 京都府	Kyoto-fu	161	45	111.1	40	44.2	45	38.66	40
27 大阪府	Osaka-fu	131	47	101.8	45	44.0	46	36.84	44
28 兵庫県	Hyogo-ken	198	43	115.9	38	48.9	34	41.60	31
29 奈良県	Nara-ken	224	38	128.7	25	56.0	1	44.49	20
30 和歌山県	Wakayama-ken	216	39	124.4	30	50.9	17	40.77	34
31 鳥取県	Tottori-ken	299	20	151.4	8	50.7	20	46.74	13
32 島根県	Shimane-ken	306	17	152.1	7	51.3	15	45.39	16
33 岡山県	Okayama-ken	262	30	133.7	18	47.9	37	44.02	23
34 広島県	Hiroshima-ken	210	40	120.1	35	47.8	39	42.04	29
35 山口県	Yamaguchi-ken	282	23	125.8	28	50.6	22	41.51	32
36 徳島県	Tokushima-ken	281	24	134.6	17	52.1	7	44.63	19
37 香川県	Kagawa-ken	278	26	132.8	19	50.7	19	45.70	15
38 愛媛県	Ehime-ken	229	37	122.5	32	52.4	5	40.35	35
39 高知県	Kochi-ken	204	42	116.8	36	51.5	13	38.98	38
40 福岡県	Fukuoka-ken	262	29	115.6	39	47.9	38	40.14	36
41 佐賀県	Saga-ken	318	14	139.8	14	53.9	3	45.75	14
42 長崎県	Nagasaki-ken	237	36	121.5	33	51.8	12	38.88	39
43 熊本県	Kumamoto-ken	313	16	126.0	27	52.0	9	41.05	33
44 大分県	Oita-ken	287	21	123.4	31	50.5	23	41.95	30
45 宮崎県	Miyazaki-ken	322	13	115.9	37	51.5	14	37.98	42
46 鹿児島県	Kagoshima-ken	305	18	108.5	42	50.8	18	35.46	46
47 沖縄県	Okinawa-ken	260	31	105.3	44	49.3	30	36.40	45

No. 231 借家住宅の居住室の畳数（1住宅当たり） Number of tatami units of dwelling rooms of rented houses (per dwelling) #H0210202 畳：number of tatami units 2018		No. 232 着工新設持ち家住宅の床面積（1住宅当たり） Floor area of newly constructed dwellings (per dwelling) #H0210701 ㎡ 2022		No. 233 着工新設貸家住宅の床面積（1住宅当たり） Floor area of newly constructed rented dwellings (per dwelling) #H0210703 ㎡ 2022		No. 234 居住室数（1住宅当たり）（持ち家） Number of dwelling rooms of owned houses (per dwelling) #H0210101 室：number of rooms 2018		No. 235 居住室数（1住宅当たり）（借家） Number of dwelling rooms of rented houses (per dwelling) #H0210102 室：number of rooms 2018		都道府県コード
指標値 Indicator	順位 Rank	指標値 Indicator	順位 Rank	指標値 Indicator	順位 Rank	指標値 Indicator	順位 Rank	指標値 Indicator	順位 Rank	Pref. code
18.14		115.8		47.1		5.50		2.58		00
20.73	1	119.7	5	53.8	7	5.32	38	2.83	17	01
20.38	3	119.1	7	55.5	4	6.25	13	2.85	13	02
19.87	8	113.9	35	42.8	46	6.41	11	2.84	15	03
17.77	43	117.4	9	44.1	42	5.80	25	2.51	43	04
19.67	11	115.4	24	47.8	28	6.44	10	2.75	21	05
18.66	32	120.6	4	45.5	39	6.63	4	2.71	28	06
19.00	24	117.2	12	50.0	17	6.17	16	2.78	20	07
18.67	31	114.7	30	49.2	23	5.74	28	2.66	34	08
18.81	28	115.0	29	53.6	8	5.76	26	2.67	32	09
18.47	38	114.6	31	51.1	13	5.66	31	2.67	32	10
18.06	41	115.5	23	47.7	29	5.08	43	2.56	39	11
17.97	42	114.0	34	44.3	41	5.14	41	2.53	42	12
15.84	47	115.8	22	44.4	40	4.44	47	2.18	47	13
17.45	44	114.5	32	45.5	38	4.78	46	2.44	45	14
18.47	38	117.4	11	46.4	35	6.50	8	2.61	37	15
18.43	40	122.9	2	45.9	36	7.01	1	2.51	43	16
18.56	36	121.0	3	50.5	16	6.54	7	2.54	41	17
19.18	20	123.6	1	44.1	43	6.76	2	2.72	25	18
18.61	34	116.2	17	54.4	6	5.91	21	2.71	28	19
19.23	19	117.2	13	49.8	18	6.28	12	2.72	25	20
19.78	9	116.1	19	51.4	12	6.59	5	2.82	18	21
19.02	23	115.9	21	52.2	10	5.74	28	2.68	31	22
18.60	35	119.2	6	49.2	22	5.75	27	2.60	38	23
19.12	21	115.2	25	43.9	45	6.18	14	2.72	25	24
18.93	26	116.1	20	47.3	30	6.47	9	2.66	34	25
16.67	46	114.1	33	46.9	33	5.44	37	2.44	45	26
17.26	45	117.4	10	43.9	44	5.01	44	2.55	40	27
19.24	18	116.5	16	49.1	24	5.51	36	2.75	21	28
20.63	2	117.6	8	57.0	3	6.07	19	3.04	1	29
19.35	17	115.1	26	57.1	2	5.81	24	2.98	3	30
18.63	33	112.9	38	49.4	19	6.65	3	2.75	21	31
19.00	24	113.3	37	46.8	34	6.58	6	2.82	18	32
18.48	37	115.0	28	48.5	27	6.15	18	2.69	30	33
18.87	27	116.9	14	47.0	32	5.66	31	2.73	24	34
19.08	22	109.1	45	47.1	31	5.84	22	2.84	15	35
19.94	7	115.1	27	54.6	5	6.06	20	2.92	7	36
20.12	5	113.5	36	50.8	15	6.18	14	2.87	10	37
20.02	6	110.8	42	49.3	21	5.72	30	2.96	6	38
19.64	12	107.8	46	52.7	9	5.64	33	2.97	5	39
18.71	30	116.9	15	48.9	25	5.30	39	2.64	36	40
20.13	4	116.2	18	48.5	26	6.16	17	2.98	3	41
19.53	13	111.7	41	45.6	37	5.59	34	3.00	2	42
19.47	15	110.1	44	49.4	20	5.59	34	2.88	9	43
19.49	14	111.9	39	51.0	14	5.82	23	2.87	10	44
19.42	16	111.8	40	51.6	11	5.28	40	2.89	8	45
18.79	29	106.3	47	42.5	47	5.09	42	2.85	13	46
19.74	10	110.7	43	61.6	1	4.89	45	2.86	12	47

居 住 H （指標）

			No. 236 持ち家住宅の畳数（1人当たり） Number of tatami units of owned houses (per capita) #H0220301		No. 237 借家住宅の畳数（1人当たり） Number of tatami units of rented houses (per capita) #H0220302		No. 238 最低居住面積水準以上世帯割合 Percentage of households exceeding minimum housing area standard #H02602		No. 239 家計を主に支える者が雇用者である普通世帯比率（通勤時間90分以上）1) Ratio of ordinary households of which main earner is an employee commuting for 90 minutes and over a) #H03101	
	単位	Unit	畳：number of tatami units		畳：number of tatami units		%		－	
	年度	Fiscal year	2018		2018		2018		2018	
	都道府県	Prefecture	指標値 Indicator	順位 Rank	指標値 Indicator	順位 Rank	指標値 Indicator	順位 Rank	指標値 Indicator	順位 Rank
00	全国	All Japan	15.62		10.30		90.1		15.9	
01	北海道	Hokkaido	17.68	6	12.07	1	93.1	24	4.1	39
02	青森県	Aomori-ken	18.19	4	11.14	3	94.8	5	6.0	28
03	岩手県	Iwate-ken	17.58	7	10.83	12	94.4	7	9.5	20
04	宮城県	Miyagi-ken	15.75	30	10.11	38	90.1	41	8.7	23
05	秋田県	Akita-ken	19.06	1	11.08	4	96.5	1	5.5	31
06	山形県	Yamagata-ken	16.89	13	10.26	32	94.8	4	6.1	27
07	福島県	Fukushima-ken	16.47	22	10.38	26	92.6	30	8.9	22
08	茨城県	Ibaraki-ken	15.64	32	10.28	31	93.1	25	25.8	4
09	栃木県	Tochigi-ken	15.34	38	10.48	19	93.2	23	16.6	8
10	群馬県	Gumma-ken	15.79	29	10.40	25	94.2	9	13.3	15
11	埼玉県	Saitama-ken	14.20	44	10.08	39	90.9	37	38.0	1
12	千葉県	Chiba-ken	14.95	42	10.23	33	91.3	35	36.5	3
13	東京都	Tokyo-to	14.03	46	9.75	43	82.2	47	16.2	9
14	神奈川県	Kanagawa-ken	14.30	43	9.97	41	88.4	44	36.9	2
15	新潟県	Niigata-ken	17.24	9	10.52	18	94.8	3	4.1	38
16	富山県	Toyama-ken	18.56	2	10.91	10	95.5	2	3.6	44
17	石川県	Ishikawa-ken	18.25	3	10.94	8	93.6	16	4.6	34
18	福井県	Fukui-ken	16.62	16	10.79	13	94.2	8	3.9	40
19	山梨県	Yamanashi-ken	16.85	14	10.15	36	93.3	22	10.6	17
20	長野県	Nagano-ken	17.48	8	10.45	21	93.8	13	7.2	25
21	岐阜県	Gifu-ken	17.04	11	10.61	17	93.9	12	13.4	13
22	静岡県	Shizuoka-ken	15.48	35	10.34	28	92.5	31	11.2	16
23	愛知県	Aichi-ken	15.53	34	10.48	19	90.5	40	10.0	19
24	三重県	Mie-ken	16.69	15	10.98	6	93.3	20	14.3	12
25	滋賀県	Shiga-ken	16.46	23	10.75	15	93.4	18	19.7	7
26	京都府	Kyoto-fu	15.13	41	10.31	29	88.4	43	14.4	11
27	大阪府	Osaka-fu	14.18	45	10.20	34	86.7	45	13.4	14
28	兵庫県	Hyogo-ken	15.82	28	10.97	7	92.2	32	20.0	6
29	奈良県	Nara-ken	16.58	17	10.92	9	94.6	6	25.6	5
30	和歌山県	Wakayama-ken	15.89	27	10.72	16	93.6	17	15.8	10
31	鳥取県	Tottori-ken	16.48	21	10.31	29	93.0	27	2.8	47
32	島根県	Shimane-ken	16.51	20	10.13	37	94.1	10	3.0	45
33	岡山県	Okayama-ken	16.25	26	10.19	35	90.9	38	5.9	29
34	広島県	Hiroshima-ken	16.35	25	10.43	22	91.2	36	7.3	24
35	山口県	Yamaguchi-ken	17.03	12	10.43	22	92.8	29	5.4	32
36	徳島県	Tokushima-ken	17.14	10	11.05	5	93.0	28	4.2	37
37	香川県	Kagawa-ken	17.82	5	10.76	14	94.0	11	3.8	43
38	愛媛県	Ehime-ken	16.36	24	10.91	10	93.3	21	3.8	42
39	高知県	Kochi-ken	16.52	19	11.16	2	91.3	34	3.8	41
40	福岡県	Fukuoka-ken	15.46	36	10.35	27	89.9	42	8.9	21
41	佐賀県	Saga-ken	15.72	31	9.75	43	93.7	15	10.3	18
42	長崎県	Nagasaki-ken	15.23	40	10.00	40	92.0	33	6.6	26
43	熊本県	Kumamoto-ken	15.27	39	9.60	45	90.8	39	5.6	30
44	大分県	Oita-ken	16.53	18	10.42	24	93.3	19	4.6	35
45	宮崎県	Miyazaki-ken	15.62	33	9.88	42	93.8	14	4.5	36
46	鹿児島県	Kagoshima-ken	15.35	37	9.57	46	93.1	26	4.6	33
47	沖縄県	Okinawa-ken	13.42	47	8.78	47	82.6	46	2.9	46

1)（普通世帯千世帯当たり）
a)(per 1,000 households)

No. 240 民営賃貸住宅の家賃（1か月3.3㎡当たり） Monthly rent, owned by private corporations (per 3.3㎡) #H04102 円：yen 2022		*No. 241 着工居住用建築物工事費予定額（床面積1㎡当たり） Planned cost of new dwelling constructions (per 1㎡) #H04301 千円：thousand yen 2022		No. 242 発電電力量 Amount of electric energy output #H05106 Mwh 2021		No. 243 電力需要量 Amount of electric energy demand #H05107 Mwh 2021		No. 244 ガソリン販売量 Amount of sales of gasoline #H05105 kl 2021		都道府県コード
指標値 Indicator	順位 Rank	指標値 Indicator	順位 Rank	指標値 Indicator	順位 Rank	指標値 Indicator	順位 Rank	指標値 Indicator	順位 Rank	Pref. code
...		215.0		863,756,573		837,102,446		44,681,065		00
3,771	26	202.0	22	32,645,537	9	28,490,788	9	2,036,838	6	01
3,163	47	188.2	43	5,166,210	37	8,653,835	30	524,886	29	02
3,950	21	195.7	29	3,486,664	42	9,163,024	29	528,010	27	03
4,531	12	202.7	19	13,053,736	21	14,397,462	22	1,102,683	13	04
3,706	30	187.2	44	16,418,463	18	7,227,958	38	414,175	36	05
3,622	35	184.3	45	6,822,881	34	8,248,688	33	401,511	38	06
3,658	33	190.7	38	55,826,558	4	15,340,515	19	813,886	20	07
3,982	18	194.0	34	42,174,282	6	24,163,504	11	1,336,565	11	08
3,827	25	192.1	37	9,430,466	26	16,111,738	16	890,281	16	09
3,348	46	192.6	36	5,401,567	36	15,812,997	17	815,953	19	10
5,353	5	202.5	20	606,929	46	38,082,556	5	2,214,648	4	11
4,832	7	205.1	12	84,834,697	1	35,209,615	7	1,983,227	8	12
8,806	1	284.1	1	6,587,908	35	76,333,752	1	4,204,294	1	13
6,258	2	224.1	4	82,405,881	2	46,991,431	4	2,074,448	5	14
3,932	24	196.3	27	37,319,875	8	16,661,552	14	1,029,394	14	15
3,680	31	171.8	47	15,704,607	19	10,912,404	26	402,432	37	16
3,963	20	204.6	15	10,532,283	25	9,453,753	28	515,583	30	17
3,361	45	198.1	26	44,592,888	5	7,720,518	36	324,310	42	18
3,771	26	204.9	13	3,061,611	43	5,983,347	44	351,461	40	19
3,679	32	208.5	8	7,702,141	30	15,228,334	21	890,140	17	20
3,736	29	193.2	35	9,056,670	28	15,314,068	20	765,216	21	21
4,803	8	203.8	17	7,469,776	32	28,438,505	10	1,511,268	10	22
4,680	11	209.2	7	67,037,065	3	58,034,021	2	2,663,577	2	23
3,565	37	204.8	14	18,485,716	15	20,000,823	12	1,142,579	12	24
4,728	10	194.9	31	166,755	47	13,014,135	23	527,581	28	25
5,988	3	228.0	3	12,530,173	22	15,497,198	18	647,587	24	26
5,746	4	217.1	5	18,903,545	13	54,224,481	3	2,294,049	3	27
4,882	6	205.1	11	38,446,887	7	37,943,120	6	1,570,049	9	28
3,944	22	189.4	42	1,153,304	45	6,716,785	40	417,863	35	29
3,437	42	189.8	39	3,551,254	41	6,268,415	42	280,342	43	30
3,573	36	189.7	40	1,877,425	44	3,589,385	47	265,160	45	31
4,354	15	194.4	32	7,348,065	33	5,180,643	45	241,796	47	32
3,936	23	207.9	9	8,212,043	29	16,144,601	15	867,980	18	33
4,451	13	209.4	6	12,403,394	23	19,345,130	13	1,012,208	15	34
3,552	40	201.6	23	23,390,980	10	11,623,464	24	621,865	25	35
3,420	43	200.2	24	18,757,398	14	6,060,535	43	279,036	44	36
3,558	38	205.4	10	3,953,047	40	7,315,310	37	515,272	31	37
3,544	41	194.2	33	13,430,498	20	8,508,772	32	428,054	34	38
3,976	19	204.0	16	4,198,045	39	4,078,904	46	265,119	46	39
4,233	16	198.1	25	11,591,488	24	30,526,094	8	1,983,300	7	40
3,646	34	177.1	46	18,992,043	12	6,660,145	41	327,863	41	41
4,754	9	203.4	18	22,425,533	11	7,762,208	35	452,605	33	42
3,741	28	196.3	28	9,397,315	27	11,406,808	25	543,595	26	43
3,362	44	202.4	21	18,026,760	16	8,536,734	31	468,002	32	44
3,557	39	189.5	41	4,725,491	38	6,969,530	39	390,294	39	45
4,121	17	195.3	30	16,874,860	17	9,981,946	27	672,616	22	46
4,418	14	233.1	2	7,575,830	31	7,776,827	34	671,464	23	47

注）項目欄に「*」の付されている項目は、都道府県庁所在市のデータである。
Note：Items with * refer to the cities with prefectural governments.

			No. 245 上水道給水人口比率 Percentage of population covered by water supply system #H0520101		No. 246 下水道普及率 Diffusion rate of sewerage #H0530401		No. 247 し尿処理人口比率 Percentage of population covered by waste processing service #H0540102		No. 248 ごみのリサイクル率 Recycling rate of garbage #H055031	
単位	Unit		%		%		%		%	
年度	Fiscal year		2021		2020		2021		2021	
都道府県	Prefecture		指標値 Indicator	順位 Rank	指標値 Indicator	順位 Rank	指標値 Indicator	順位 Rank	指標値 Indicator	順位 Rank
00	全国	All Japan	97.6		80.1		4.1		19.9	
01	北海道	Hokkaido	97.8	18	91.1	7	5.4	26	23.5	7
02	青森県	Aomori-ken	95.1	34	61.3	35	12.4	8	14.2	41
03	岩手県	Iwate-ken	93.5	38	62.9	33	20.9	1	17.1	25
04	宮城県	Miyagi-ken	98.8	10	82.7	12	8.5	12	15.7	35
05	秋田県	Akita-ken	89.8	45	66.6	29	17.5	3	14.6	39
06	山形県	Yamagata-ken	98.4	13	77.6	17	5.7	23	13.7	43
07	福島県	Fukushima-ken	91.4	44	53.9	41	7.6	15	13.3	44
08	茨城県	Ibaraki-ken	93.6	37	63.6	31	6.6	21	20.7	13
09	栃木県	Tochigi-ken	95.8	29	68.6	26	5.1	27	15.7	35
10	群馬県	Gumma-ken	99.2	8	55.1	39	4.2	30	14.5	40
11	埼玉県	Saitama-ken	99.1	9	82.3	13	1.0	45	24.2	5
12	千葉県	Chiba-ken	95.1	32	76.3	20	1.8	40	22.7	8
13	東京都	Tokyo-to	101.4	2	99.6	1	0.1	47	24.4	4
14	神奈川県	Kanagawa-ken	100.0	3	96.9	2	0.2	46	24.7	3
15	新潟県	Niigata-ken	98.2	16	76.5	19	3.9	35	20.5	14
16	富山県	Toyama-ken	92.0	43	86.1	8	2.8	37	22.3	10
17	石川県	Ishikawa-ken	98.4	14	84.6	9	2.2	39	15.0	38
18	福井県	Fukui-ken	95.6	30	81.3	15	3.9	34	13.3	44
19	山梨県	Yamanashi-ken	98.1	17	67.5	27	4.1	31	16.6	27
20	長野県	Nagano-ken	97.3	21	84.0	10	5.6	25	22.6	9
21	岐阜県	Gifu-ken	92.6	41	76.6	18	4.0	32	16.3	29
22	静岡県	Shizuoka-ken	97.1	22	64.3	30	1.6	41	18.7	22
23	愛知県	Aichi-ken	99.4	6	79.7	16	1.2	43	22.3	10
24	三重県	Mie-ken	99.3	7	57.9	37	5.0	28	20.0	19
25	滋賀県	Shiga-ken	99.6	5	91.5	6	2.7	38	17.1	25
26	京都府	Kyoto-fu	101.5	1	94.8	4	2.9	36	13.9	42
27	大阪府	Osaka-fu	99.7	4	96.3	3	1.2	44	13.3	44
28	兵庫県	Hyogo-ken	98.4	15	93.4	5	1.5	42	15.4	37
29	奈良県	Nara-ken	97.7	19	81.7	14	4.0	33	15.8	33
30	和歌山県	Wakayama-ken	96.8	24	28.4	46	15.7	5	13.2	47
31	鳥取県	Tottori-ken	97.4	20	72.7	23	5.7	24	28.5	2
32	島根県	Shimane-ken	95.9	28	50.3	42	15.3	6	20.3	16
33	岡山県	Okayama-ken	98.5	12	68.9	25	9.6	9	24.1	6
34	広島県	Hiroshima-ken	94.7	35	76.2	21	7.4	16	20.4	15
35	山口県	Yamaguchi-ken	92.3	42	66.9	28	7.0	17	32.5	1
36	徳島県	Tokushima-ken	94.4	36	22.1	47	6.6	22	16.6	27
37	香川県	Kagawa-ken	96.3	26	46.2	43	6.8	19	19.4	21
38	愛媛県	Ehime-ken	93.0	40	55.9	38	8.0	13	16.1	31
39	高知県	Kochi-ken	93.1	39	41.6	45	13.6	7	20.3	16
40	福岡県	Fukuoka-ken	95.1	33	83.0	11	7.0	18	20.8	12
41	佐賀県	Saga-ken	95.2	31	62.6	34	16.3	4	19.8	20
42	長崎県	Nagasaki-ken	96.4	25	63.1	32	19.1	2	16.3	29
43	熊本県	Kumamoto-ken	87.7	47	70.1	24	7.8	14	20.2	18
44	大分県	Oita-ken	89.8	46	54.8	40	8.6	10	18.7	22
45	宮崎県	Miyazaki-ken	95.9	27	60.5	36	6.7	20	17.2	24
46	鹿児島県	Kagoshima-ken	97.1	23	42.8	44	8.5	11	16.0	32
47	沖縄県	Okinawa-ken	98.6	11	74.4	22	4.4	29	15.8	33

No. 249 ごみ埋立率 Percentage of garbage reclamation #H055041 % 2021		No. 250 最終処分場残余容量 Last disposal place residual capacity #H05505 千m³:1000 m³ 2021		No. 251 小売店数（人口千人当たり）Number of retail stores (per 1,000 persons) #H06127 店:number of stores 2021		No. 252 大型小売店数（人口10万人当たり）Number of large-scale retail stores (per 100,000 persons) #H06131 店:number of stores 2021		No. 253 百貨店、総合スーパー数（人口10万人当たり）Number of department stores and general merchandise stores (per 100,000 persons) #H06132 店:number of stores 2021		都道府県コード
指標値 Indicator	順位 Rank	指標値 Indicator	順位 Rank	指標値 Indicator	順位 Rank	指標値 Indicator	順位 Rank	指標値 Indicator	順位 Rank	Pref. code
8.4		99,403		6.95		14.67		0.87		00
15.9	1	6,861	3	7.04	37	15.86	11	0.60	39	01
11.1	13	1,693	13	8.73	13	13.84	33	0.98	17	02
9.3	19	625	33	8.72	14	16.30	7	0.84	27	03
11.4	8	4,894	5	7.28	35	16.38	6	0.66	35	04
9.2	21	1,161	21	9.31	5	16.51	5	1.16	9	05
9.5	18	632	32	9.44	4	14.03	29	0.28	47	06
11.6	7	985	23	8.39	24	14.18	28	0.44	44	07
6.6	35	317	42	7.00	38	15.67	14	0.91	23	08
8.9	25	590	36	7.58	32	14.89	23	0.73	32	09
9.8	17	1,010	22	7.59	31	15.15	18	0.57	40	10
3.8	46	1,697	12	5.10	45	13.73	34	0.86	26	11
6.0	37	1,240	18	5.09	46	14.02	30	1.10	11	12
5.4	39	22,154	1	6.20	43	15.89	10	0.84	28	13
8.1	29	5,579	4	4.90	47	13.49	36	0.75	30	14
9.1	22	944	26	8.60	18	15.30	16	1.19	8	15
9.1	23	458	39	8.86	11	13.17	37	0.98	18	16
11.4	9	3,828	7	8.65	17	13.87	32	1.07	12	17
10.7	14	277	43	9.20	7	14.61	24	1.45	3	18
6.8	33	260	44	8.67	16	17.52	1	0.75	31	19
4.9	41	946	25	8.39	23	16.92	3	1.13	10	20
7.4	31	1,576	14	8.20	26	12.34	41	0.56	41	21
4.3	43	938	27	7.80	27	15.74	12	0.64	36	22
6.6	34	2,911	9	6.14	44	14.55	25	0.78	29	23
3.4	47	596	35	7.60	30	14.24	27	0.97	19	24
10.0	16	502	37	6.63	39	16.23	9	1.20	7	25
13.5	2	3,809	8	7.54	33	15.74	13	1.25	6	26
11.6	6	1,724	11	6.22	42	15.39	15	0.97	20	27
11.2	12	11,187	2	6.56	41	15.00	20	1.03	15	28
11.3	11	619	34	6.58	40	13.99	31	0.99	16	29
12.6	3	499	38	9.67	2	14.99	21	1.31	4	30
6.2	36	183	46	8.54	19	12.57	40	1.46	2	31
9.0	24	669	30	9.55	3	12.33	42	0.45	43	32
4.3	42	951	24	7.63	29	15.19	17	0.69	33	33
10.6	15	1,328	16	7.46	34	16.29	8	0.90	24	34
5.1	40	1,170	20	8.45	21	14.46	26	0.68	34	35
11.4	10	67	47	9.14	8	11.10	43	0.42	46	36
8.8	26	410	41	8.45	22	17.30	2	0.64	37	37
8.5	28	1,182	19	8.47	20	14.91	22	1.06	13	38
4.2	44	449	40	10.00	1	15.06	19	0.44	45	39
9.3	20	4,335	6	7.22	36	13.66	35	0.96	21	40
4.0	45	206	45	8.87	10	10.92	44	0.62	38	41
7.7	30	1,519	15	9.21	6	13.03	38	0.93	22	42
8.7	27	1,298	17	8.29	25	9.95	47	0.52	42	43
6.8	32	865	28	8.69	15	10.32	45	0.90	25	44
12.5	4	864	29	8.81	12	12.82	39	1.04	14	45
11.7	5	2,757	10	9.10	9	10.09	46	1.27	5	46
5.8	38	638	31	7.76	28	16.62	4	1.70	1	47

居住 H （指標）

			No. 254 飲食店数 (人口千人当たり) Number of eating and drinking places (per 1,000 persons) #H06130		No. 255 理容・美容所数 (人口10万人当たり) Number of barbers and beauty shops (per 100,000 persons) #H06117		No. 256 クリーニング所数 (人口10万人当たり) Number of laundries (per 100,000 persons) #H06119		No. 257 公衆浴場数 (人口10万人当たり) Number of public bathhouses (per 100,000 persons) #H06121	
単位		Unit	店:number of places		所:number of shops		所:number of laundries		所:number of public bathhouses	
年度		Fiscal year	2021		2021		2021		2021	
	都道府県	Prefecture	指標値 Indicator	順位 Rank	指標値 Indicator	順位 Rank	指標値 Indicator	順位 Rank	指標値 Indicator	順位 Rank
00	全国	All Japan	3.95		301.7		62.1		2.5	
01	北海道	Hokkaido	4.28	18	341.5	32	57.3	36	4.5	8
02	青森県	Aomori-ken	4.56	10	410.6	9	58.6	33	23.0	1
03	岩手県	Iwate-ken	3.99	29	446.8	4	110.1	2	1.3	25
04	宮城県	Miyagi-ken	3.66	38	303.2	37	50.3	44	0.3	43
05	秋田県	Akita-ken	4.14	24	553.1	1	57.8	35	1.5	22
06	山形県	Yamagata-ken	4.55	11	517.0	2	59.6	29	0.0	47
07	福島県	Fukushima-ken	3.70	36	382.2	17	55.7	41	0.6	38
08	茨城県	Ibaraki-ken	3.23	42	348.2	26	59.4	31	0.1	46
09	栃木県	Tochigi-ken	3.80	34	344.3	30	53.5	43	0.4	40
10	群馬県	Gumma-ken	3.70	35	386.2	16	102.0	3	0.9	34
11	埼玉県	Saitama-ken	2.70	47	226.8	46	48.9	45	0.5	39
12	千葉県	Chiba-ken	2.73	46	232.0	45	43.9	46	0.7	37
13	東京都	Tokyo-to	4.75	6	237.9	44	64.2	23	3.4	9
14	神奈川県	Kanagawa-ken	3.03	43	183.4	47	42.8	47	1.4	24
15	新潟県	Niigata-ken	3.93	30	398.3	14	57.3	37	1.2	28
16	富山県	Toyama-ken	3.86	32	353.2	24	71.4	14	7.6	4
17	石川県	Ishikawa-ken	4.63	7	364.9	21	68.1	19	5.9	6
18	福井県	Fukui-ken	4.76	5	369.9	19	114.6	1	2.2	16
19	山梨県	Yamanashi-ken	5.07	4	436.5	5	96.0	4	2.7	14
20	長野県	Nagano-ken	4.60	8	333.0	33	58.7	32	1.5	21
21	岐阜県	Gifu-ken	4.54	12	346.7	28	81.2	9	1.0	33
22	静岡県	Shizuoka-ken	4.19	22	342.1	31	68.5	18	0.3	41
23	愛知県	Aichi-ken	3.92	31	246.7	43	54.7	42	1.0	32
24	三重県	Mie-ken	3.62	39	348.0	27	59.6	30	1.5	20
25	滋賀県	Shiga-ken	2.98	44	291.2	38	67.8	20	1.1	30
26	京都府	Kyoto-fu	4.47	13	305.4	36	62.9	25	5.9	5
27	大阪府	Osaka-fu	4.47	14	285.7	40	69.3	17	4.9	7
28	兵庫県	Hyogo-ken	4.04	28	260.9	42	55.9	40	2.8	13
29	奈良県	Nara-ken	2.85	45	275.7	41	81.4	6	1.4	23
30	和歌山県	Wakayama-ken	4.59	9	413.3	8	57.1	38	3.0	11
31	鳥取県	Tottori-ken	4.15	23	410.2	10	65.4	22	2.7	15
32	島根県	Shimane-ken	3.81	33	407.5	11	57.9	34	0.3	42
33	岡山県	Okayama-ken	3.32	41	332.9	34	56.4	39	0.7	36
34	広島県	Hiroshima-ken	4.11	25	312.1	35	61.5	28	1.7	19
35	山口県	Yamaguchi-ken	3.61	40	350.9	25	81.3	8	1.3	27
36	徳島県	Tokushima-ken	4.34	15	472.6	3	82.3	5	3.4	10
37	香川県	Kagawa-ken	4.28	17	372.2	18	78.6	12	1.9	18
38	愛媛県	Ehime-ken	4.07	27	424.4	7	69.9	16	2.2	17
39	高知県	Kochi-ken	5.53	2	426.3	6	61.7	26	1.3	26
40	福岡県	Fukuoka-ken	4.09	26	287.5	39	73.1	13	0.7	35
41	佐賀県	Saga-ken	4.26	19	345.0	29	65.6	21	0.1	45
42	長崎県	Nagasaki-ken	4.24	21	366.7	20	81.4	7	1.2	29
43	熊本県	Kumamoto-ken	3.67	37	354.5	23	80.6	10	2.8	12
44	大分県	Oita-ken	4.25	20	402.8	13	70.5	15	11.8	3
45	宮崎県	Miyazaki-ken	5.20	3	403.8	12	63.1	24	1.0	31
46	鹿児島県	Kagoshima-ken	4.29	16	392.8	15	61.5	27	16.6	2
47	沖縄県	Okinawa-ken	5.79	1	362.1	22	79.4	11	0.2	44

No. 258 郵便局数 （可住地面積100km²当たり） Number of post offices (per inhabitable area 100km²) #H06302 局：number of post offices 2022 指標値 Indicator	順位 Rank	No. 259 住宅用電話加入数 （人口千人当たり） Number of telephones for residence (per 1,000 persons) #H06306 加入：subscribers 2022 指標値 Indicator	順位 Rank	No. 260 携帯電話契約数 （人口千人当たり） Number of portable telephone contracts (per 1,000 persons) #H06310 契約：contracts 2021 指標値 Indicator	順位 Rank	No. 261 道路実延長 （総面積1km²当たり） Total real length of roads (per 1km²) #H06401 km 2021 指標値 Indicator	順位 Rank	No. 262 主要道路実延長 （総面積1km²当たり） Total real length of main roads (per 1km²) #H06402 km 2021 指標値 Indicator	順位 Rank	都道府県コード Pref. code
19.72		74.9		1,620.2		3.27		0.50		00
6.59	47	104.4	11	1,159.9	8	1.15	47	0.24	47	01
11.07	46	130.7	1	988.5	46	2.08	43	0.41	43	02
11.49	45	124.6	4	992.0	45	2.18	42	0.32	46	03
14.19	39	81.2	27	1,118.7	13	3.49	22	0.49	36	04
12.40	43	126.2	3	967.1	47	2.04	44	0.32	45	05
13.82	40	93.0	16	997.8	43	1.79	46	0.39	44	06
12.79	42	105.7	9	1,031.6	34	2.84	35	0.45	38	07
13.24	41	84.5	24	1,031.6	33	9.10	6	0.75	10	08
11.81	44	83.3	26	1,041.7	30	3.97	17	0.58	26	09
14.94	37	88.3	21	1,068.7	23	5.47	9	0.55	32	10
24.89	16	65.4	39	1,098.2	16	12.45	1	0.90	7	11
20.46	29	65.9	38	1,100.0	15	7.94	7	0.76	9	12
105.57	1	61.8	40	4,759.9	1	11.11	2	1.23	2	13
51.90	3	61.4	41	1,222.2	7	10.64	3	0.91	6	14
14.79	38	91.8	17	1,004.6	42	2.96	31	0.53	33	15
15.58	35	70.4	35	1,147.2	10	3.28	26	0.63	20	16
23.23	20	77.7	29	1,130.3	11	3.14	28	0.60	25	17
22.09	23	59.6	42	1,049.6	28	2.60	38	0.57	31	18
27.91	12	95.4	13	1,059.7	26	2.50	41	0.46	37	19
19.76	32	88.3	20	2,152.7	3	3.52	20	0.41	42	20
20.18	30	72.0	31	1,091.0	17	2.89	34	0.44	40	21
20.87	27	70.8	34	1,130.0	12	4.73	11	0.58	28	22
30.51	7	54.0	45	1,419.7	5	9.74	5	1.07	3	23
21.85	25	71.3	33	1,059.2	27	4.38	14	0.66	15	24
20.08	31	50.9	47	1,018.4	37	3.11	29	0.63	21	25
40.35	4	71.8	32	1,157.0	9	3.40	25	0.69	14	26
83.43	2	59.4	43	1,432.8	4	10.34	4	1.30	1	27
34.70	6	53.5	46	1,069.9	22	4.35	16	0.70	11	28
37.59	5	68.9	36	1,067.3	24	3.46	23	0.58	27	29
28.22	11	93.4	15	1,021.8	35	2.92	32	0.63	22	30
26.76	14	84.3	25	993.8	44	2.55	40	0.64	18	31
29.27	9	119.7	5	1,015.2	39	2.71	36	0.52	35	32
23.56	19	86.2	23	1,065.8	25	4.52	12	0.64	16	33
30.29	8	90.5	19	1,333.3	6	3.41	24	0.61	23	34
23.96	17	127.0	2	1,079.2	20	2.70	37	0.64	19	35
22.83	21	87.2	22	1,046.5	29	3.68	18	0.60	24	36
21.49	26	78.9	28	1,107.0	14	5.45	10	1.02	4	37
23.77	18	100.0	12	1,087.2	18	3.21	27	0.70	12	38
27.40	13	117.7	6	1,020.0	36	2.00	45	0.45	39	39
29.26	10	66.5	37	2,400.3	2	7.57	8	0.95	5	40
15.36	36	74.9	30	1,016.4	38	4.50	13	0.77	8	41
26.68	15	113.2	7	1,035.4	32	4.37	15	0.64	17	42
20.57	28	94.1	14	1,077.2	21	3.52	21	0.57	29	43
22.34	22	105.1	10	1,040.8	31	2.91	33	0.57	30	44
16.32	34	90.7	18	1,011.6	40	2.59	39	0.41	41	45
21.90	24	110.4	8	1,007.4	41	2.98	30	0.53	34	46
17.67	33	54.6	44	1,083.8	19	3.58	19	0.69	13	47

居住 H （指標）

			No. 263 主要道路舗装率 (対主要道路実延長) Percentage of main roads paved #H06406		No. 264 市町村道舗装率 (対市町村道実延長) Percentage of municipal roads paved #H06408		No. 265 市街化調整区域面積比率 (対都市計画区域指定面積) Percentage of urbanization control area #H07201		No. 266 住居専用地域面積比率 (対用途地域面積) Percentage of exclusive residential area #H0720201	
	単位	Unit	%		%		%		%	
	年度	Fiscal year	2021		2021		2021		2021	
	都道府県	Prefecture	指標値 Indicator	順位 Rank	指標値 Indicator	順位 Rank	指標値 Indicator	順位 Rank	指標値 Indicator	順位 Rank
00	全国	All Japan	97.7		79.9		36.6		38.0	
01	北海道	Hokkaido	96.2	40	60.2	46	48.4	10	40.5	13
02	青森県	Aomori-ken	94.5	45	66.1	43	31.1	26	35.5	21
03	岩手県	Iwate-ken	91.8	47	59.3	47	20.3	36	33.6	26
04	宮城県	Miyagi-ken	99.2	15	76.4	38	39.8	16	35.4	23
05	秋田県	Akita-ken	97.6	28	65.5	44	20.9	35	32.2	27
06	山形県	Yamagata-ken	93.5	46	81.0	32	43.6	14	28.9	35
07	福島県	Fukushima-ken	97.2	33	69.7	42	29.5	28	28.4	36
08	茨城県	Ibaraki-ken	99.1	17	65.3	45	58.7	5	40.8	12
09	栃木県	Tochigi-ken	97.2	32	86.4	19	37.2	19	24.1	46
10	群馬県	Gumma-ken	97.4	31	71.1	41	33.0	22	34.0	24
11	埼玉県	Saitama-ken	99.2	13	71.2	40	59.5	4	41.3	11
12	千葉県	Chiba-ken	99.9	6	83.9	29	36.3	20	46.2	7
13	東京都	Tokyo-to	98.4	22	88.7	17	21.0	34	57.7	1
14	神奈川県	Kanagawa-ken	96.8	37	91.7	8	39.2	17	49.6	3
15	新潟県	Niigata-ken	97.5	30	77.0	37	29.8	27	27.1	42
16	富山県	Toyama-ken	95.2	44	90.9	10	19.8	38	31.8	30
17	石川県	Ishikawa-ken	99.0	18	90.6	12	32.0	25	25.1	45
18	福井県	Fukui-ken	96.0	43	92.2	7	14.7	42	27.2	41
19	山梨県	Yamanashi-ken	96.8	36	84.6	27	8.0	46	35.4	22
20	長野県	Nagano-ken	98.2	26	72.0	39	14.8	41	40.3	15
21	岐阜県	Gifu-ken	97.2	34	84.8	25	16.5	39	27.9	37
22	静岡県	Shizuoka-ken	98.3	23	84.5	28	51.6	8	36.0	20
23	愛知県	Aichi-ken	99.4	11	90.7	11	68.0	3	27.6	38
24	三重県	Mie-ken	96.7	38	82.0	30	33.3	21	29.8	33
25	滋賀県	Shiga-ken	98.2	25	93.3	4	58.6	6	30.5	32
26	京都府	Kyoto-fu	98.3	24	80.5	33	55.4	7	39.0	17
27	大阪府	Osaka-fu	99.6	8	95.9	2	49.4	9	38.2	18
28	兵庫県	Hyogo-ken	96.0	42	85.1	24	37.8	18	47.5	6
29	奈良県	Nara-ken	97.6	29	80.3	35	81.6	1	41.5	10
30	和歌山県	Wakayama-ken	96.4	39	85.2	23	14.7	43	33.6	25
31	鳥取県	Tottori-ken	99.3	12	90.1	15	32.7	24	30.8	31
32	島根県	Shimane-ken	99.1	16	79.5	36	16.2	40	25.6	44
33	岡山県	Okayama-ken	98.7	20	81.3	31	44.2	13	27.4	39
34	広島県	Hiroshima-ken	99.4	10	89.7	16	48.3	11	27.4	40
35	山口県	Yamaguchi-ken	98.9	19	92.6	5	19.9	37	39.1	16
36	徳島県	Tokushima-ken	98.0	27	80.5	34	70.5	2	26.1	43
37	香川県	Kagawa-ken	99.9	4	95.3	3	0.0	47	29.3	34
38	愛媛県	Ehime-ken	96.1	41	85.6	22	23.2	32	21.6	47
39	高知県	Kochi-ken	99.9	5	84.6	26	26.6	31	43.6	8
40	福岡県	Fukuoka-ken	98.7	21	87.0	18	32.9	23	36.7	19
41	佐賀県	Saga-ken	100.0	1	96.5	1	22.8	33	32.2	28
42	長崎県	Nagasaki-ken	97.1	35	92.3	6	44.9	12	40.4	14
43	熊本県	Kumamoto-ken	99.6	7	90.2	14	27.2	30	49.4	4
44	大分県	Oita-ken	99.2	14	91.5	9	29.1	29	42.8	9
45	宮崎県	Miyazaki-ken	100.0	3	86.3	20	40.4	15	32.1	29
46	鹿児島県	Kagoshima-ken	100.0	1	90.6	13	10.0	45	48.4	5
47	沖縄県	Okinawa-ken	99.5	9	86.2	21	11.1	44	57.4	2

No. 267 工業専用地域面積比率（対用途地域面積） Percentage of exclusive industrial area #H0720206 % 2021		No. 268 都市公園面積（人口1人当たり） Area of public parks (per capita) #H08101 ㎡ 2021		No. 269 都市公園数（可住地面積100k㎡当たり） Number of public parks (per inhabitable area 100k㎡) #H08301 所：parks 2021		都道府県コード
指標値 Indicator	順位 Rank	指標値 Indicator	順位 Rank	指標値 Indicator	順位 Rank	Pref. code
8.0		10.27		92.29		00
13.5	3	27.24	1	33.84	38	01
14.9	2	16.96	7	27.11	43	02
8.9	16	13.44	21	37.16	35	03
8.4	19	18.19	3	100.10	14	04
5.5	31	17.82	5	18.96	47	05
9.1	15	19.20	2	30.17	41	06
10.2	12	13.64	20	28.98	42	07
17.6	1	9.89	33	56.09	28	08
12.7	4	14.74	14	75.91	20	09
10.6	10	13.73	18	65.49	27	10
4.8	35	7.17	43	219.89	7	11
10.1	13	6.92	44	211.65	8	12
1.2	46	4.34	47	599.17	1	13
6.9	26	5.74	45	523.06	2	14
5.7	29	14.21	15	54.22	31	15
6.3	27	16.05	10	115.02	13	16
5.1	34	13.85	16	81.74	17	17
8.3	20	15.78	11	87.35	16	18
3.9	38	10.09	32	22.24	45	19
2.3	45	13.69	19	30.26	40	20
3.4	39	10.42	31	66.54	25	21
8.0	23	8.85	37	95.51	15	22
10.3	11	7.91	40	165.30	10	23
11.4	7	9.79	34	138.56	12	24
9.5	14	9.14	36	47.71	33	25
3.2	40	7.66	42	206.32	9	26
5.4	32	5.73	46	520.66	3	27
8.7	17	13.10	22	221.67	6	28
0.9	47	13.78	17	282.00	4	29
8.0	22	8.31	39	56.08	29	30
8.0	24	16.73	8	34.61	37	31
3.2	41	16.19	9	32.73	39	32
11.4	6	15.42	12	77.59	18	33
6.0	28	10.70	28	141.93	11	34
10.8	8	15.28	13	72.82	22	35
10.7	9	7.72	41	26.08	44	36
8.0	21	17.07	6	50.34	32	37
12.1	5	11.76	24	37.16	36	38
3.1	42	11.00	26	76.47	19	39
8.7	18	9.26	35	225.93	5	40
4.1	37	10.57	29	19.71	46	41
5.5	30	11.21	25	72.60	23	42
5.3	33	8.56	38	69.21	24	43
6.9	25	11.00	27	65.79	26	44
4.6	36	17.86	4	54.37	30	45
2.6	44	12.21	23	41.61	34	46
3.0	43	10.42	30	73.70	21	47

居住 H（指標）

Ⅰ. 健康・医療　　I Health and Medical Care

都道府県	Prefecture	No. 270 有訴者率（人口千人当たり）Ratio of persons who have subjective symptoms (per 1,000 persons) #I04105		No. 271 通院者率（人口千人当たり）Ratio of outpatients (per 1,000 persons) #I04104		No. 272 一般病院年間新入院患者数（人口10万人当たり）Annual number of new inpatients in general hospitals (per 100,000 persons) #I04102		No. 273 一般病院の１日平均外来患者数（人口10万人当たり）Average number of outpatients per day in general hospitals (per 100,000 persons) #I0420102	
単位	Unit	—		—		人：persons		人：persons	
年度	Fiscal year	2019		2019		2021		2021	
		指標値 Indicator	順位 Rank	指標値 Indicator	順位 Rank	指標値 Indicator	順位 Rank	指標値 Indicator	順位 Rank
00 全国	All Japan	302.5		404.0		11,879.0		945.0	
01 北海道	Hokkaido	303.1	19	445.9	4	15,133.4	5	1,242.5	6
02 青森県	Aomori-ken	270.5	47	434.9	6	11,790.0	33	1,015.9	22
03 岩手県	Iwate-ken	296.8	28	461.7	1	11,797.3	32	865.7	40
04 宮城県	Miyagi-ken	304.4	16	420.6	11	11,646.6	34	836.3	42
05 秋田県	Akita-ken	290.1	37	449.1	2	13,681.0	18	1,143.5	14
06 山形県	Yamagata-ken	295.2	31	445.2	5	12,986.5	25	951.9	28
07 福島県	Fukushima-ken	282.2	43	409.8	23	11,359.5	35	933.0	33
08 茨城県	Ibaraki-ken	273.7	44	397.8	31	10,235.9	44	941.1	30
09 栃木県	Tochigi-ken	282.8	42	411.9	22	10,579.0	42	936.3	32
10 群馬県	Gumma-ken	291.4	36	381.5	43	12,184.9	29	910.9	35
11 埼玉県	Saitama-ken	301.4	22	392.0	35	8,521.7	47	798.2	45
12 千葉県	Chiba-ken	296.5	30	399.1	30	9,959.3	45	882.4	37
13 東京都	Tokyo-to	311.9	7	400.6	28	10,946.7	38	875.8	38
14 神奈川県	Kanagawa-ken	306.5	14	396.1	32	9,742.1	46	725.7	47
15 新潟県	Niigata-ken	285.7	40	414.7	19	11,243.9	36	1,014.6	23
16 富山県	Toyama-ken	299.0	25	399.5	29	14,041.8	12	1,215.0	8
17 石川県	Ishikawa-ken	283.6	41	372.4	46	13,314.7	19	1,235.5	7
18 福井県	Fukui-ken	299.0	25	385.3	40	13,874.7	14	1,279.1	5
19 山梨県	Yamanashi-ken	273.3	45	393.5	33	11,827.5	31	1,036.0	20
20 長野県	Nagano-ken	303.5	17	416.8	15	13,313.7	20	1,148.7	12
21 岐阜県	Gifu-ken	312.4	6	407.6	24	10,772.3	40	912.7	34
22 静岡県	Shizuoka-ken	299.9	23	414.9	17	10,398.8	43	790.4	46
23 愛知県	Aichi-ken	302.8	20	377.2	44	10,634.5	41	812.5	44
24 三重県	Mie-ken	294.1	33	387.0	39	10,811.8	39	839.1	41
25 滋賀県	Shiga-ken	309.0	13	372.6	45	11,143.2	37	868.8	39
26 京都府	Kyoto-fu	331.9	1	418.8	13	12,943.7	26	1,068.5	18
27 大阪府	Osaka-fu	314.7	5	402.9	26	12,990.5	24	938.3	31
28 兵庫県	Hyogo-ken	310.7	12	416.1	16	12,044.2	30	902.6	36
29 奈良県	Nara-ken	316.6	4	424.9	10	13,119.2	21	1,087.5	16
30 和歌山県	Wakayama-ken	303.5	17	414.8	18	13,980.3	13	1,152.8	11
31 鳥取県	Tottori-ken	311.8	9	413.0	20	15,233.3	4	1,097.5	15
32 島根県	Shimane-ken	325.5	2	446.1	3	15,490.7	3	972.6	26
33 岡山県	Okayama-ken	287.6	38	384.7	41	13,873.7	15	1,210.1	9
34 広島県	Hiroshima-ken	310.8	11	392.0	35	12,714.5	27	953.8	27
35 山口県	Yamaguchi-ken	317.5	3	432.7	8	14,179.8	11	998.6	24
36 徳島県	Tokushima-ken	311.4	10	391.7	37	14,677.0	7	1,383.4	2
37 香川県	Kagawa-ken	298.7	27	405.0	25	14,596.9	9	1,315.7	3
38 愛媛県	Ehime-ken	304.9	15	419.9	12	13,826.4	17	1,282.6	4
39 高知県	Kochi-ken	299.6	24	427.2	9	16,513.5	1	1,608.9	1
40 福岡県	Fukuoka-ken	302.2	21	393.2	34	13,839.9	16	947.2	29
41 佐賀県	Saga-ken	291.8	35	400.9	27	13,052.0	23	1,065.4	19
42 長崎県	Nagasaki-ken	296.7	29	433.9	7	14,848.6	6	1,071.7	17
43 熊本県	Kumamoto-ken	311.9	7	418.0	14	14,317.4	10	997.8	25
44 大分県	Oita-ken	294.0	34	383.9	42	16,163.1	2	1,161.3	10
45 宮崎県	Miyazaki-ken	285.8	39	388.5	38	13,082.4	22	1,029.0	21
46 鹿児島県	Kagoshima-ken	294.8	32	412.5	21	14,641.7	8	1,148.4	13
47 沖縄県	Okinawa-ken	271.4	46	339.3	47	12,494.3	28	835.8	43

	No. 274 一般病院の１日平均 在院患者数 （人口10万人当たり） Average number of Inpatients per day in general hospitals (per 100,000 persons) #I0420202 人：persons 2021		No. 275 標準化死亡率 （基準人口＝昭和５年） （人口千人当たり） Standardized mortality rate (Base period population = 1930) (per 1,000 persons) #I05101 — 2020		No. 276 平均余命 （０歳・男） Life expectancy (0 years old, Male) #I0520101 年：years 2020		No. 277 平均余命 （０歳・女） Life expectancy (0 years old, Female) #I0520102 年：years 2020		No. 278 平均余命 （65歳・男） Life expectancy (65 years old, Male) #I0520501 年：years 2020		都道府県コード
	指標値 Indicator	順位 Rank	指標値 Indicator	順位 Rank	指標値 Indicator	順位 Rank	指標値 Indicator	順位 Rank	指標値 Indicator	順位 Rank	Pref. code
	744.6		1.55		81.56		87.71		19.97		00
	1,085.5	8	1.67	6	80.92	39	87.08	42	19.67	38	01
	777.0	28	1.88	1	79.27	47	86.33	47	18.51	47	02
	751.1	32	1.66	8	80.64	44	87.05	43	19.42	44	03
	612.1	41	1.51	30	81.70	18	87.51	28	20.12	11	04
	855.8	19	1.70	2	80.48	46	87.10	41	19.23	46	05
	767.5	31	1.62	15	81.39	26	87.38	35	19.98	19	06
	675.6	36	1.69	3	80.60	45	86.81	46	19.48	43	07
	647.9	38	1.68	5	80.89	40	86.94	44	19.62	40	08
	695.4	35	1.64	11	81.00	37	86.89	45	19.70	36	09
	793.7	26	1.59	17	81.13	32	87.18	40	19.60	42	10
	534.3	46	1.57	21	81.44	24	87.31	39	19.79	31	11
	596.8	42	1.56	22	81.45	23	87.50	30	19.95	23	12
	588.9	43	1.50	31	81.77	13	87.86	17	19.89	27	13
	509.9	47	1.48	35	82.04	5	87.89	15	20.23	7	14
	719.8	34	1.54	24	81.29	29	87.57	25	19.73	34	15
	945.7	13	1.45	39	81.74	15	87.97	10	19.93	26	16
	903.2	17	1.44	42	82.00	6	88.11	8	20.07	14	17
	872.0	18	1.53	27	81.98	7	87.84	18	20.11	12	18
	772.6	29	1.50	31	81.71	17	87.94	12	20.21	9	19
	769.7	30	1.43	44	82.68	2	88.23	4	20.86	1	20
	567.7	45	1.45	39	81.90	10	87.51	28	20.08	13	21
	622.6	40	1.56	22	81.59	21	87.48	31	19.98	19	22
	568.2	44	1.50	31	81.77	13	87.52	27	19.87	28	23
	665.8	37	1.53	27	81.68	19	87.59	24	19.96	22	24
	630.9	39	1.35	47	82.73	1	88.26	2	20.68	2	25
	814.1	25	1.41	46	82.24	4	88.25	3	20.39	5	26
	784.5	27	1.64	11	80.81	41	87.37	36	19.35	45	27
	732.4	33	1.49	34	81.72	16	87.90	14	20.06	16	28
	825.2	24	1.42	45	82.40	3	87.95	11	20.53	3	29
	916.4	16	1.59	17	81.03	35	87.36	37	19.62	40	30
	1,042.3	9	1.46	38	81.34	28	87.91	13	19.80	30	31
	916.4	15	1.54	24	81.63	20	88.21	6	20.01	18	32
	853.1	20	1.44	42	81.90	10	88.29	1	20.21	9	33
	829.7	23	1.45	39	81.95	8	88.16	7	20.28	6	34
	1,126.2	4	1.59	17	81.12	34	87.43	32	19.64	39	35
	1,093.5	6	1.63	14	81.27	30	87.42	33	19.83	29	36
	848.6	21	1.59	17	81.56	22	87.64	22	20.04	17	37
	924.9	14	1.60	16	81.13	32	87.34	38	19.77	33	38
	1,640.6	1	1.64	11	80.79	42	87.84	18	19.73	34	39
	1,041.0	10	1.54	24	81.38	27	87.70	21	19.78	32	40
	1,171.3	3	1.52	29	81.41	25	87.78	20	19.94	24	41
	1,086.2	7	1.66	8	81.01	36	87.41	34	19.70	36	42
	1,120.6	5	1.47	36	81.91	9	88.22	5	20.45	4	43
	994.3	11	1.47	36	81.88	12	87.99	9	20.22	8	44
	958.9	12	1.66	8	81.15	31	87.60	23	19.97	21	45
	1,216.1	2	1.67	6	80.95	38	87.53	26	19.94	24	46
	841.1	22	1.69	3	80.73	43	87.88	16	20.07	14	47

健康・医療　I　（指標）

			No. 279 平均余命 (65歳・女) Life expectancy (65 years old, Female) #I0520502		No. 280 生活習慣病による死亡者数 （人口10万人当たり） Number of deaths caused by lifestyle diseases (per 100,000 persons) #I06101		No. 281 悪性新生物(腫瘍)による 死亡者数 （人口10万人当たり） Number of deaths caused by malignant neoplasms (per 100,000 persons) #I06102		No. 282 糖尿病による死亡者数 （人口10万人当たり） Number of deaths caused by diabetes mellitus (per 100,000 persons) #I06103	
単位	Unit		年：years		人：persons		人：persons		人：persons	
年度	Fiscal year		2020		2021		2021		2021	
都道府県	Prefecture		指標値 Indicator	順位 Rank	指標値 Indicator	順位 Rank	指標値 Indicator	順位 Rank	指標値 Indicator	順位 Rank
00	全国	All Japan	24.88		590.8		310.7		11.7	
01	北海道	Hokkaido	24.54	39	702.0	13	391.2	3	15.7	5
02	青森県	Aomori-ken	23.92	47	803.3	3	422.3	2	17.3	3
03	岩手県	Iwate-ken	24.44	42	803.4	2	380.4	6	15.1	7
04	宮城県	Miyagi-ken	24.71	28	603.7	34	307.1	39	10.8	37
05	秋田県	Akita-ken	24.51	41	863.8	1	439.5	1	18.9	1
06	山形県	Yamagata-ken	24.65	31	754.2	6	368.7	8	9.4	44
07	福島県	Fukushima-ken	24.26	46	724.8	9	353.9	14	14.3	14
08	茨城県	Ibaraki-ken	24.36	44	627.3	26	320.3	26	13.5	19
09	栃木県	Tochigi-ken	24.28	45	627.7	25	309.1	36	14.8	10
10	群馬県	Gumma-ken	24.43	43	663.2	20	321.2	25	13.0	24
11	埼玉県	Saitama-ken	24.55	36	537.1	42	287.7	42	10.2	43
12	千葉県	Chiba-ken	24.72	26	562.3	40	291.3	41	12.4	28
13	東京都	Tokyo-to	24.93	17	476.6	45	255.2	46	9.3	45
14	神奈川県	Kanagawa-ken	24.99	14	499.9	43	275.3	44	8.7	46
15	新潟県	Niigata-ken	24.78	25	712.3	10	364.0	10	15.0	8
16	富山県	Toyama-ken	24.92	18	667.3	19	356.1	13	13.8	16
17	石川県	Ishikawa-ken	24.96	15	614.9	31	315.8	31	12.8	26
18	福井県	Fukui-ken	24.91	19	659.4	21	320.0	27	14.7	11
19	山梨県	Yamanashi-ken	25.04	13	625.7	27	324.0	23	14.8	9
20	長野県	Nagano-ken	25.37	2	638.8	23	313.6	33	13.4	20
21	岐阜県	Gifu-ken	24.62	32	619.9	28	330.4	21	11.3	35
22	静岡県	Shizuoka-ken	24.69	30	606.1	33	310.7	35	11.9	31
23	愛知県	Aichi-ken	24.58	34	474.7	46	275.9	43	7.6	47
24	三重県	Mie-ken	24.57	35	614.1	32	318.8	28	13.1	23
25	滋賀県	Shiga-ken	25.14	7	494.1	44	259.3	45	10.8	38
26	京都府	Kyoto-fu	25.18	6	590.3	38	308.9	37	11.1	36
27	大阪府	Osaka-fu	24.55	36	581.6	39	311.5	34	11.4	33
28	兵庫県	Hyogo-ken	24.95	16	591.0	37	316.1	30	11.6	32
29	奈良県	Nara-ken	25.11	10	617.2	29	318.4	29	12.4	29
30	和歌山県	Wakayama-ken	24.54	39	697.2	15	363.5	11	12.5	27
31	鳥取県	Tottori-ken	25.11	10	684.2	16	361.2	12	13.6	18
32	島根県	Shimane-ken	25.30	3	735.0	7	388.4	4	14.7	12
33	岡山県	Okayama-ken	25.27	4	595.9	36	307.3	38	10.4	42
34	広島県	Hiroshima-ken	25.14	7	601.4	35	304.9	40	13.1	22
35	山口県	Yamaguchi-ken	24.70	29	765.0	4	374.2	7	14.2	15
36	徳島県	Tokushima-ken	24.55	36	709.8	11	352.7	15	14.3	13
37	香川県	Kagawa-ken	24.84	24	656.3	22	323.1	24	17.3	2
38	愛媛県	Ehime-ken	24.62	32	734.5	8	341.6	18	15.4	6
39	高知県	Kochi-ken	25.14	7	759.7	5	384.4	5	11.3	34
40	福岡県	Fukuoka-ken	24.91	19	547.3	41	314.4	32	11.9	30
41	佐賀県	Saga-ken	24.88	21	616.9	30	334.3	19	10.8	39
42	長崎県	Nagasaki-ken	24.72	26	699.5	14	367.9	9	12.9	25
43	熊本県	Kumamoto-ken	25.26	5	632.2	24	324.8	22	10.4	41
44	大分県	Oita-ken	25.08	12	680.9	18	343.8	16	13.7	17
45	宮崎県	Miyazaki-ken	24.87	22	706.4	12	333.3	20	16.5	4
46	鹿児島県	Kagoshima-ken	24.87	22	683.2	17	341.7	17	13.2	21
47	沖縄県	Okinawa-ken	25.44	1	452.4	47	238.3	47	10.6	40

No. 283 高血圧性疾患による死亡者数（人口10万人当たり）Number of deaths caused by hypertensive diseases (per 100,000 persons) #I06104 人：persons 2021		No. 284 心疾患（高血圧性を除く）による死亡者数（人口10万人当たり）Number of deaths caused by heart diseases (Excl. hypertensive heart diseases) (per 100,000 persons) #I06105 人：persons 2021		No. 285 脳血管疾患による死亡者数（人口10万人当たり）Number of deaths caused by cerebrovascular diseases (per 100,000 persons) #I06106 人：persons 2021		No. 286 妊娠、分娩及び産じょくによる死亡率（出産数10万当たり）Rate of pregnancy, childbirth and puerperium (per 100,000 live and stillbirths) #I07105 — 2021		No. 287 死産率（死産数/（出生数＋死産数））（出産数千当たり）Stillbirths rate (per 1,000 live and stillbirths) #I07101 — 2021		都道府県コード
指標値 Indicator	順位 Rank	指標値 Indicator	順位 Rank	指標値 Indicator	順位 Rank	指標値 Indicator	順位 Rank	指標値 Indicator	順位 Rank	Pref. code
8.3		174.9		85.2		3.4		19.7		00
11.0	14	191.2	23	92.9	26	13.6	6	22.0	6	01
9.6	21	231.1	7	123.0	5	0.0	21	22.5	4	02
10.5	17	240.9	5	156.6	2	15.1	5	19.5	23	03
7.6	33	176.2	37	101.9	22	7.1	13	21.3	10	04
12.9	7	225.1	11	167.4	1	0.0	21	22.5	3	05
8.6	26	243.1	3	124.4	4	0.0	21	16.3	44	06
9.8	20	225.7	9	121.1	6	0.0	21	20.9	12	07
7.3	36	182.2	32	104.0	18	11.9	9	21.1	11	08
6.9	37	190.0	24	106.9	14	0.0	21	21.6	8	09
21.1	1	203.6	18	104.3	17	0.0	21	21.5	9	10
5.7	42	160.9	41	72.5	41	2.2	17	20.0	19	11
16.0	2	166.3	40	76.3	39	0.0	21	19.0	29	12
4.8	45	141.2	44	66.2	45	2.1	18	20.3	16	13
3.9	46	145.5	43	66.5	44	5.0	14	20.6	14	14
12.9	6	194.3	22	126.1	3	0.0	21	20.4	15	15
7.5	34	184.0	29	105.9	16	0.0	21	19.1	28	16
8.6	28	177.1	36	100.5	23	0.0	21	17.6	39	17
8.6	27	216.6	13	99.5	25	0.0	21	19.3	24	18
9.5	22	177.2	35	100.3	24	19.9	2	13.5	47	19
10.5	18	186.3	25	115.1	8	7.9	12	15.3	46	20
5.1	44	184.0	30	89.1	29	8.4	11	16.5	43	21
7.9	31	173.1	39	102.6	21	0.0	21	18.6	34	22
3.5	47	120.5	47	67.2	42	1.8	19	18.1	36	23
8.4	29	183.3	31	90.5	28	8.9	10	19.3	26	24
5.8	41	152.4	42	65.7	47	0.0	21	16.8	42	25
5.9	40	186.0	27	78.3	36	0.0	21	19.6	22	26
10.6	16	182.1	33	66.0	46	1.6	20	19.3	25	27
7.3	35	179.2	34	76.8	38	2.8	15	17.5	40	28
11.0	15	198.6	20	76.9	37	12.7	7	17.0	41	29
6.6	39	229.3	8	85.3	33	17.8	3	16.2	45	30
8.8	25	185.7	28	114.9	9	26.4	1	20.1	18	31
11.3	12	206.3	17	114.4	10	0.0	21	17.8	37	32
5.6	43	186.0	26	86.6	32	0.0	21	18.8	31	33
7.7	32	195.3	21	80.5	35	0.0	21	18.7	32	34
13.2	4	245.4	2	118.1	7	12.3	8	17.7	38	35
13.2	5	225.6	10	104.0	19	0.0	21	19.7	21	36
11.1	13	215.9	14	88.9	30	0.0	21	20.2	17	37
11.8	8	258.8	1	106.7	15	0.0	21	21.6	7	38
7.9	30	241.8	4	114.3	11	0.0	21	19.9	20	39
10.4	19	137.3	45	73.3	40	2.6	16	20.8	13	40
11.6	10	175.4	38	84.9	34	0.0	21	18.1	35	41
8.9	24	217.2	12	92.5	27	0.0	21	18.6	33	42
8.9	23	199.3	19	88.8	31	15.4	4	22.7	2	43
11.8	9	207.8	16	103.8	20	0.0	21	18.9	30	44
13.6	3	232.7	6	110.2	13	0.0	21	19.1	27	45
6.6	38	210.2	15	111.5	12	0.0	21	22.1	5	46
11.5	11	125.1	46	66.9	43	0.0	21	24.6	1	47

健康・医療

I

（指標）

都道府県 Prefecture		No. 288 周産期死亡率 ((死産数(妊娠22週以後)＋早期新生児死亡数)／出生数＋死産数(妊娠22週以後)) 1) Perinatal death rate (per 1,000 live births and stillbirth (after 22 weeks pregnant)) #I07106		No. 289 新生児死亡率 (新生児死亡数／出生数) (出生数千当たり) Neonatal death rate (per 1,000 live births) #I07102		No. 290 乳児死亡率 (乳児死亡数／出生数) (出生数千当たり) Infant mortality rate (per 1,000 live births) #I07104		No. 291 2,500 g 未満出生率 (2,500 g 未満の出生数／出生数) (出生数千当たり) Birth rate of babies weighing under 2,500g (per 1,000 live births) #I07201	
単位	Unit	—		—		—		—	
年度	Fiscal year	2021		2021		2021		2021	
		指標値 Indicator	順位 Rank	指標値 Indicator	順位 Rank	指標値 Indicator	順位 Rank	指標値 Indicator	順位 Rank
00 全国	All Japan	3.4		0.8		1.7		93.7	
01 北海道	Hokkaido	3.9	10	0.9	15	2.1	11	94.5	18
02 青森県	Aomori-ken	3.8	12	0.5	46	1.7	22	91.4	32
03 岩手県	Iwate-ken	2.9	39	0.9	16	1.5	31	94.1	22
04 宮城県	Miyagi-ken	3.3	26	0.8	23	1.5	33	94.0	23
05 秋田県	Akita-ken	3.2	30	0.7	29	1.2	41	95.5	15
06 山形県	Yamagata-ken	2.9	41	0.5	43	1.0	44	96.5	13
07 福島県	Fukushima-ken	4.1	6	1.2	6	2.3	5	89.5	37
08 茨城県	Ibaraki-ken	4.6	3	1.3	3	2.2	6	96.2	14
09 栃木県	Tochigi-ken	3.9	11	1.0	10	2.0	14	110.1	2
10 群馬県	Gumma-ken	3.4	22	0.6	38	2.2	7	93.4	26
11 埼玉県	Saitama-ken	2.8	43	0.5	45	1.4	40	91.7	30
12 千葉県	Chiba-ken	3.3	25	0.8	26	2.1	12	89.0	39
13 東京都	Tokyo-to	2.9	37	0.7	28	1.7	23	93.5	25
14 神奈川県	Kanagawa-ken	3.3	24	0.8	25	1.4	39	91.2	33
15 新潟県	Niigata-ken	4.7	2	1.0	14	1.7	24	88.4	42
16 富山県	Toyama-ken	4.4	4	1.2	8	2.1	10	92.8	27
17 石川県	Ishikawa-ken	3.2	32	0.7	31	1.5	35	84.6	45
18 福井県	Fukui-ken	3.2	28	0.8	24	1.1	42	81.6	47
19 山梨県	Yamanashi-ken	2.6	44	0.6	39	1.0	45	97.7	12
20 長野県	Nagano-ken	3.4	20	0.6	42	1.0	46	94.2	20
21 岐阜県	Gifu-ken	3.1	34	0.9	19	1.4	38	94.1	21
22 静岡県	Shizuoka-ken	4.0	8	1.3	4	2.5	3	98.8	9
23 愛知県	Aichi-ken	3.5	18	1.0	13	1.9	16	97.7	11
24 三重県	Mie-ken	2.8	42	0.9	17	1.6	25	94.4	19
25 滋賀県	Shiga-ken	1.7	47	0.6	40	1.6	29	90.7	36
26 京都府	Kyoto-fu	3.5	17	0.5	44	1.1	43	88.5	41
27 大阪府	Osaka-fu	3.3	27	0.7	34	1.5	32	88.7	40
28 兵庫県	Hyogo-ken	3.4	21	0.6	36	1.5	37	93.6	24
29 奈良県	Nara-ken	3.3	23	0.9	18	2.2	9	88.2	43
30 和歌山県	Wakayama-ken	2.2	45	0.7	27	2.7	1	85.8	44
31 鳥取県	Tottori-ken	3.0	36	0.8	21	1.9	17	107.1	4
32 島根県	Shimane-ken	2.9	38	0.2	47	0.9	47	101.7	5
33 岡山県	Okayama-ken	2.9	40	0.7	33	1.5	34	90.9	35
34 広島県	Hiroshima-ken	3.2	31	0.6	41	1.6	30	99.5	8
35 山口県	Yamaguchi-ken	4.4	5	1.4	2	1.9	18	91.0	34
36 徳島県	Tokushima-ken	3.4	19	0.7	30	1.6	27	82.3	46
37 香川県	Kagawa-ken	2.1	46	0.8	22	1.8	21	95.1	16
38 愛媛県	Ehime-ken	3.2	29	0.6	37	1.5	36	89.4	38
39 高知県	Kochi-ken	3.7	16	1.2	5	2.0	15	100.2	7
40 福岡県	Fukuoka-ken	3.7	15	1.0	11	2.0	13	92.6	28
41 佐賀県	Saga-ken	4.8	1	1.2	7	1.9	19	92.1	29
42 長崎県	Nagasaki-ken	3.9	9	1.8	1	2.5	2	91.4	31
43 熊本県	Kumamoto-ken	3.8	14	1.0	12	2.2	8	100.3	6
44 大分県	Oita-ken	3.8	13	1.1	9	1.8	20	98.3	10
45 宮崎県	Miyazaki-ken	3.0	35	0.7	35	2.4	4	94.9	17
46 鹿児島県	Kagoshima-ken	4.0	7	0.7	32	1.6	26	108.6	3
47 沖縄県	Okinawa-ken	3.2	33	0.8	20	1.6	28	111.1	1

1)（出生数＋死産数（妊娠22週以後）千当たり）

No. 292 平均身長 （中学2年・男） Average height, male of the second grade (Lower secondary school) #I0210103 cm 2021		No. 293 平均身長 （中学2年・女） Average height, female of the second grade (Lower secondary school) #I0210104 cm 2021		No. 294 平均体重 （中学2年・男） Average weight, male of the second grade (Lower secondary school) #I0210203 kg 2021		No. 295 平均体重 （中学2年・女） Average weight, female of the second grade (Lower secondary school) #I0210204 kg 2021		No. 296 一般病院数 （人口10万人当たり） Number of general hospitals (per 100,000 persons) #I0910103 施設：number of hospitals 2021		都道府県コード
指標値 Indicator	順位 Rank	指標値 Indicator	順位 Rank	指標値 Indicator	順位 Rank	指標値 Indicator	順位 Rank	指標値 Indicator	順位 Rank	Pref. code
160.6		155.0		50.0		47.6		5.7		00
161.1	11	155.0	15	51.5	4	48.1	9	9.1	10	01
161.6	2	155.6	4	51.6	2	49.8	1	6.2	23	02
160.5	19	155.4	9	50.3	16	49.1	2	6.4	22	03
161.4	5	155.1	12	51.6	2	48.4	6	4.8	37	04
162.7	1	156.1	1	52.9	1	49.0	3	5.3	33	05
161.4	5	155.8	2	50.8	6	48.6	4	5.0	35	06
161.0	13	154.6	28	50.7	9	48.3	7	5.6	28	07
161.0	13	154.8	22	51.2	5	47.9	13	5.3	32	08
160.5	19	154.3	41	50.8	6	47.8	19	4.6	39	09
160.3	25	154.5	31	50.2	21	47.6	28	6.0	24	10
160.6	18	154.8	22	50.3	16	48.2	8	4.0	43	11
161.1	11	155.5	5	50.7	9	47.9	13	4.1	42	12
161.3	7	155.8	2	50.3	16	47.7	22	4.2	41	13
161.2	9	155.5	5	49.8	29	47.7	22	3.1	47	14
161.2	9	155.5	5	50.3	16	47.8	19	4.8	36	15
161.5	4	155.3	10	50.7	9	47.9	13	8.5	12	16
161.6	2	155.5	5	50.5	14	47.5	30	6.9	20	17
161.0	13	155.2	11	50.1	23	47.7	22	7.5	17	18
160.7	17	154.7	25	50.6	12	48.1	9	6.5	21	19
160.1	30	154.4	34	49.5	35	47.2	38	5.5	29	20
160.1	30	154.9	18	49.4	41	48.0	12	4.3	40	21
160.5	19	154.9	18	49.1	43	47.0	41	3.9	44	22
160.3	25	154.5	31	49.6	33	47.0	41	3.8	45	23
160.3	25	155.1	12	49.8	29	47.3	35	4.7	38	24
160.8	16	154.9	18	49.5	35	46.9	44	3.6	46	25
161.3	7	155.0	15	49.8	29	46.8	45	5.9	25	26
160.2	29	155.0	15	49.5	35	47.2	38	5.3	31	27
160.1	30	154.9	18	48.8	45	46.8	45	5.8	26	28
160.3	25	155.1	12	49.5	35	47.1	40	5.4	30	29
159.9	40	154.7	25	49.8	29	47.9	13	8.2	14	30
160.5	19	154.8	22	49.6	33	47.7	22	7.1	19	31
159.7	42	154.6	28	48.1	47	47.5	30	5.7	27	32
159.5	46	154.5	31	49.4	41	47.6	28	7.6	16	33
159.6	44	154.4	34	49.5	35	47.4	33	7.3	18	34
159.2	47	154.1	46	48.6	46	47.0	41	8.6	11	35
160.4	23	154.2	44	50.6	12	47.5	30	12.8	2	36
160.0	38	154.4	34	50.0	25	47.9	13	8.3	13	37
160.1	30	154.2	44	50.3	16	47.7	22	9.2	9	38
159.9	40	154.4	34	49.9	28	47.9	13	16.2	1	39
160.4	23	154.6	28	49.5	35	47.3	35	7.6	15	40
160.0	38	154.4	34	50.0	25	47.8	19	10.3	6	41
159.6	44	154.4	34	49.0	44	47.3	35	9.3	8	42
160.1	30	154.7	25	50.0	25	47.7	22	9.7	7	43
160.1	30	154.4	34	50.8	6	48.1	9	11.5	4	44
160.1	30	154.3	41	50.5	14	48.6	4	10.9	5	45
160.1	30	154.3	41	50.1	23	46.8	45	12.5	3	46
159.7	42	153.6	47	50.2	21	47.4	33	5.2	34	47

健康・医療　I　（指標）

			No. 297 一般診療所数 （人口10万人当たり） Number of general clinics (per 100,000 persons) #I0910105		No. 298 精神科病院数 （人口10万人当たり） Number of psychiatric hospitals (per 100,000 persons) #I0910107		No. 299 歯科診療所数 （人口10万人当たり） Number of dental clinics (per 100,000 persons) #I0910106		No. 300 一般病院数 （可住地面積100k㎡当たり） Number of general hospitals (per 100k㎡ of inhabitable area) #I0950102	
単位		Unit	施設：number of clinics		施設：number of hospitals		施設：number of clinics		施設：number of hospitals	
年度		Fiscal year	2021		2021		2021		2021	
都道府県		Prefecture	指標値 Indicator	順位 Rank	指標値 Indicator	順位 Rank	指標値 Indicator	順位 Rank	指標値 Indicator	順位 Rank
00	全国	All Japan	83.1		0.8		54.1		5.8	
01	北海道	Hokkaido	65.6	43	1.3	16	54.4	9	2.1	44
02	青森県	Aomori-ken	71.3	42	1.4	12	41.4	43	2.3	42
03	岩手県	Iwate-ken	74.2	40	1.3	18	46.6	33	2.1	45
04	宮城県	Miyagi-ken	74.8	38	1.2	20	45.9	38	3.4	37
05	秋田県	Akita-ken	87.0	21	1.7	9	45.2	39	1.5	47
06	山形県	Yamagata-ken	86.5	22	1.3	14	44.8	40	1.8	46
07	福島県	Fukushima-ken	75.7	37	1.3	17	46.4	35	2.4	41
08	茨城県	Ibaraki-ken	62.4	44	0.7	34	48.3	31	3.9	35
09	栃木県	Tochigi-ken	77.0	33	0.9	27	49.8	22	3.0	40
10	群馬県	Gumma-ken	82.4	27	0.7	36	50.8	17	5.1	29
11	埼玉県	Saitama-ken	60.9	47	0.6	37	48.4	29	11.4	6
12	千葉県	Chiba-ken	61.2	46	0.5	40	50.9	16	7.2	16
13	東京都	Tokyo-to	102.3	4	0.3	46	76.2	1	41.3	1
14	神奈川県	Kanagawa-ken	75.7	36	0.5	41	54.0	10	19.7	3
15	新潟県	Niigata-ken	77.1	32	0.9	26	51.9	13	2.3	43
16	富山県	Toyama-ken	74.4	39	1.9	7	42.6	41	4.7	31
17	石川県	Ishikawa-ken	78.6	30	1.2	22	42.6	42	5.6	26
18	福井県	Fukui-ken	76.1	35	1.3	15	39.6	46	5.3	28
19	山梨県	Yamanashi-ken	93.2	11	1.0	24	53.2	12	5.5	27
20	長野県	Nagano-ken	78.9	29	0.7	32	48.9	27	3.4	38
21	岐阜県	Gifu-ken	83.1	26	0.6	38	48.9	26	3.8	36
22	静岡県	Shizuoka-ken	76.2	34	0.9	29	48.5	28	5.0	30
23	愛知県	Aichi-ken	73.9	41	0.5	43	49.5	24	9.4	9
24	三重県	Mie-ken	87.1	20	0.7	35	46.3	36	4.0	33
25	滋賀県	Shiga-ken	80.2	28	0.5	42	40.0	45	3.9	34
26	京都府	Kyoto-fu	96.9	7	0.4	45	50.2	20	12.8	5
27	大阪府	Osaka-fu	98.6	5	0.4	44	61.8	2	35.2	2
28	兵庫県	Hyogo-ken	95.6	8	0.6	39	54.7	6	11.3	7
29	奈良県	Nara-ken	93.0	12	0.3	47	51.8	14	8.3	12
30	和歌山県	Wakayama-ken	111.7	1	0.9	28	57.4	5	6.7	19
31	鳥取県	Tottori-ken	89.4	16	0.7	33	46.3	37	4.3	32
32	島根県	Shimane-ken	106.6	2	1.4	13	38.2	47	3.0	39
33	岡山県	Okayama-ken	87.2	19	0.9	30	53.4	11	6.4	21
34	広島県	Hiroshima-ken	91.2	14	1.1	23	54.6	8	8.9	11
35	山口県	Yamaguchi-ken	94.1	9	2.0	6	49.0	25	6.6	20
36	徳島県	Tokushima-ken	98.5	6	2.1	5	59.7	4	9.0	10
37	香川県	Kagawa-ken	90.2	15	1.2	21	50.1	21	7.8	13
38	愛媛県	Ehime-ken	91.4	13	1.0	25	49.8	23	7.3	14
39	高知県	Kochi-ken	77.8	31	1.6	10	51.2	15	9.6	8
40	福岡県	Fukuoka-ken	93.3	10	1.2	19	59.9	3	14.1	4
41	佐賀県	Saga-ken	87.2	18	1.7	8	50.6	18	6.2	22
42	長崎県	Nagasaki-ken	103.9	3	2.2	4	54.7	7	7.3	15
43	熊本県	Kumamoto-ken	85.4	25	2.2	3	48.3	30	6.1	24
44	大分県	Oita-ken	86.2	23	2.2	2	47.6	32	7.1	17
45	宮崎県	Miyazaki-ken	86.1	24	1.6	11	46.5	34	6.2	23
46	鹿児島県	Kagoshima-ken	87.6	17	2.3	1	50.4	19	6.0	25
47	沖縄県	Okinawa-ken	62.1	45	0.8	31	41.3	44	6.8	18

No. 301 一般診療所数 (可住地面積100k㎡当たり) Number of general clinics (per 100km² of inhabitable area) #I0950103 施設：number of clinics 2021		No. 302 歯科診療所数 (可住地面積100k㎡当たり) Number of dental clinics (per 100km² of inhabitable area) #I0950104 施設：number of clinics 2021		No. 303 一般病院病床数 (人口10万人当たり) Number of beds in general hospitals (per 100,000 persons) #I0910203 床：beds 2021		No. 304 精神病床数 (人口10万人当たり) Number of beds for mental illness (per 100,000 persons) #I0910205 床：beds 2021		No. 305 介護療養型医療施設数 (65歳以上人口10万人当たり) Number of nursing and medical treatment homes for the aged a) #I0910206 所：number of facilities 2021		都道府県コード
指標値 Indicator	順位 Rank	指標値 Indicator	順位 Rank	指標値 Indicator	順位 Rank	指標値 Indicator	順位 Rank	指標値 Indicator	順位 Rank	Pref. code
84.8		55.2		1,000.5		257.8		1.2		00
15.0	47	12.4	47	1,495.6	3	376.4	12	1.2	23	01
26.7	44	15.5	44	1,096.3	24	353.6	14	2.6	10	02
23.7	46	14.8	45	1,064.1	27	340.1	17	1.7	18	03
53.8	29	33.0	28	851.9	40	268.1	29	0.3	44	04
25.4	45	13.2	46	1,173.0	20	409.1	10	0.0	47	05
31.8	43	16.5	43	1,059.9	28	333.2	19	0.8	31	06
32.4	42	19.9	42	1,042.0	31	343.8	16	1.2	24	07
45.8	38	35.4	26	915.6	37	254.0	32	0.9	26	08
49.3	35	31.8	29	919.3	36	250.9	33	0.9	28	09
69.9	24	43.1	20	1,044.6	30	259.1	31	0.2	46	10
171.7	8	136.4	4	713.0	46	187.5	42	0.4	43	11
108.6	11	90.4	9	806.8	44	195.4	40	0.5	38	12
1,007.0	1	750.5	1	811.1	43	152.0	46	0.9	29	13
474.7	3	338.2	3	680.2	47	147.0	47	0.4	41	14
36.9	41	24.8	38	989.4	34	285.1	26	0.4	40	15
41.4	40	23.7	40	1,238.4	14	301.7	24	1.8	16	16
63.4	26	34.3	27	1,223.0	16	326.0	21	0.9	27	17
53.7	31	27.9	36	1,142.2	21	285.3	25	2.5	11	18
78.7	18	44.9	17	1,083.7	26	282.4	27	0.8	32	19
49.4	34	30.6	30	1,017.0	33	227.7	35	2.0	14	20
73.7	20	43.4	19	829.9	42	195.3	41	1.7	21	21
99.1	12	63.1	12	842.7	41	181.6	43	0.6	35	22
185.5	6	124.1	5	757.8	45	164.5	44	0.4	42	23
74.1	19	39.4	24	906.8	38	262.4	30	0.8	34	24
87.1	14	43.5	18	861.2	39	160.9	45	0.5	37	25
210.8	4	109.2	7	1,130.2	22	231.4	34	0.8	33	26
650.6	2	407.9	2	1,024.9	32	205.8	39	0.5	36	27
187.5	5	107.3	8	985.6	35	212.1	38	0.5	39	28
143.2	9	79.8	10	1,126.9	23	219.5	37	0.2	45	29
90.9	13	46.7	15	1,234.1	15	223.6	36	2.3	12	30
54.3	28	28.1	35	1,373.2	9	312.4	22	1.7	19	31
55.8	27	20.0	41	1,181.5	19	338.8	18	0.9	30	32
73.4	21	44.9	16	1,198.7	18	281.2	28	1.4	22	33
110.3	10	66.0	11	1,090.6	25	308.3	23	2.7	9	34
72.8	22	38.0	25	1,455.0	4	440.1	9	1.7	17	35
69.0	25	41.8	22	1,440.9	6	502.1	7	6.5	1	36
84.6	15	47.0	14	1,211.8	17	351.3	15	3.0	8	37
72.5	23	39.5	23	1,274.3	13	332.2	20	2.0	13	38
45.8	37	30.1	33	2,056.7	1	518.9	4	3.3	6	39
173.0	7	111.0	6	1,318.4	10	407.4	11	1.7	20	40
52.7	33	30.6	31	1,444.2	5	512.5	5	3.2	7	41
80.8	17	42.5	21	1,432.0	7	600.7	1	3.9	4	42
53.7	30	30.4	32	1,431.9	8	504.5	6	4.5	3	43
53.5	32	29.5	34	1,305.2	11	473.4	8	3.5	5	44
48.7	36	26.3	37	1,297.3	12	550.0	3	5.4	2	45
42.0	39	24.2	39	1,582.7	2	593.4	2	1.9	15	46
81.0	16	53.9	13	1,058.7	29	360.3	13	1.2	25	47

a) (per 100,000 persons 65 years old and over)

健康・医療 I （指標）

78

都道府県 Prefecture	No. 306 医療施設に従事する医師数 (人口10万人当たり) Number of physicians working at medical facilities (per 100,000 persons) #I0920101 人：persons 2020		No. 307 医療施設に従事する歯科医師数 (人口10万人当たり) Number of dentists working at medical facilities (per 100,000 persons) #I0920201 人：persons 2020		No. 308 医療施設に従事する看護師・准看護師数 (人口10万人当たり) Number of nurses and assistant nurses working at medical facilities (per 100,000 persons) #I0920301 人：persons 2020		No. 309 一般病院常勤医師数 (100病床当たり) Number of full-time physicians in general hospitals (per 100 beds) #I0930202 人：persons 2020	
	指標値 Indicator	順位 Rank	指標値 Indicator	順位 Rank	指標値 Indicator	順位 Rank	指標値 Indicator	順位 Rank
00 全国 All Japan	256.6		82.5		988.6		14.4	
01 北海道 Hokkaido	251.3	27	81.3	12	1,274.1	14	9.7	46
02 青森県 Aomori-ken	212.5	41	56.5	47	1,108.8	22	11.7	36
03 岩手県 Iwate-ken	207.3	42	78.7	15	1,045.7	26	10.0	44
04 宮城県 Miyagi-ken	246.3	29	77.5	16	931.1	38	16.0	7
05 秋田県 Akita-ken	242.6	31	62.6	39	1,105.5	23	12.9	29
06 山形県 Yamagata-ken	229.2	36	62.0	41	1,045.1	27	12.8	30
07 福島県 Fukushima-ken	205.7	44	73.7	25	994.7	30	11.1	40
08 茨城県 Ibaraki-ken	193.8	46	68.2	33	806.3	43	12.1	33
09 栃木県 Tochigi-ken	236.9	32	70.8	30	921.6	39	16.3	4
10 群馬県 Gumma-ken	233.8	34	72.5	26	1,054.1	25	11.6	37
11 埼玉県 Saitama-ken	177.8	47	74.4	22	704.0	47	13.7	24
12 千葉県 Chiba-ken	205.8	43	81.5	11	749.1	45	14.8	17
13 東京都 Tokyo-to	320.9	4	118.4	1	780.7	44	19.9	2
14 神奈川県 Kanagawa-ken	223.0	39	80.1	13	715.0	46	20.1	1
15 新潟県 Niigata-ken	204.3	45	88.5	7	948.7	34	11.8	35
16 富山県 Toyama-ken	261.5	22	60.6	42	1,164.4	20	13.8	21
17 石川県 Ishikawa-ken	291.6	12	62.4	40	1,199.3	17	14.0	20
18 福井県 Fukui-ken	257.9	24	60.1	43	1,124.5	21	13.7	25
19 山梨県 Yamanashi-ken	250.1	28	72.1	28	975.2	32	13.8	22
20 長野県 Nagano-ken	243.8	30	77.3	17	1,040.6	28	14.8	16
21 岐阜県 Gifu-ken	224.5	37	84.8	9	942.7	36	14.5	18
22 静岡県 Shizuoka-ken	219.4	40	64.4	36	855.1	41	15.1	11
23 愛知県 Aichi-ken	224.4	38	79.5	14	845.4	42	16.5	3
24 三重県 Mie-ken	231.6	35	65.6	35	948.6	35	14.0	19
25 滋賀県 Shiga-ken	236.3	33	58.2	45	895.4	40	16.3	5
26 京都府 Kyoto-fu	332.6	2	75.1	21	1,015.4	29	15.6	9
27 大阪府 Osaka-fu	285.7	16	89.8	6	954.9	33	16.2	6
28 兵庫県 Hyogo-ken	266.1	21	74.1	24	988.3	31	14.9	14
29 奈良県 Nara-ken	277.1	18	70.9	29	936.8	37	15.0	12
30 和歌山県 Wakayama-ken	307.8	9	77.3	18	1,171.8	19	13.7	23
31 鳥取県 Tottori-ken	314.8	7	62.9	38	1,341.0	10	13.5	26
32 島根県 Shimane-ken	297.1	10	58.1	46	1,271.9	15	15.2	10
33 岡山県 Okayama-ken	320.1	5	93.4	4	1,200.5	16	14.8	15
34 広島県 Hiroshima-ken	267.1	20	90.9	5	1,198.5	18	12.0	34
35 山口県 Yamaguchi-ken	260.1	23	72.2	27	1,404.1	8	9.2	47
36 徳島県 Tokushima-ken	338.4	1	112.6	2	1,374.7	9	12.7	31
37 香川県 Kagawa-ken	290.0	14	75.9	20	1,278.9	12	14.9	13
38 愛媛県 Ehime-ken	276.7	19	69.1	32	1,277.5	13	12.4	32
39 高知県 Kochi-ken	322.0	3	70.3	31	1,640.7	1	10.7	42
40 福岡県 Fukuoka-ken	309.9	8	104.1	3	1,333.7	11	13.1	27
41 佐賀県 Saga-ken	290.3	13	74.4	23	1,528.5	3	11.2	39
42 長崎県 Nagasaki-ken	319.1	6	87.7	8	1,525.3	4	13.0	28
43 熊本県 Kumamoto-ken	297.0	11	76.6	19	1,524.4	5	10.7	43
44 大分県 Oita-ken	287.1	15	64.2	37	1,449.5	7	11.3	38
45 宮崎県 Miyazaki-ken	255.5	26	66.3	34	1,463.0	6	10.9	41
46 鹿児島県 Kagoshima-ken	283.6	17	82.2	10	1,562.5	2	9.8	45
47 沖縄県 Okinawa-ken	257.2	25	58.9	44	1,096.1	24	15.9	8

No. 310 一般病院看護師・准看護師数 (100病床当たり) Number of nurses and assistant nurses in general hospitals (per 100 beds) #I0930302 人:persons 2020		No. 311 一般病院外来患者数 (常勤医師1人1日当たり) Daily number of outpatients in general hospitals (per full-time physician) #I10106 人:persons 2021		No. 312 一般病院在院患者数 (常勤医師1人1日当たり) Daily number of inpatients in general hospitals (per full-time physician) #I10107 人:persons 2021		No. 313 一般病院在院患者数 (看護師・准看護師1人1日当たり) Daily number of inpatients in general hospitals (per nurse and assistant nurse) #I10108 人:persons 2021		No. 314 一般病院病床利用率 (在院患者延べ数／一般病床延べ数) Percentage of daily occupied beds in general hospitals #I10104 % 2021		都道府県コード Pref. code
指標値 Indicator	順位 Rank	指標値 Indicator	順位 Rank	指標値 Indicator	順位 Rank	指標値 Indicator	順位 Rank	指標値 Indicator	順位 Rank	
70.8		6.5		5.2		1.0		74.4		00
64.1	45	8.4	2	7.4	4	1.1	7	72.6	36	01
67.3	37	7.7	10	5.9	15	1.0	34	70.9	42	02
66.1	39	8.0	8	6.9	7	1.0	23	70.6	44	03
72.7	13	6.1	38	4.4	45	1.0	40	71.9	39	04
68.2	35	7.5	14	5.6	22	1.1	19	73.0	32	05
68.5	33	7.0	25	5.6	20	1.1	22	72.4	37	06
65.2	43	8.0	7	5.8	16	1.0	38	64.8	47	07
64.0	46	8.4	3	5.8	19	1.1	11	70.8	43	08
87.0	1	6.4	34	4.7	39	0.9	47	75.6	19	09
71.2	20	7.5	16	6.5	10	1.1	18	76.0	14	10
71.5	17	8.2	4	5.5	25	1.0	25	74.9	22	11
68.9	29	7.4	17	5.0	33	1.1	16	74.0	25	12
70.6	23	5.4	43	3.7	47	1.0	30	72.6	34	13
76.5	6	5.3	46	3.7	46	1.0	39	75.0	21	14
70.6	24	8.6	1	6.1	12	1.0	31	72.8	33	15
71.1	21	7.1	23	5.5	23	1.1	17	76.4	10	16
71.7	16	7.2	22	5.2	27	1.0	33	73.8	28	17
71.5	18	8.1	5	5.5	24	1.1	21	76.3	11	18
65.5	40	6.9	26	5.2	29	1.1	14	71.3	40	19
78.1	2	7.6	11	5.1	30	1.0	42	75.7	18	20
74.5	8	7.5	13	4.7	41	0.9	46	68.4	46	21
71.3	19	6.2	37	4.8	36	1.0	29	73.9	27	22
76.8	5	6.5	31	4.5	43	1.0	41	75.0	20	23
73.7	12	6.6	29	5.2	28	1.0	37	73.4	29	24
77.8	3	6.2	35	4.5	44	0.9	44	73.3	30	25
71.0	22	6.0	39	4.6	42	1.0	36	72.0	38	26
72.1	15	5.6	42	4.7	40	1.1	20	76.5	9	27
72.3	14	6.2	36	5.0	34	1.0	32	74.3	23	28
65.4	41	6.4	33	4.9	35	1.1	9	73.2	31	29
68.7	32	6.8	27	5.4	26	1.1	15	74.3	24	30
74.1	11	5.9	40	5.6	21	1.0	35	75.9	15	31
74.1	10	5.3	45	5.0	32	1.0	28	77.6	6	32
74.2	9	6.8	28	4.8	37	1.0	43	71.2	41	33
68.9	30	7.3	20	6.3	11	1.1	12	76.1	13	34
65.2	42	7.5	12	8.4	1	1.2	2	77.4	7	35
66.5	38	7.5	15	5.9	14	1.1	5	75.9	16	36
75.9	7	7.3	19	4.7	38	0.9	45	70.0	45	37
68.7	31	8.0	6	5.8	18	1.0	27	72.6	35	38
62.3	47	7.3	21	7.4	3	1.3	1	79.8	2	39
70.3	26	5.4	44	6.0	13	1.1	10	79.0	4	40
70.6	25	6.5	30	7.1	6	1.1	4	81.1	1	41
69.3	27	5.7	41	5.8	17	1.1	13	75.9	17	42
69.1	28	6.5	32	7.3	5	1.1	8	78.3	5	43
67.4	36	7.9	9	6.7	8	1.1	6	76.2	12	44
68.4	34	7.0	24	6.6	9	1.0	24	73.9	26	45
65.1	44	7.4	18	7.8	2	1.2	3	76.8	8	46
77.0	4	5.0	47	5.1	31	1.0	26	79.4	3	47

健康・医療

I

（指標）

			No. 315		No. 316		No. 317		No. 318	
			一般病院平均在院日数 （入院患者1人当たり） Average length of stay in general hospitals #I10105		保健師数 （人口10万人当たり） Number of public health nurses (per 100,000 persons) #I12201		救急告示病院・ 一般診療所数 （人口10万人当たり） Number of emergency notification hospitals and general clinics (per 100,000 persons) #I11101		救急自動車数 （人口10万人当たり） Number of ambulances (per 100,000 persons) #I11102	
単位	Unit		日：days		人：persons		施設：number of facilities		台：ambulances	
年度	Fiscal year		2021		2020		2020		2022	
都道府県	Prefecture		指標値 Indicator	順位 Rank	指標値 Indicator	順位 Rank	指標値 Indicator	順位 Rank	指標値 Indicator	順位 Rank
00	全国	All Japan	22.9		44.1		3.3		5.2	
01	北海道	Hokkaido	26.2	10	58.7	18	5.3	9	8.3	8
02	青森県	Aomori-ken	24.0	16	58.0	19	4.0	20	9.2	5
03	岩手県	Iwate-ken	23.3	23	62.6	14	3.9	21	8.6	7
04	宮城県	Miyagi-ken	19.2	46	49.3	32	3.2	34	5.4	36
05	秋田県	Akita-ken	22.8	29	64.5	9	2.8	38	9.2	4
06	山形県	Yamagata-ken	21.6	39	62.0	15	3.4	28	7.9	10
07	福島県	Fukushima-ken	21.7	37	59.7	17	3.3	31	7.6	14
08	茨城県	Ibaraki-ken	23.1	24	45.2	37	3.0	36	6.2	28
09	栃木県	Tochigi-ken	24.0	17	50.1	30	3.6	25	5.8	34
10	群馬県	Gumma-ken	23.8	21	53.2	28	3.9	22	6.0	30
11	埼玉県	Saitama-ken	22.9	28	30.7	45	2.6	40	3.9	42
12	千葉県	Chiba-ken	21.9	35	33.8	43	2.4	41	4.4	40
13	東京都	Tokyo-to	19.6	43	31.8	44	2.2	43	2.6	47
14	神奈川県	Kanagawa-ken	19.1	47	26.9	47	1.9	46	3.6	46
15	新潟県	Niigata-ken	23.3	22	53.5	27	3.0	37	7.5	16
16	富山県	Toyama-ken	24.6	14	64.9	7	3.6	26	6.3	25
17	石川県	Ishikawa-ken	24.7	12	49.8	31	4.4	17	5.9	31
18	福井県	Fukui-ken	22.9	27	63.2	12	6.7	1	7.6	15
19	山梨県	Yamanashi-ken	23.9	19	80.2	3	4.9	11	8.0	9
20	長野県	Nagano-ken	21.1	41	82.6	1	4.3	18	7.2	18
21	岐阜県	Gifu-ken	19.2	45	53.6	26	3.4	27	7.8	12
22	静岡県	Shizuoka-ken	21.9	36	47.5	35	2.3	42	4.9	37
23	愛知県	Aichi-ken	19.5	44	37.8	41	2.1	45	3.9	44
24	三重県	Mie-ken	22.5	30	45.1	38	3.7	23	7.0	21
25	滋賀県	Shiga-ken	20.7	42	48.7	33	2.2	44	4.8	38
26	京都府	Kyoto-fu	22.9	26	48.0	34	3.3	29	4.6	39
27	大阪府	Osaka-fu	22.0	34	27.7	46	3.2	33	3.8	45
28	兵庫県	Hyogo-ken	22.2	33	34.8	42	3.3	30	4.4	41
29	奈良県	Nara-ken	23.0	25	41.9	39	3.2	35	6.3	26
30	和歌山県	Wakayama-ken	23.9	18	50.6	29	5.9	6	9.5	3
31	鳥取県	Tottori-ken	25.0	11	64.0	10	3.3	32	6.3	27
32	島根県	Shimane-ken	21.6	38	79.9	4	3.7	24	11.7	1
33	岡山県	Okayama-ken	22.4	32	56.6	21	4.8	14	6.4	24
34	広島県	Hiroshima-ken	23.8	20	47.3	36	4.8	13	6.1	29
35	山口県	Yamaguchi-ken	29.0	4	56.0	22	4.8	12	7.2	19
36	徳島県	Tokushima-ken	27.2	7	55.0	24	5.4	8	7.8	11
37	香川県	Kagawa-ken	21.2	40	63.7	11	6.3	2	5.8	33
38	愛媛県	Ehime-ken	24.4	15	54.8	25	4.4	16	7.3	17
39	高知県	Kochi-ken	36.2	1	80.7	2	5.9	5	10.8	2
40	福岡県	Fukuoka-ken	27.4	6	39.0	40	2.7	39	3.9	43
41	佐賀県	Saga-ken	32.7	2	63.0	13	5.7	7	6.5	23
42	長崎県	Nagasaki-ken	26.7	9	57.4	20	4.3	19	7.6	13
43	熊本県	Kumamoto-ken	28.5	5	59.7	16	5.0	10	7.1	20
44	大分県	Oita-ken	22.4	31	69.0	5	4.7	15	6.8	22
45	宮崎県	Miyazaki-ken	26.8	8	65.4	6	6.2	4	5.4	35
46	鹿児島県	Kagoshima-ken	30.3	3	64.7	8	6.3	3	9.1	6
47	沖縄県	Okinawa-ken	24.6	13	55.8	23	1.6	47	5.8	32

No. 319 年間救急出動件数 (人口千人当たり) Frequency of dispatches of ambulances (per 1,000 persons) #I11201 件：number of times 2021 指標値 Indicator	順位 Rank	No. 320 薬局数 (人口10万人当たり) Number of pharmacies (per 100,000 persons) #I14101 所：pharmacies 2021 指標値 Indicator	順位 Rank	No. 321 薬局数 (可住地面積100k㎡当たり) Number of pharmacies (per 100k㎡ inhabitable area) #I14201 所：pharmacies 2021 指標値 Indicator	順位 Rank	No. 322 医薬品販売業数 (人口10万人当たり) Number of drug sellers (per 100,000 persons) #I14102 所：number of establishments 2021 指標値 Indicator	順位 Rank	No. 323 医薬品販売業数 (可住地面積100k㎡当たり) Number of drug sellers (per 100k㎡ inhabitable area) #I14202 所：number of establishments 2021 指標値 Indicator	順位 Rank	都道府県コード Pref. code
49.4		49.2		50.3		38.1		38.9		00
50.3	14	44.9	41	10.2	47	41.7	29	9.5	47	01
40.2	45	50.8	22	19.1	44	46.3	15	17.4	44	02
42.3	41	52.5	18	16.7	45	53.2	7	17.0	45	03
46.6	25	51.8	19	37.2	28	43.2	23	31.0	29	04
43.1	39	55.6	12	16.2	46	50.6	9	14.8	46	05
40.4	44	56.1	11	20.6	43	50.8	8	18.7	42	06
43.5	35	49.2	33	21.1	42	42.0	28	18.0	43	07
44.2	33	47.3	37	34.7	30	36.2	38	26.5	34	08
41.0	43	49.2	32	31.5	34	38.3	35	24.5	39	09
46.0	29	50.5	24	42.9	21	42.2	27	35.8	22	10
47.1	22	42.2	44	119.1	5	32.4	43	91.4	4	11
50.9	11	41.2	46	73.2	9	27.4	46	48.7	10	12
53.4	5	49.9	30	491.4	1	35.3	40	347.7	1	13
51.6	9	44.3	42	277.7	3	24.7	47	155.0	3	14
46.4	27	53.5	16	25.6	41	42.4	25	20.3	41	15
41.6	42	50.2	27	28.0	38	68.8	1	38.3	19	16
39.1	46	50.0	28	40.3	23	55.9	3	45.1	16	17
37.8	47	41.7	45	29.4	37	54.2	6	38.2	20	18
46.6	24	58.9	4	49.7	16	44.6	19	37.7	21	19
45.4	31	49.3	31	30.9	35	48.4	13	30.3	30	20
43.0	40	54.0	15	47.9	17	54.5	5	48.4	11	21
43.7	34	52.8	17	68.7	11	35.8	39	46.5	12	22
44.8	32	47.7	35	119.8	4	32.4	42	81.3	6	23
51.5	10	49.1	34	41.8	22	41.2	31	35.0	24	24
43.4	36	46.3	38	50.2	15	42.3	26	45.9	13	25
51.9	7	45.0	40	97.9	7	34.4	41	74.9	7	26
63.3	1	50.3	26	331.9	2	39.5	33	260.9	2	27
50.6	12	49.9	29	97.9	8	32.3	44	63.3	9	28
56.3	3	43.8	43	67.5	12	55.3	4	85.1	5	29
53.7	4	54.2	14	44.1	20	56.0	2	45.6	15	30
47.6	21	50.6	23	30.7	36	46.8	14	28.4	32	31
45.9	30	50.5	25	26.4	40	49.2	11	25.7	36	32
46.1	28	45.4	39	38.2	24	38.3	34	32.3	28	33
46.4	26	57.2	7	69.2	10	37.9	36	45.9	14	34
49.5	16	60.2	2	46.6	18	45.8	17	35.4	23	35
47.9	19	54.4	13	38.1	25	49.7	10	34.8	25	36
47.6	20	57.5	5	53.9	13	44.8	18	42.0	18	37
49.9	15	47.3	36	37.5	27	41.7	30	33.1	27	38
58.8	2	58.9	3	34.7	29	44.4	21	26.2	35	39
48.9	18	57.4	6	106.5	6	37.0	37	68.6	8	40
43.3	37	62.4	1	37.7	26	48.5	12	29.3	31	41
50.5	13	56.7	8	44.1	19	43.7	22	34.0	26	42
49.1	17	51.3	21	32.3	31	42.7	24	26.8	33	43
47.0	23	51.7	20	32.1	32	40.4	32	25.1	38	44
43.3	38	56.2	9	31.8	33	44.5	20	25.2	37	45
51.8	8	56.2	10	26.9	39	45.8	16	22.0	40	46
52.1	6	39.3	47	51.2	14	32.3	45	42.1	17	47

健康・医療 I （指標）

J. 福祉・社会保障　J Welfare and Social Security

			No. 324 生活保護被保護実人員 （月平均人口千人当たり） Number of persons assisted by livelihood protection per 1,000 persons (Monthly average) #J01107		No. 325 生活保護教育扶助人員 （月平均人口千人当たり） Number of education recipients assisted by livelihood protection per 1,000 persons a) #J0110803		No. 326 生活保護医療扶助人員 （月平均人口千人当たり） Number of medical recipients assisted by livelihood protection per 1,000 persons a) #J0110804		No. 327 生活保護住宅扶助人員 （月平均人口千人当たり） Number of housing recipients assisted by livelihood protection per 1,000 persons a) #J0110805	
	単位	Unit	人：persons		人：persons		人：persons		人：persons	
	年度	Fiscal year	2021		2021		2021		2021	
	都道府県	Prefecture	指標値 Indicator	順位 Rank	指標値 Indicator	順位 Rank	指標値 Indicator	順位 Rank	指標値 Indicator	順位 Rank
00	全国	All Japan	16.24		0.75		13.62		13.92	
01	北海道	Hokkaido	29.62	2	1.55	1	25.62	2	25.97	2
02	青森県	Aomori-ken	23.26	6	0.52	23	20.66	4	17.16	8
03	岩手県	Iwate-ken	10.57	28	0.41	33	9.43	28	7.90	31
04	宮城県	Miyagi-ken	13.04	24	0.65	17	10.87	24	10.74	23
05	秋田県	Akita-ken	14.19	19	0.40	34	12.09	18	8.96	27
06	山形県	Yamagata-ken	7.50	42	0.25	41	6.42	42	5.34	42
07	福島県	Fukushima-ken	9.53	33	0.34	37	7.87	33	7.30	34
08	茨城県	Ibaraki-ken	10.01	32	0.36	36	8.21	32	7.54	32
09	栃木県	Tochigi-ken	10.43	29	0.37	35	8.85	30	8.43	29
10	群馬県	Gumma-ken	7.73	40	0.23	42	6.91	38	6.47	39
11	埼玉県	Saitama-ken	13.24	23	0.60	20	10.77	25	11.66	21
12	千葉県	Chiba-ken	14.17	20	0.63	18	11.36	20	12.23	19
13	東京都	Tokyo-to	20.02	9	0.72	13	17.00	8	17.99	7
14	神奈川県	Kanagawa-ken	16.60	14	0.84	10	14.28	14	14.99	11
15	新潟県	Niigata-ken	9.48	34	0.41	31	7.44	35	7.02	35
16	富山県	Toyama-ken	3.94	47	0.09	47	3.12	47	2.77	47
17	石川県	Ishikawa-ken	6.25	43	0.15	46	5.14	43	4.91	43
18	福井県	Fukui-ken	5.54	45	0.19	44	4.42	45	4.19	45
19	山梨県	Yamanashi-ken	8.76	38	0.30	40	6.54	40	6.62	37
20	長野県	Nagano-ken	5.41	46	0.19	45	4.24	46	4.12	46
21	岐阜県	Gifu-ken	5.90	44	0.20	43	5.02	44	4.91	44
22	静岡県	Shizuoka-ken	8.94	37	0.41	32	7.11	37	7.51	33
23	愛知県	Aichi-ken	10.16	31	0.46	28	7.86	34	9.00	26
24	三重県	Mie-ken	8.99	36	0.44	29	7.30	36	6.95	36
25	滋賀県	Shiga-ken	7.73	41	0.51	24	6.70	39	6.27	40
26	京都府	Kyoto-fu	21.37	7	1.34	3	16.68	9	18.41	6
27	大阪府	Osaka-fu	30.71	1	1.53	2	25.82	1	28.10	1
28	兵庫県	Hyogo-ken	18.34	11	1.02	7	15.41	12	16.29	9
29	奈良県	Nara-ken	14.04	21	0.75	12	11.67	19	11.70	20
30	和歌山県	Wakayama-ken	15.90	16	0.48	27	13.57	16	12.88	16
31	鳥取県	Tottori-ken	11.99	26	0.52	22	9.54	27	9.01	25
32	島根県	Shimane-ken	8.22	39	0.43	30	6.45	41	6.00	41
33	岡山県	Okayama-ken	12.67	25	0.68	14	11.32	21	10.47	24
34	広島県	Hiroshima-ken	14.45	18	0.78	11	11.25	23	12.40	17
35	山口県	Yamaguchi-ken	10.37	30	0.31	38	8.91	29	8.08	30
36	徳島県	Tokushima-ken	17.87	12	0.67	16	15.80	11	12.98	14
37	香川県	Kagawa-ken	10.84	27	0.50	26	9.65	26	8.67	28
38	愛媛県	Ehime-ken	15.17	17	0.50	25	13.46	17	12.37	18
39	高知県	Kochi-ken	25.73	4	1.05	6	22.35	3	19.71	5
40	福岡県	Fukuoka-ken	23.52	5	1.31	4	20.55	5	19.93	4
41	佐賀県	Saga-ken	9.34	35	0.30	39	8.41	31	6.52	38
42	長崎県	Nagasaki-ken	20.49	8	0.98	8	17.10	7	15.76	10
43	熊本県	Kumamoto-ken	13.96	22	0.60	19	11.27	22	11.26	22
44	大分県	Oita-ken	16.99	13	0.56	21	14.75	13	13.49	13
45	宮崎県	Miyazaki-ken	16.24	15	0.68	15	14.15	15	12.91	15
46	鹿児島県	Kagoshima-ken	18.69	10	0.92	9	16.29	10	13.89	12
47	沖縄県	Okinawa-ken	26.44	3	1.29	5	19.87	6	21.77	3

a) (Monthly average)

No. 328 生活保護介護扶助人員 (月平均人口千人当たり) Number of nursing care recipients assisted by livelihood protection per 1,000 persons a) #J0110806 人：persons 2021		No. 329 生活保護被保護高齢者数 (月平均65歳以上人口千人当たり) Number of aged persons assisted by livelihood protection per 1,000 persons 65 years old and over a) #J0110902 人：persons 2020		No. 330 身体障害者手帳交付数 (人口千人当たり) Number of certificates issued for physically disabled persons per 1,000 persons #J01200 人：persons 2021		No. 331 保護施設数 (生活保護被保護実人員10万人当たり)（医療保護施設を除く） Number of institutions for livelihood protection (per 100,000 persons assisted) b) #J02101 所：number of establishments 2021		No. 332 老人ホーム数 (65歳以上人口10万人当たり) Number of homes for the aged (per 100,000 persons 65 years old and over) #J022011 所：number of establishments 2021		都道府県コード
指標値 Indicator	順位 Rank	指標値 Indicator	順位 Rank	指標値 Indicator	順位 Rank	指標値 Indicator	順位 Rank	指標値 Indicator	順位 Rank	Pref. code
3.31		29.8		39.1		11.3		78.4		00
5.91	3	46.5	4	56.0	3	6.5	39	98.6	14	01
6.62	2	43.4	6	45.0	19	10.6	34	143.7	4	02
2.46	24	16.8	32	41.5	28	15.8	26	105.4	9	03
2.46	25	21.6	24	34.3	41	6.7	38	67.6	31	04
3.46	16	22.6	23	52.0	9	22.4	18	81.7	20	05
1.84	37	11.7	43	47.5	12	50.6	5	103.3	11	06
2.04	33	15.6	36	42.4	27	52.1	4	64.1	34	07
2.18	29	18.4	29	31.4	43	14.0	28	61.5	38	08
2.12	30	19.0	27	36.8	37	15.0	27	51.1	44	09
2.03	34	14.9	38	35.2	39	20.1	19	132.1	5	10
2.54	22	25.3	19	27.8	47	3.1	47	63.4	36	11
2.66	21	25.5	18	28.5	46	4.5	44	75.4	27	12
3.71	11	47.4	3	34.8	40	11.1	33	53.2	42	13
3.18	18	32.1	11	29.0	45	5.2	42	66.7	32	14
1.76	40	13.5	39	40.1	32	24.2	15	59.5	40	15
0.94	46	6.6	47	43.4	23	24.8	14	63.2	37	16
1.43	43	12.4	41	36.5	38	42.7	8	77.8	25	17
1.01	45	9.9	45	46.8	15	23.8	16	52.5	43	18
1.79	39	16.1	34	42.6	25	56.7	2	48.8	45	19
0.90	47	8.6	46	41.2	30	63.7	1	74.4	28	20
1.53	42	11.6	44	41.3	29	8.6	36	82.0	19	21
1.83	38	15.0	37	33.4	42	24.8	13	58.0	41	22
1.92	36	20.3	26	31.3	44	11.8	30	72.2	29	23
1.93	35	15.8	35	39.2	34	19.0	22	79.8	23	24
1.36	44	13.0	40	38.1	35	45.8	6	43.4	47	25
4.04	9	35.5	8	54.4	6	3.7	45	46.2	46	26
7.22	1	61.3	2	42.9	24	5.5	41	80.8	21	27
3.58	14	32.2	9	42.5	26	10.0	35	60.8	39	28
3.04	19	23.4	21	44.9	20	16.2	24	67.8	30	29
4.77	6	29.6	15	58.2	1	13.8	29	94.2	17	30
2.30	27	18.7	28	46.9	14	30.4	10	80.0	22	31
1.70	41	12.0	42	47.0	13	54.9	3	94.3	16	32
2.51	23	20.5	25	37.0	36	37.9	9	79.8	24	33
2.39	26	23.2	22	39.8	33	7.5	37	64.1	35	34
2.05	32	17.5	31	46.1	17	43.6	7	97.4	15	35
3.73	10	30.7	13	46.1	18	23.6	17	76.5	26	36
2.10	31	16.8	33	44.0	22	19.6	21	89.4	18	37
3.62	13	26.5	17	44.7	21	20.0	20	101.6	12	38
5.16	5	41.3	7	55.9	4	11.4	31	65.3	33	39
4.72	7	44.9	5	40.6	31	5.8	40	104.0	10	40
2.24	28	17.8	30	50.5	10	26.6	12	145.4	3	41
3.67	12	32.1	10	53.8	7	11.3	32	100.5	13	42
2.85	20	23.8	20	48.4	11	29.0	11	126.5	7	43
4.10	8	30.7	12	52.1	8	15.8	25	130.6	6	44
3.28	17	27.7	16	55.6	5	17.4	23	180.1	1	45
3.53	15	29.8	14	57.8	2	3.4	46	119.4	8	46
5.76	4	61.3	1	46.5	16	5.2	43	148.4	2	47

b) (The medical facility for persons requiring public assistance are excluded.)

福祉・社会保障　J　（指標）

			No. 333 介護老人福祉施設数 (65歳以上人口 10万人当たり) Number of elderly nursing facilities (per 100,000 persons 65 years old and over) #J02205		No. 334 児童福祉施設等数 (人口10万人当たり) Number of child welfare institutions (per 100,000 persons) #J02501		No. 335 生活保護施設定員数 (生活保護被保護実人員 千人当たり) Capacity of institutions for livelihood protection (per 1,000 persons assisted) #J04101		No. 336 生活保護施設在所者数 (生活保護被保護実人員 千人当たり) Number of inmates in institutions for livelihood protection (per 1,000 persons assisted) #J04102	
単位	Unit		所：number of facilities		所：number of facilities		人：persons		人：persons	
年度	Fiscal year		2021		2021		2021		2021	
都道府県	Prefecture		指標値 Indicator	順位 Rank	指標値 Indicator	順位 Rank	指標値 Indicator	順位 Rank	指標値 Indicator	順位 Rank
00	全国	All Japan	23.2		11.07		9.3		8.7	
01	北海道	Hokkaido	22.5	39	13.31	9	6.3	37	6.0	36
02	青森県	Aomori-ken	23.6	29	11.47	22	13.4	24	13.6	23
03	岩手県	Iwate-ken	29.8	8	16.05	5	13.5	23	12.2	24
04	宮城県	Miyagi-ken	25.5	21	22.01	1	8.4	32	8.6	28
05	秋田県	Akita-ken	34.4	2	13.86	7	16.8	19	15.4	20
06	山形県	Yamagata-ken	29.0	12	11.66	20	36.0	7	35.0	7
07	福島県	Fukushima-ken	28.0	13	10.32	28	31.3	9	28.7	9
08	茨城県	Ibaraki-ken	31.9	4	7.96	40	12.2	27	11.7	25
09	栃木県	Tochigi-ken	25.3	22	9.58	33	9.5	28	7.8	30
10	群馬県	Gumma-ken	30.7	6	5.45	47	16.1	21	16.0	19
11	埼玉県	Saitama-ken	22.4	40	12.30	16	2.8	45	2.3	45
12	千葉県	Chiba-ken	24.5	26	10.09	29	4.1	42	4.0	42
13	東京都	Tokyo-to	17.8	46	12.34	15	8.8	31	7.1	32
14	神奈川県	Kanagawa-ken	18.2	44	9.20	37	5.6	40	5.7	37
15	新潟県	Niigata-ken	29.2	11	7.40	43	24.7	12	23.6	14
16	富山県	Toyama-ken	25.5	20	7.90	41	49.5	3	44.8	4
17	石川県	Ishikawa-ken	23.1	36	11.56	21	46.9	4	45.8	3
18	福井県	Fukui-ken	29.2	10	16.58	4	33.3	8	31.6	8
19	山梨県	Yamanashi-ken	23.4	30	13.54	8	36.7	6	36.4	6
20	長野県	Nagano-ken	25.7	19	12.99	11	55.8	2	57.7	1
21	岐阜県	Gifu-ken	23.3	32	9.43	34	6.1	39	5.1	41
22	静岡県	Shizuoka-ken	23.4	31	11.14	25	18.0	17	16.8	17
23	愛知県	Aichi-ken	15.1	47	10.32	27	8.8	30	5.2	40
24	三重県	Mie-ken	31.3	5	7.00	44	16.5	20	15.1	22
25	滋賀県	Shiga-ken	24.7	24	12.90	12	55.9	1	55.3	2
26	京都府	Kyoto-fu	21.6	42	15.78	6	2.4	46	1.8	46
27	大阪府	Osaka-fu	18.2	44	8.31	38	6.1	38	7.0	33
28	兵庫県	Hyogo-ken	22.4	41	12.24	18	6.9	35	6.5	35
29	奈良県	Nara-ken	27.2	15	7.68	42	12.5	26	11.3	27
30	和歌山県	Wakayama-ken	30.2	7	11.93	19	17.2	18	15.3	21
31	鳥取県	Tottori-ken	24.4	27	19.49	3	22.8	14	25.1	12
32	島根県	Shimane-ken	40.2	1	5.86	46	40.2	5	39.9	5
33	岡山県	Okayama-ken	27.0	17	9.38	35	19.8	16	19.2	16
34	広島県	Hiroshima-ken	23.2	34	12.63	14	5.4	41	5.3	39
35	山口県	Yamaguchi-ken	22.8	37	6.85	45	26.9	10	26.2	10
36	徳島県	Tokushima-ken	26.7	18	12.78	13	12.6	25	11.6	26
37	香川県	Kagawa-ken	29.7	9	9.98	31	25.5	11	24.8	13
38	愛媛県	Ehime-ken	24.5	25	10.52	26	20.7	15	20.2	15
39	高知県	Kochi-ken	24.1	28	13.01	10	7.6	34	7.3	31
40	福岡県	Fukuoka-ken	23.3	33	9.23	36	4.1	43	3.9	43
41	佐賀県	Saga-ken	23.1	35	12.28	17	23.9	13	25.2	11
42	長崎県	Nagasaki-ken	27.8	14	8.17	39	6.8	36	6.8	34
43	熊本県	Kumamoto-ken	25.2	23	11.23	23	15.7	22	16.7	18
44	大分県	Oita-ken	22.6	38	10.05	30	7.9	33	8.3	29
45	宮崎県	Miyazaki-ken	27.1	16	11.22	24	8.8	29	5.7	38
46	鹿児島県	Kagoshima-ken	32.4	3	9.64	32	1.7	47	1.2	47
47	沖縄県	Okinawa-ken	18.6	43	21.66	2	3.9	44	3.7	44

No. 337 老人ホーム定員数 （65歳以上人口千人当たり） Capacity of homes for the aged (per 1,000 persons 65 years old and over) #J042011 人：persons		No. 338 老人ホーム在所者数 （65歳以上人口千人当たり） Number of inmates in homes for the aged (per 1,000 persons 65 years old and over) #J042021 人：persons		No. 339 民生委員（児童委員）数 （人口10万人当たり） Number of welfare (child) commissioners (per 100,000 persons) #J05101 人：persons		No. 340 訪問介護利用者数 （訪問介護1事業所当たり） Number of users of nursing-care (per facility) #J05109 人：persons		No. 341 民生委員（児童委員）相談・支援件数 （民生委員（児童委員）1人当たり） Number of consultations and guidance per welfare (child) commissioner #J05201 件：number of cases		都道府県コード
2021		2021		2021		2021		2021		
指標値 Indicator	順位 Rank	指標値 Indicator	順位 Rank	指標値 Indicator	順位 Rank	指標値 Indicator	順位 Rank	指標値 Indicator	順位 Rank	Pref. code
38.0		34.3		184.1		33.15		21.6		00
42.4	13	38.5	12	240.4	22	32.74	23	18.8	35	01
49.5	4	45.4	5	267.1	14	38.19	7	25.6	17	02
36.8	24	34.3	22	304.8	5	34.68	16	27.7	11	03
30.7	39	27.6	40	196.9	36	28.48	44	22.0	22	04
33.9	33	32.1	29	350.7	1	39.42	2	21.6	26	05
42.9	11	40.7	8	270.5	12	32.39	24	27.5	13	06
33.2	37	30.6	35	261.9	16	38.50	6	19.5	32	07
30.1	41	27.5	41	183.2	38	38.12	8	21.8	25	08
24.3	46	22.7	46	201.9	35	31.59	27	16.8	40	09
49.9	3	45.5	4	215.2	33	31.51	29	11.3	47	10
39.3	17	34.8	19	144.5	43	33.24	20	15.7	43	11
38.4	19	34.4	21	142.2	44	35.72	14	17.0	39	12
36.9	23	32.2	28	71.6	47	39.17	5	14.4	46	13
42.8	12	37.1	15	123.3	46	37.59	10	19.3	33	14
33.6	34	31.9	31	219.0	31	35.28	15	23.8	19	15
29.1	43	26.5	43	248.9	19	39.28	4	29.8	6	16
43.1	10	38.8	11	278.7	9	32.35	25	14.7	45	17
29.3	42	26.5	42	243.3	21	30.16	38	21.9	23	18
23.5	47	21.4	47	312.3	4	37.85	9	22.2	21	19
34.2	32	31.9	30	257.7	18	33.54	18	20.6	29	20
34.8	30	30.7	34	230.1	28	39.49	1	18.1	36	21
33.2	36	30.0	38	188.7	37	36.49	11	18.1	37	22
33.3	35	30.2	37	156.6	41	29.77	40	16.2	42	23
34.6	31	31.5	33	232.5	25	33.62	17	19.0	34	24
25.0	45	23.3	45	231.3	26	30.75	36	33.1	4	25
28.2	44	26.4	44	215.4	32	39.34	3	17.6	38	26
41.7	15	36.9	16	146.7	42	29.66	42	19.9	30	27
35.6	29	31.7	32	180.3	39	30.22	37	21.1	28	28
36.8	25	33.0	24	227.0	30	30.85	33	21.9	24	29
38.3	20	35.2	17	288.6	7	36.42	12	15.4	44	30
36.0	27	32.7	27	298.2	6	31.69	26	29.5	7	31
42.0	14	38.2	13	336.2	3	31.52	28	27.5	12	32
35.9	28	32.9	26	228.7	29	35.94	13	24.1	18	33
30.7	40	28.9	39	209.2	34	31.16	30	26.9	15	34
41.2	16	37.5	14	277.0	10	30.79	35	29.2	9	35
33.1	38	30.4	36	281.5	8	29.79	39	16.2	41	36
37.7	21	34.4	20	230.6	27	32.86	22	23.3	20	37
38.5	18	35.0	18	274.7	11	30.81	34	21.3	27	38
37.2	22	34.2	23	344.3	2	29.77	41	19.8	31	39
47.9	6	42.6	6	174.0	40	29.49	43	29.3	8	40
48.4	5	45.7	3	261.8	17	24.37	46	34.1	3	41
36.1	26	33.0	25	268.9	13	32.87	21	39.0	2	42
43.8	8	40.5	9	236.2	23	31.08	31	31.0	5	43
52.8	2	48.1	2	243.9	20	33.27	19	26.9	14	44
58.9	1	54.5	1	235.4	24	25.57	45	28.6	10	45
43.5	9	39.5	10	264.5	15	30.92	32	39.2	1	46
46.3	7	41.7	7	134.8	45	21.13	47	26.2	16	47

都道府県 Prefecture		No. 342 児童相談所受付件数 （人口千人当たり） Number of acceptions of child guidance centers (per 1,000 persons) #J05210		No. 343 1人当たりの国民医療費 National medical expenses per person #I15106		No. 344 後期高齢者医療費 （被保険者1人当たり） Amount of medical care expenditure for elderly in the latter of life c) #J05208		No. 345 国民年金被保険者数 （第1号） (20～59歳人口千人当たり) Number of insured persons of national pension (Class 1) (per 1,000 persons of 20-59 years old) #J0610101	
単位	Unit	件：number of cases		千円：thousand yen		円：yen		人：persons	
年度	Fiscal year	2021		2020		2021		2020	
都道府県	Prefecture	指標値 Indicator	順位 Rank	指標値 Indicator	順位 Rank	指標値 Indicator	順位 Rank	指標値 Indicator	順位 Rank
00 全国	All Japan	4.5		341		940,512		241.5	
01 北海道	Hokkaido	4.0	23	404	8	1,065,080	7	244.0	19
02 青森県	Aomori-ken	3.9	27	351	24	811,423	44	258.9	11
03 岩手県	Iwate-ken	3.0	38	337	29	767,405	46	218.1	40
04 宮城県	Miyagi-ken	7.3	1	320	36	842,258	35	220.9	36
05 秋田県	Akita-ken	2.5	46	378	14	808,732	45	221.3	35
06 山形県	Yamagata-ken	2.6	44	349	25	835,670	39	207.4	44
07 福島県	Fukushima-ken	4.6	16	333	31	817,047	43	222.2	34
08 茨城県	Ibaraki-ken	2.9	40	312	41	839,082	38	247.9	17
09 栃木県	Tochigi-ken	3.5	36	317	40	833,341	40	234.3	25
10 群馬県	Gumma-ken	6.3	3	322	35	858,693	33	242.6	20
11 埼玉県	Saitama-ken	5.4	9	298	47	840,668	37	238.8	22
12 千葉県	Chiba-ken	4.6	15	300	46	825,420	41	231.2	27
13 東京都	Tokyo-to	3.8	30	306	44	937,805	24	244.8	18
14 神奈川県	Kanagawa-ken	5.3	10	302	45	874,502	30	229.0	29
15 新潟県	Niigata-ken	4.2	19	318	39	754,149	47	209.3	43
16 富山県	Toyama-ken	3.7	32	345	27	929,039	25	196.6	46
17 石川県	Ishikawa-ken	2.9	39	347	26	971,667	17	216.8	42
18 福井県	Fukui-ken	3.9	29	339	28	918,020	27	200.1	45
19 山梨県	Yamanashi-ken	3.5	35	337	29	861,783	31	263.2	8
20 長野県	Nagano-ken	2.9	41	332	32	842,323	34	236.3	23
21 岐阜県	Gifu-ken	3.9	24	332	32	860,519	32	233.3	26
22 静岡県	Shizuoka-ken	3.3	37	320	36	819,134	42	220.5	37
23 愛知県	Aichi-ken	3.8	31	312	41	947,455	21	218.0	41
24 三重県	Mie-ken	2.5	45	331	34	840,847	36	223.9	32
25 滋賀県	Shiga-ken	3.9	28	307	43	908,783	29	218.6	39
26 京都府	Kyoto-fu	6.3	4	355	23	1,027,254	12	275.1	5
27 大阪府	Osaka-fu	6.4	2	373	16	1,062,990	9	279.5	4
28 兵庫県	Hyogo-ken	5.4	8	362	20	1,010,760	14	257.3	13
29 奈良県	Nara-ken	4.2	20	356	22	928,775	26	271.0	6
30 和歌山県	Wakayama-ken	4.8	12	390	10	956,015	20	292.9	2
31 鳥取県	Tottori-ken	4.2	22	359	21	945,251	22	224.6	31
32 島根県	Shimane-ken	3.9	25	387	12	938,441	23	196.2	47
33 岡山県	Okayama-ken	4.2	21	368	18	967,452	18	230.7	28
34 広島県	Hiroshima-ken	4.7	14	367	19	1,039,324	11	222.3	33
35 山口県	Yamaguchi-ken	4.4	18	407	6	1,013,444	13	219.7	38
36 徳島県	Tokushima-ken	3.6	33	421	3	1,064,552	8	265.2	7
37 香川県	Kagawa-ken	6.0	6	388	11	985,894	16	228.5	30
38 愛媛県	Ehime-ken	3.6	34	386	13	963,074	19	252.1	15
39 高知県	Kochi-ken	2.8	42	458	1	1,172,055	2	283.2	3
40 福岡県	Fukuoka-ken	6.0	5	378	14	1,173,102	1	258.0	12
41 佐賀県	Saga-ken	2.8	43	405	7	1,084,321	5	241.5	21
42 長崎県	Nagasaki-ken	4.7	13	421	3	1,088,251	4	260.5	9
43 熊本県	Kumamoto-ken	4.4	17	401	9	1,075,429	6	260.4	10
44 大分県	Oita-ken	1.4	47	414	5	1,052,999	10	235.2	24
45 宮崎県	Miyazaki-ken	3.9	26	370	17	911,360	28	255.0	14
46 鹿児島県	Kagoshima-ken	5.1	11	427	2	1,110,475	3	251.4	16
47 沖縄県	Okinawa-ken	5.6	7	320	36	1,002,500	15	320.3	1

c) (per person insured)

No. 346 国民年金被保険者数 （第3号） （20～59歳人口千人当たり） Number of insured persons of national pension (Class 3) (per 1,000 persons of 20-59 years old) #J0610102 人：persons 2020		No. 347 国民健康保険被保険者数 （人口千人当たり） Number of persons insured by national health insurance (per 1,000 persons) #I15101 人：persons 2021		No. 348 国民健康保険受診率 （被保険者千人当たり） Rate of medical examination of persons insured by national health insurance d) #I15102 — 2021		No. 349 国民健康保険診療費 （被保険者1人当たり） Amount of medical consultation fee of persons insured by national health insurance e) #I15103 円：yen 2021		No. 350 全国健康保険協会管掌 健康保険加入者数 （人口千人当たり） Number of subscribers covered Japan health insurance association health insurance f) #I15202 人：persons 2021		都道府県コード
指標値 Indicator	順位 Rank	指標値 Indicator	順位 Rank	指標値 Indicator	順位 Rank	指標値 Indicator	順位 Rank	指標値 Indicator	順位 Rank	Pref. code
132.1		202.1		10,744.55		310,572		320.8		00
142.7	12	203.6	25	9,895.13	45	330,262	19	336.6	28	01
108.3	35	233.5	4	10,461.70	40	287,172	42	355.9	25	02
104.2	38	208.0	17	11,032.98	23	314,364	31	333.1	30	03
126.7	27	194.4	37	11,324.71	15	316,410	30	322.8	33	04
101.7	41	209.3	16	11,170.39	19	330,597	18	333.0	31	05
85.8	47	199.0	31	12,250.76	2	325,953	23	364.9	20	06
112.8	34	214.8	15	10,898.68	27	296,117	39	360.2	22	07
132.9	22	223.4	10	9,893.11	46	264,991	47	254.0	42	08
134.1	19	220.4	11	10,698.77	31	297,547	38	281.2	40	09
132.6	23	219.3	12	10,562.91	36	299,262	36	327.2	32	10
145.0	7	202.9	26	10,144.78	42	279,418	45	195.8	45	11
141.9	14	202.7	27	10,014.57	44	286,398	43	162.4	47	12
107.8	36	193.5	38	10,047.25	43	273,826	46	408.3	1	13
143.4	11	185.6	41	10,585.15	35	289,896	40	180.6	46	14
103.1	40	198.7	32	11,025.53	24	312,489	32	366.4	18	15
104.1	39	176.5	47	10,755.81	30	329,471	20	393.0	5	16
107.0	37	184.8	42	10,469.76	39	350,307	12	389.4	8	17
101.1	42	179.0	46	10,595.11	33	345,912	13	379.8	13	18
121.1	29	226.0	8	10,514.87	37	299,091	37	313.5	37	19
122.5	28	207.2	20	10,652.13	32	301,761	35	320.7	35	20
146.8	6	205.8	21	11,653.64	7	323,693	25	383.9	10	21
133.0	21	207.2	19	11,101.14	20	308,598	34	285.2	39	22
157.3	2	184.2	43	11,344.22	14	288,188	41	333.4	29	23
148.4	5	195.3	36	12,024.03	5	329,021	21	290.6	38	24
150.0	4	186.9	40	10,810.09	29	309,522	33	252.7	43	25
130.5	24	198.7	33	10,502.09	38	320,213	29	344.4	27	26
136.7	16	205.3	23	10,831.14	28	320,475	26	398.0	3	27
155.6	3	198.2	34	11,471.67	12	326,557	22	277.4	41	28
159.2	1	217.6	14	11,034.53	22	325,260	24	245.3	44	29
144.8	8	251.6	2	11,455.64	13	320,244	28	322.7	34	30
96.8	43	201.4	29	10,907.91	26	338,856	14	368.2	17	31
93.0	45	183.0	44	12,207.79	3	385,265	3	360.0	23	32
133.2	20	189.9	39	11,287.25	16	367,320	7	379.9	12	33
142.0	13	182.9	45	11,488.10	10	336,791	15	388.3	9	34
144.1	9	200.9	30	12,436.16	1	386,339	2	313.6	36	35
118.1	30	207.2	18	11,483.82	11	362,057	8	370.7	16	36
129.1	25	198.1	35	11,663.27	6	374,341	6	397.7	4	37
141.6	15	218.9	13	11,260.88	18	336,367	16	390.7	7	38
89.7	46	230.4	6	10,447.83	41	358,142	11	359.8	24	39
136.2	17	201.9	28	11,082.22	21	320,271	27	371.3	14	40
117.3	32	204.4	24	12,048.20	4	384,460	4	360.8	21	41
127.2	26	233.7	3	11,600.93	8	361,252	9	346.7	26	42
116.7	33	223.7	9	11,510.34	9	360,129	10	370.8	15	43
135.2	18	205.6	22	10,981.61	25	377,118	5	366.3	19	44
117.7	31	231.6	5	10,591.72	34	331,434	17	381.4	11	45
143.8	10	227.1	7	11,281.01	17	390,112	1	392.1	6	46
96.7	44	264.7	1	7,948.05	47	282,444	44	404.2	2	47

d) (per 1,000 insured persons)
e) (per insured person)
f) (per 1,000 persons)

福祉・社会保障

J

（指標）

都道府県 Prefecture	No. 351 全国健康保険協会管掌 健康保険受診率 （被保険者千人当たり） Rate of medical examination with Japan health insurance association health insurance d) #I1520301		No. 352 全国健康保険協会管掌 健康保険受診率 （被扶養者千人当たり） Rate of medical examination with Japan health insurance association health insurance g) #I1520302		No. 353 全国健康保険協会管掌 健康保険医療費 （被保険者1人当たり） Amount of benefits paid per person covered by Japan health insurance association health insurance h) #I1520501		No. 354 全国健康保険協会管掌 健康保険医療費 （被扶養者1人当たり） Amount of benefits paid per person covered by Japan health insurance association health insurance i) #I1520502	
単位　Unit	－		－		円：yen		円：yen	
年度　Fiscal year	2021		2021		2021		2021	
	指標値 Indicator	順位 Rank	指標値 Indicator	順位 Rank	指標値 Indicator	順位 Rank	指標値 Indicator	順位 Rank
00 全国 All Japan	7,439.01		7,893.53		179,405		174,796	
01 北海道 Hokkaido	6,955.95	46	7,258.05	45	202,435	1	186,293	5
02 青森県 Aomori-ken	7,447.77	23	7,869.42	26	184,365	16	179,606	16
03 岩手県 Iwate-ken	7,409.98	31	7,731.20	34	177,695	28	182,393	9
04 宮城県 Miyagi-ken	7,606.73	15	8,174.32	14	184,548	15	179,056	17
05 秋田県 Akita-ken	7,871.76	8	8,200.49	13	191,878	5	201,824	1
06 山形県 Yamagata-ken	8,148.90	2	8,843.86	1	181,612	21	195,459	3
07 福島県 Fukushima-ken	7,417.43	30	7,957.69	21	175,957	32	175,271	24
08 茨城県 Ibaraki-ken	7,308.46	36	7,423.32	41	177,468	30	166,976	38
09 栃木県 Tochigi-ken	7,567.01	17	8,101.14	16	177,688	29	175,106	25
10 群馬県 Gumma-ken	7,420.20	29	8,206.58	12	167,840	44	173,087	29
11 埼玉県 Saitama-ken	7,182.75	38	7,641.26	37	173,684	36	167,338	37
12 千葉県 Chiba-ken	7,086.90	43	7,359.11	43	179,510	25	165,939	43
13 東京都 Tokyo-to	7,369.87	35	8,091.71	17	172,165	40	174,325	27
14 神奈川県 Kanagawa-ken	7,470.14	21	7,771.13	31	186,463	11	168,719	35
15 新潟県 Niigata-ken	7,113.94	42	7,677.25	35	161,187	47	169,573	34
16 富山県 Toyama-ken	7,050.06	44	7,869.37	27	166,402	45	166,307	42
17 石川県 Ishikawa-ken	7,026.61	45	7,449.62	39	174,633	34	165,582	44
18 福井県 Fukui-ken	7,168.08	40	7,815.30	28	176,469	31	172,338	30
19 山梨県 Yamanashi-ken	7,524.82	18	8,215.89	11	171,680	41	177,136	19
20 長野県 Nagano-ken	7,168.14	39	7,246.12	46	165,623	46	164,872	45
21 岐阜県 Gifu-ken	7,461.60	22	8,396.06	6	172,983	38	172,068	31
22 静岡県 Shizuoka-ken	7,438.00	25	7,784.23	30	172,681	39	167,627	36
23 愛知県 Aichi-ken	7,401.18	32	8,482.11	4	170,540	42	176,612	20
24 三重県 Mie-ken	7,960.29	5	7,959.47	20	175,550	33	166,467	41
25 滋賀県 Shiga-ken	7,165.46	41	7,321.08	44	170,498	43	159,993	47
26 京都府 Kyoto-fu	7,303.83	37	7,410.87	42	179,860	23	166,733	39
27 大阪府 Osaka-fu	7,489.59	20	7,903.32	24	182,885	18	174,759	26
28 兵庫県 Hyogo-ken	7,771.78	12	8,027.72	19	186,497	10	176,184	22
29 奈良県 Nara-ken	7,583.29	16	7,449.18	40	186,391	12	166,718	40
30 和歌山県 Wakayama-ken	7,985.80	4	8,223.04	9	180,447	22	173,849	28
31 鳥取県 Tottori-ken	7,444.01	24	7,949.20	23	173,532	37	181,004	12
32 島根県 Shimane-ken	7,807.84	11	8,061.53	18	190,382	7	185,542	7
33 岡山県 Okayama-ken	7,502.25	19	8,253.39	8	182,051	20	176,188	21
34 広島県 Hiroshima-ken	7,432.14	27	7,648.59	36	179,571	24	170,134	33
35 山口県 Yamaguchi-ken	8,018.97	3	8,315.35	7	186,247	14	182,010	10
36 徳島県 Tokushima-ken	7,827.87	9	8,634.09	3	182,169	19	194,920	4
37 香川県 Kagawa-ken	7,634.61	14	8,728.42	2	186,972	9	184,666	8
38 愛媛県 Ehime-ken	7,422.99	28	8,221.77	10	179,194	26	176,033	23
39 高知県 Kochi-ken	7,391.23	33	7,752.37	32	184,098	17	180,016	14
40 福岡県 Fukuoka-ken	7,690.65	13	7,950.21	22	186,347	13	180,774	13
41 佐賀県 Saga-ken	8,150.06	1	8,466.64	5	197,832	2	199,454	2
42 長崎県 Nagasaki-ken	7,919.36	7	7,892.44	25	192,158	4	181,526	11
43 熊本県 Kumamoto-ken	7,951.54	6	8,171.75	15	189,614	8	186,100	6
44 大分県 Oita-ken	7,435.47	26	7,573.15	38	192,769	3	179,686	15
45 宮崎県 Miyazaki-ken	7,382.17	34	7,732.74	33	178,933	27	170,202	32
46 鹿児島県 Kagoshima-ken	7,819.35	10	7,813.33	29	191,605	6	177,647	18
47 沖縄県 Okinawa-ken	6,580.65	47	6,358.65	47	174,179	35	160,242	46

d) (per 1,000 insured persons)
g) (per 1,000 dependents)
h) (Insured person)
i) (Dependent)

No. 355 雇用保険受給率（対被保険者数） Percentage of recipients of benefits of employment insurance #F07101 % 2021		No. 356 労働者災害補償保険給付率（対適用労働者数） Percentage of benefits paid by industrial accident compensation insurance #F08101 % 2021		No. 357 労働災害発生の頻度 Frequency rate of occurrence of industrial accidents #F08201 — 2021		No. 358 労働災害の重さの程度 Severity rate of occurrence of industrial accidents #F08202 — 2021		都道府県コード
指標値 Indicator	順位 Rank	指標値 Indicator	順位 Rank	指標値 Indicator	順位 Rank	指標値 Indicator	順位 Rank	Pref. code
1.2		6.1		2.09		0.09		00
1.6	7	12.1	3	3.22	4	0.14	7	01
1.7	6	6.9	29	2.61	12	0.13	10	02
1.2	30	7.5	20	2.91	5	0.05	30	03
1.3	26	7.8	16	2.73	9	0.05	30	04
1.3	25	6.6	36	2.45	14	0.06	27	05
1.1	37	8.2	12	2.63	11	0.07	20	06
1.2	33	6.7	35	1.91	34	0.05	30	07
1.2	31	5.8	41	1.84	38	0.14	7	08
1.3	24	5.9	40	1.22	46	0.05	30	09
1.1	41	6.8	30	2.51	13	0.10	13	10
1.8	3	7.8	15	2.45	14	0.07	20	11
1.8	1	8.7	11	2.77	8	0.07	20	12
0.5	47	2.7	47	1.58	44	0.09	14	13
1.5	13	6.7	31	2.21	22	0.05	30	14
1.0	43	7.4	23	2.44	16	0.11	12	15
0.9	46	5.7	42	1.96	31	0.04	40	16
1.1	42	5.5	44	2.24	21	0.05	30	17
0.9	45	6.3	37	1.86	37	0.04	40	18
1.2	34	6.7	33	2.33	20	0.04	40	19
1.2	35	6.2	38	2.09	26	0.03	43	20
1.2	29	6.9	28	1.74	41	0.09	14	21
1.1	36	7.2	25	1.71	42	0.07	20	22
1.0	44	5.1	45	1.59	43	0.05	30	23
1.4	18	7.8	18	2.16	23	0.08	16	24
1.5	14	7.7	19	1.93	32	0.22	2	25
1.5	11	6.7	32	1.84	38	0.15	5	26
1.1	40	5.5	43	2.12	25	0.06	27	27
1.7	4	7.9	14	2.36	19	0.16	4	28
1.8	2	9.6	8	2.67	10	0.08	16	29
1.4	19	9.1	10	2.03	29	0.05	30	30
1.4	20	6.1	39	1.88	35	0.02	46	31
1.2	28	7.0	27	1.87	36	0.06	27	32
1.3	23	7.4	24	2.38	18	0.07	20	33
1.2	32	7.8	17	2.07	27	0.05	30	34
1.1	38	6.7	34	0.80	47	0.02	46	35
1.4	22	8.1	13	2.01	30	0.03	43	36
1.1	39	7.5	21	2.41	17	0.18	3	37
1.3	27	10.1	6	1.80	40	0.03	43	38
1.5	15	14.0	1	3.34	3	0.08	16	39
1.5	12	7.0	26	2.15	24	0.07	20	40
1.4	21	9.4	9	2.06	28	0.15	5	41
1.6	8	10.9	4	2.80	7	0.07	20	42
1.5	17	7.5	22	1.92	33	0.05	30	43
1.7	5	10.5	5	1.23	45	0.13	10	44
1.5	10	13.4	2	3.55	2	0.08	16	45
1.5	16	9.9	7	2.89	6	0.56	1	46
1.6	9	4.9	46	4.26	1	0.14	7	47

福祉・社会保障 J （指標）

K. 安全　　　K Safety

都道府県 Prefecture	No. 359 消防署数 (可住地面積100k㎡当たり) Number of fire stations (per inhabitable area 100k㎡) #K01102 署：number of fire stations 2022 指標値 Indicator	順位 Rank	No. 360 消防団・分団数 (可住地面積100k㎡当たり) Number of fire fighting units and sub-units (per inhabitable area 100k㎡) #K01104 団：number of fire companies 2022 指標値 Indicator	順位 Rank	No. 361 消防ポンプ自動車等現有数 (人口10万人当たり) Number of fire engines and cars existing (per 100,000 persons) #K01105 台：quantities 2022 指標値 Indicator	順位 Rank	No. 362 消防水利数 (人口10万人当たり) Number of water facilities for fire fighting (per 100,000 persons) #K01107 所：number of facilities 2022 指標値 Indicator	順位 Rank
00 全国　All Japan	4.5		19.8		72.0		2,088.4	
01 北海道　Hokkaido	1.9	47	5.6	47	62.3	38	1,377.3	45
02 青森県　Aomori-ken	3.0	37	25.1	19	144.2	13	2,254.8	35
03 岩手県　Iwate-ken	2.4	44	12.4	43	170.9	6	2,621.1	22
04 宮城県　Miyagi-ken	3.2	35	16.3	38	101.9	24	2,098.3	37
05 秋田県　Akita-ken	2.8	41	11.4	44	224.0	2	2,944.5	12
06 山形県　Yamagata-ken	2.3	46	12.5	42	241.2	1	3,050.6	10
07 福島県　Fukushima-ken	2.7	43	14.5	39	199.1	3	2,519.8	26
08 茨城県　Ibaraki-ken	3.8	31	28.0	12	71.8	31	2,548.4	25
09 栃木県　Tochigi-ken	2.8	42	10.4	45	71.0	32	2,874.6	15
10 群馬県　Gumma-ken	4.1	29	20.0	33	63.8	36	2,046.4	38
11 埼玉県　Saitama-ken	8.4	5	26.3	15	27.6	46	1,674.3	41
12 千葉県　Chiba-ken	6.7	8	23.2	24	46.3	40	1,630.7	42
13 東京都　Tokyo-to	21.7	1	57.5	1	27.2	47	1,275.8	46
14 神奈川県　Kanagawa-ken	19.5	3	39.9	5	30.5	45	1,379.8	44
15 新潟県　Niigata-ken	3.0	39	12.6	41	161.9	8	2,758.7	19
16 富山県　Toyama-ken	2.9	40	18.0	36	88.6	28	2,417.1	27
17 石川県　Ishikawa-ken	4.8	20	19.5	34	65.2	35	2,791.5	17
18 福井県　Fukui-ken	5.0	19	23.7	22	98.5	25	3,357.5	5
19 山梨県　Yamanashi-ken	6.3	10	25.8	16	180.3	5	3,838.8	2
20 長野県　Nagano-ken	3.3	34	21.1	30	158.3	11	3,660.0	4
21 岐阜県　Gifu-ken	5.8	13	23.0	26	109.5	22	3,178.2	7
22 静岡県　Shizuoka-ken	5.5	17	21.7	29	63.5	37	2,354.2	30
23 愛知県　Aichi-ken	8.3	6	31.3	9	42.4	42	1,582.5	43
24 三重県　Mie-ken	5.0	18	22.3	28	90.8	26	3,035.6	11
25 滋賀県　Shiga-ken	4.5	23	18.9	35	69.6	33	3,341.7	6
26 京都府　Kyoto-fu	9.6	4	39.0	7	66.9	34	2,397.5	28
27 大阪府　Osaka-fu	20.7	2	33.7	8	32.0	44	1,774.9	40
28 兵庫県　Hyogo-ken	7.1	7	46.0	2	61.1	39	2,598.1	23
29 奈良県　Nara-ken	6.4	9	39.7	6	84.5	29	2,933.8	13
30 和歌山県　Wakayama-ken	5.8	14	29.9	10	169.8	7	3,666.7	3
31 鳥取県　Tottori-ken	3.2	36	26.9	13	109.4	23	3,917.6	1
32 島根県　Shimane-ken	4.6	22	26.6	14	191.9	4	3,076.1	8
33 岡山県　Okayama-ken	4.3	27	20.9	31	114.1	20	2,694.9	20
34 広島県　Hiroshima-ken	5.6	16	24.6	20	79.8	30	2,919.5	14
35 山口県　Yamaguchi-ken	4.2	28	22.7	27	110.4	21	2,355.5	29
36 徳島県　Tokushima-ken	4.5	24	44.0	3	131.0	16	2,761.8	18
37 香川県　Kagawa-ken	4.5	26	25.5	18	90.1	27	2,557.7	24
38 愛媛県　Ehime-ken	4.5	25	23.0	25	132.8	15	2,840.8	16
39 高知県　Kochi-ken	4.7	21	25.7	17	158.4	10	3,064.3	9
40 福岡県　Fukuoka-ken	6.0	11	28.6	11	45.2	41	1,899.2	39
41 佐賀県　Saga-ken	3.0	38	16.3	37	147.4	12	2,257.9	34
42 長崎県　Nagasaki-ken	5.6	15	43.4	4	116.6	19	2,267.2	33
43 熊本県　Kumamoto-ken	3.5	33	23.6	23	159.2	9	2,268.6	32
44 大分県　Oita-ken	3.8	30	24.2	21	129.5	17	2,639.5	21
45 宮崎県　Miyazaki-ken	2.3	45	9.0	46	139.9	14	2,239.4	36
46 鹿児島県　Kagoshima-ken	3.5	32	20.6	32	121.4	18	2,272.2	31
47 沖縄県　Okinawa-ken	5.9	12	14.1	40	34.7	43	1,080.6	47

No. 363 消防吏員数（人口10万人当たり）Number of firefighters in stations (per 100,000 persons) #K01302 人：person 2022 指標値 Indicator	順位 Rank	No. 364 消防機関出動回数（人口10万人当たり）Number of fire services dispatches (per 100,000 persons) #K01401 回：time 2021 指標値 Indicator	順位 Rank	No. 365 火災のための消防機関出動回数（人口10万人当たり）Number of fire services dispatches (Fire) (per 100,000 persons) #K01402 回：time 2021 指標値 Indicator	順位 Rank	No. 366 火災出火件数（人口10万人当たり）Number of occurrences of fires (per 100,000 persons) #K02101 件：number of occurrences 2021 指標値 Indicator	順位 Rank	No. 367 建物火災出火件数（人口10万人当たり）Number of occurrences of building fires (per 100,000 persons) #K02103 件：number of occurrences 2021 指標値 Indicator	順位 Rank	都道府県コード Pref. code
132.8		2,655.0		54.1		28.1		15.6		00
178.8	4	3,150.4	17	60.3	21	33.3	19	18.8	8	01
220.3	2	4,276.5	3	93.3	5	40.5	5	22.5	1	02
170.6	6	4,347.5	2	72.0	12	30.4	27	18.8	7	03
138.9	25	3,364.4	13	45.3	34	26.8	34	15.1	28	04
222.0	1	3,408.5	12	70.2	15	33.9	18	19.7	6	05
148.8	17	2,775.4	22	52.9	30	29.4	28	14.9	31	06
141.9	22	3,585.4	11	58.1	25	33.1	21	17.4	15	07
158.0	9	2,294.9	30	107.9	2	40.3	6	18.4	11	08
131.8	32	2,061.3	37	58.8	23	36.5	11	17.2	17	09
136.3	27	3,231.8	15	93.4	4	32.0	24	15.6	26	10
117.8	40	2,083.6	36	42.3	38	23.6	41	13.2	40	11
131.2	33	1,858.4	42	48.0	32	27.6	33	14.4	33	12
135.4	29	3,001.9	20	42.9	36	28.3	30	20.2	4	13
109.9	46	1,586.4	44	40.0	42	20.0	43	12.3	43	14
154.3	11	3,786.8	7	42.3	37	24.4	38	16.0	23	15
129.8	35	3,168.0	16	30.8	46	16.4	47	10.3	47	16
141.3	23	4,090.0	4	35.3	45	19.4	45	13.1	41	17
166.3	8	3,285.7	14	38.4	44	20.0	44	11.3	45	18
156.1	10	3,977.9	5	98.8	3	41.0	3	15.9	24	19
124.5	38	2,493.5	25	76.2	11	38.1	10	18.5	10	20
143.2	20	2,128.2	34	53.9	28	31.2	25	17.1	18	21
130.5	34	2,896.3	21	55.5	27	27.7	32	14.0	37	22
111.8	45	2,320.0	29	41.7	39	23.7	40	12.7	42	23
148.9	16	2,103.1	35	58.1	24	35.4	15	15.7	25	24
119.3	39	2,254.4	31	45.8	33	26.6	35	13.8	38	25
128.2	37	3,045.2	18	39.0	43	17.4	46	11.2	46	26
116.0	42	3,661.9	9	29.7	47	20.1	42	14.0	36	27
114.9	43	2,720.1	23	49.0	31	25.6	37	14.0	35	28
137.4	26	2,379.8	28	45.0	35	28.1	31	14.2	34	29
167.8	7	2,604.8	24	61.8	20	33.3	20	15.0	30	30
144.5	18	2,001.5	39	89.6	8	34.1	17	17.7	14	31
182.4	3	4,401.5	1	68.1	17	35.6	14	18.2	13	32
135.4	28	1,860.6	41	90.9	7	35.9	13	16.4	21	33
133.0	31	3,039.6	19	139.4	1	26.5	36	14.5	32	34
153.5	13	3,849.8	6	58.9	22	36.1	12	16.2	22	35
154.0	12	1,330.2	46	85.1	9	39.2	8	20.4	3	36
128.9	36	1,855.0	43	84.8	10	35.1	16	16.8	20	37
143.4	19	2,428.2	26	52.9	29	29.4	29	17.3	16	38
178.7	5	2,132.2	33	66.7	18	39.9	7	20.0	5	39
98.7	47	1,882.1	40	41.4	40	24.0	39	13.4	39	40
139.8	24	2,239.3	32	56.9	26	32.1	23	15.0	29	41
134.5	30	3,711.2	8	62.1	19	33.0	22	15.3	27	42
142.3	21	2,045.5	38	91.8	6	39.1	9	18.3	12	43
149.2	15	2,388.3	27	69.4	16	43.5	1	17.0	19	44
116.9	41	1,366.7	45	71.2	14	42.6	2	20.5	2	45
150.4	14	3,593.8	10	71.8	13	40.6	4	18.7	9	46
113.1	44	1,070.2	47	40.9	41	30.6	26	12.1	44	47

安全 K （指標）

			No. 368 火災死傷者数（人口10万人当たり）Number of persons killed or injured by fires (per 100,000 persons) #K02203		No. 369 火災死傷者数（建物火災100件当たり）Number of persons killed or injured by fires (per 100 building fire cases) #K02303		No. 370 建物火災損害額（人口１人当たり）Estimated value of loss by building fires (per capita) #K02205		No. 371 建物火災損害額（建物火災１件当たり）Estimated value of loss by building fires (per fire case) #K02306	
単位		Unit	人：person		人：person		円：yen		万円：10 thousand yen	
年度		Fiscal year	2021		2021		2021		2021	
都道府県		Prefecture	指標値 Indicator	順位 Rank	指標値 Indicator	順位 Rank	指標値 Indicator	順位 Rank	指標値 Indicator	順位 Rank
00	全国	All Japan	5.24		33.6		781		501.2	
01	北海道	Hokkaido	5.61	20	29.9	38	588	24	313.1	31
02	青森県	Aomori-ken	10.40	1	46.2	2	1,012	4	449.4	15
03	岩手県	Iwate-ken	6.77	12	36.0	24	1,078	3	572.8	5
04	宮城県	Miyagi-ken	5.76	18	38.2	14	774	10	512.3	6
05	秋田県	Akita-ken	7.51	4	38.2	13	949	5	482.1	10
06	山形県	Yamagata-ken	5.40	24	36.3	22	455	36	306.0	35
07	福島県	Fukushima-ken	7.51	5	43.0	6	675	15	386.9	21
08	茨城県	Ibaraki-ken	5.12	32	27.9	42	3,002	2	1,634.2	2
09	栃木県	Tochigi-ken	5.36	25	31.2	36	815	8	474.7	12
10	群馬県	Gumma-ken	5.24	30	33.7	31	741	12	475.9	11
11	埼玉県	Saitama-ken	4.16	41	31.5	34	432	37	327.6	29
12	千葉県	Chiba-ken	5.07	33	35.3	26	431	38	299.5	36
13	東京都	Tokyo-to	5.35	26	26.5	46	285	46	141.0	47
14	神奈川県	Kanagawa-ken	3.76	44	30.5	37	782	9	634.1	4
15	新潟県	Niigata-ken	5.65	19	35.3	25	819	7	512.1	7
16	富山県	Toyama-ken	3.51	46	34.0	30	661	16	639.1	3
17	石川県	Ishikawa-ken	3.73	45	28.6	41	331	45	253.2	42
18	福井県	Fukui-ken	4.61	37	40.7	10	566	27	500.3	8
19	山梨県	Yamanashi-ken	5.59	21	35.2	27	363	41	228.5	44
20	長野県	Nagano-ken	7.38	6	39.9	11	619	21	334.4	27
21	岐阜県	Gifu-ken	6.22	16	36.4	20	648	18	379.2	22
22	静岡県	Shizuoka-ken	4.07	42	29.2	39	601	23	430.3	17
23	愛知県	Aichi-ken	4.60	38	36.3	21	508	31	400.9	20
24	三重県	Mie-ken	6.44	15	40.9	9	726	13	461.8	13
25	滋賀県	Shiga-ken	3.83	43	27.7	43	333	44	240.7	43
26	京都府	Kyoto-fu	4.92	34	44.1	4	254	47	227.6	45
27	大阪府	Osaka-fu	4.91	35	35.0	28	3,199	1	2,279.5	1
28	兵庫県	Hyogo-ken	5.15	31	36.7	18	480	34	342.0	24
29	奈良県	Nara-ken	5.25	29	36.9	17	416	39	292.3	37
30	和歌山県	Wakayama-ken	5.47	23	36.5	19	503	32	335.8	26
31	鳥取県	Tottori-ken	7.83	3	44.3	3	551	28	312.0	32
32	島根県	Shimane-ken	7.22	7	39.7	12	883	6	485.1	9
33	岡山県	Okayama-ken	7.09	9	43.2	5	533	29	324.6	30
34	広島県	Hiroshima-ken	4.89	36	33.7	32	613	22	421.7	18
35	山口県	Yamaguchi-ken	6.10	17	37.7	15	502	33	310.2	33
36	徳島県	Tokushima-ken	5.48	22	26.9	45	393	40	192.9	46
37	香川県	Kagawa-ken	6.90	11	41.1	8	765	11	456.3	14
38	愛媛県	Ehime-ken	8.25	2	47.8	1	571	25	331.0	28
39	高知県	Kochi-ken	5.26	28	26.3	47	619	20	309.0	34
40	福岡県	Fukuoka-ken	4.51	39	33.6	33	352	42	262.8	40
41	佐賀県	Saga-ken	6.45	14	43.0	7	649	17	432.5	16
42	長崎県	Nagasaki-ken	4.39	40	28.8	40	630	19	412.6	19
43	熊本県	Kumamoto-ken	6.60	13	36.1	23	477	35	261.0	41
44	大分県	Oita-ken	5.30	27	31.2	35	570	26	336.0	25
45	宮崎県	Miyazaki-ken	7.16	8	34.9	29	722	14	351.4	23
46	鹿児島県	Kagoshima-ken	6.98	10	37.3	16	530	30	283.2	38
47	沖縄県	Okinawa-ken	3.27	47	27.1	44	337	43	279.5	39

No.372 立体横断施設数 (道路実延長千km当たり) Number of elevated crossings (per 1,000km of real length of roads) #K03102 所：number of facilities 2021		No.373 交通事故発生件数 (道路実延長千km当たり) Number of traffic accidents (per 1,000km real length of roads) #K04102 件：number of cases 2021		No.374 交通事故発生件数 (人口10万人当たり) Number of traffic accidents (per 100,000 persons) #K04101 件：number of cases 2022		No.375 交通事故死傷者数 (人口10万人当たり) Number of persons killed or injured by traffic accidents (per 100,000 persons) #K04105 人：person 2022		No.376 交通事故死者数 (人口10万人当たり) Number of persons killed by traffic accidents (per 100,000 persons) #K04106 人：person 2022		都道府県コード
指標値 Indicator	順位 Rank	指標値 Indicator	順位 Rank	指標値 Indicator	順位 Rank	指標値 Indicator	順位 Rank	指標値 Indicator	順位 Rank	Pref. code
12.40		250.1		240.8		287.5		2.1		00
3.31	47	92.4	39	164.5	34	192.6	34	2.2	34	01
4.88	40	122.4	32	197.3	26	239.5	23	2.6	25	02
3.36	46	47.0	46	127.9	42	156.6	41	3.1	12	03
7.29	31	168.9	20	180.6	30	217.1	30	1.6	42	04
3.71	43	54.9	45	124.4	45	148.8	43	3.5	6	05
8.98	27	190.7	18	285.3	10	335.7	10	2.5	27	06
7.82	29	76.6	41	150.9	38	177.6	39	2.6	23	07
6.44	34	106.9	35	220.8	17	274.3	14	3.2	11	08
12.39	18	154.9	23	203.1	23	245.7	22	2.6	24	09
7.41	30	287.3	13	512.4	2	633.5	2	2.5	28	10
17.80	9	353.3	8	225.9	16	268.5	15	1.4	45	11
11.50	21	330.5	10	211.0	19	254.8	21	2.0	38	12
46.32	1	1,132.3	2	214.9	18	239.1	24	0.9	47	13
37.41	3	842.2	3	228.5	15	265.3	16	1.2	46	14
6.54	33	76.4	42	126.7	43	147.9	44	2.8	18	15
14.28	12	141.5	27	192.0	27	219.9	29	3.3	9	16
11.80	19	148.1	25	177.7	31	203.0	32	2.0	39	17
9.82	26	83.7	40	124.7	44	144.8	45	3.6	5	18
13.99	14	187.8	19	251.7	12	316.8	12	3.1	13	19
11.34	23	99.8	37	235.2	13	280.0	13	2.3	33	20
22.24	6	94.9	38	148.8	40	183.7	37	3.9	2	21
15.90	10	526.7	5	521.4	1	662.9	1	2.3	31	22
26.80	4	480.1	6	317.9	7	376.4	7	1.8	40	23
11.47	22	107.6	34	167.5	33	212.3	31	3.4	7	24
13.92	15	228.0	16	203.1	22	258.1	19	2.7	19	25
13.19	16	246.0	14	149.4	39	174.8	40	1.8	41	26
45.06	2	1,288.2	1	290.5	9	340.5	9	1.6	43	27
22.45	5	463.5	7	303.1	8	361.8	8	2.2	35	28
18.86	7	229.8	15	199.3	24	239.0	25	2.2	36	29
5.95	36	103.0	36	153.8	37	185.3	36	2.7	22	30
6.04	35	69.1	44	109.9	47	129.6	46	2.6	26	31
5.50	38	42.6	47	116.4	46	129.5	47	2.4	29	32
10.54	24	145.7	26	233.5	14	264.7	17	4.0	1	33
14.15	13	161.1	21	156.3	36	187.0	35	2.7	21	34
18.40	8	148.8	24	172.2	32	202.9	33	2.4	30	35
7.15	32	139.1	28	278.4	11	334.7	11	3.3	10	36
15.74	11	321.3	11	336.6	6	403.1	6	3.7	4	37
11.78	20	123.9	31	163.2	35	183.7	38	3.4	8	38
3.65	44	73.5	43	139.5	41	153.3	42	3.8	3	39
10.33	25	531.3	4	388.4	4	495.7	4	1.5	44	40
8.75	28	319.5	12	404.2	3	529.6	3	2.9	17	41
4.77	41	155.5	22	203.5	21	260.6	18	2.2	37	42
5.02	39	122.1	33	184.8	29	231.5	26	3.1	14	43
5.69	37	127.8	30	205.1	20	256.2	20	2.9	16	44
4.49	42	222.7	17	361.0	5	406.6	5	3.0	15	45
3.44	45	129.1	29	197.6	25	221.6	28	2.7	20	46
12.48	17	340.5	9	189.2	28	227.9	27	2.3	32	47

安全 K （指標）

		No. 377 道路交通法違反検挙件数 （人口千人当たり） Arrests for road traffic act (per 1,000 persons) #K04301		No. 378 警察官数 （人口千人当たり） Number of police officers (per 1,000 persons) #K05103		No. 379 刑法犯認知件数 （人口千人当たり） Number of recognitions of criminal offenses (per 1,000 persons) #K06101		No. 380 窃盗犯認知件数 （人口千人当たり） Number of recognitions of larceny offenses (per 1,000 persons) #K06104	
単位	Unit	件：number of cases		人：person		件：number of cases		件：number of cases	
年度	Fiscal year	2021		2022		2021		2021	
都道府県	Prefecture	指標値 Indicator	順位 Rank	指標値 Indicator	順位 Rank	指標値 Indicator	順位 Rank	指標値 Indicator	順位 Rank
00 全国	All Japan	44.2		2.09		4.53		3.04	
01 北海道	Hokkaido	32.7	30	2.07	17	3.56	30	2.14	36
02 青森県	Aomori-ken	17.7	47	1.92	26	2.51	44	1.57	44
03 岩手県	Iwate-ken	28.5	40	1.80	37	2.10	47	1.45	45
04 宮城県	Miyagi-ken	33.7	29	1.67	45	4.10	17	2.62	18
05 秋田県	Akita-ken	25.0	43	2.16	14	2.10	46	1.43	46
06 山形県	Yamagata-ken	32.0	32	1.93	24	2.89	41	1.84	40
07 福島県	Fukushima-ken	39.4	26	1.92	28	3.66	25	2.52	23
08 茨城県	Ibaraki-ken	31.8	33	1.71	43	5.01	8	3.72	4
09 栃木県	Tochigi-ken	25.2	42	1.82	34	4.70	11	3.48	5
10 群馬県	Gumma-ken	34.3	28	1.82	33	4.71	10	3.21	10
11 埼玉県	Saitama-ken	52.3	11	1.59	47	5.47	3	3.81	2
12 千葉県	Chiba-ken	39.7	25	1.77	39	5.20	5	3.78	3
13 東京都	Tokyo-to	50.3	15	3.17	1	5.37	4	3.44	6
14 神奈川県	Kanagawa-ken	51.5	12	1.70	44	3.60	27	2.60	20
15 新潟県	Niigata-ken	29.7	37	1.97	20	3.56	29	2.36	31
16 富山県	Toyama-ken	65.6	1	1.93	23	4.44	12	2.94	14
17 石川県	Ishikawa-ken	55.6	7	1.80	38	3.03	36	2.21	35
18 福井県	Fukui-ken	53.3	9	2.33	8	3.57	28	2.43	26
19 山梨県	Yamanashi-ken	53.0	10	2.09	16	3.41	33	2.40	29
20 長野県	Nagano-ken	32.2	31	1.75	42	2.93	39	2.06	37
21 岐阜県	Gifu-ken	41.9	21	1.83	32	4.83	9	3.10	11
22 静岡県	Shizuoka-ken	49.9	17	1.75	41	4.00	22	2.54	22
23 愛知県	Aichi-ken	58.5	5	1.81	35	5.03	7	3.28	9
24 三重県	Mie-ken	23.6	44	1.76	40	4.22	14	2.93	15
25 滋賀県	Shiga-ken	18.6	46	1.65	46	4.12	16	2.62	19
26 京都府	Kyoto-fu	40.9	23	2.60	2	4.09	18	2.79	16
27 大阪府	Osaka-fu	41.0	22	2.43	3	7.12	1	5.12	1
28 兵庫県	Hyogo-ken	59.8	3	2.18	13	5.52	2	3.37	8
29 奈良県	Nara-ken	46.6	20	1.92	27	3.91	24	2.58	21
30 和歌山県	Wakayama-ken	56.2	6	2.42	5	3.62	26	2.22	34
31 鳥取県	Tottori-ken	51.2	13	2.26	10	3.50	31	2.41	27
32 島根県	Shimane-ken	48.7	19	2.28	9	2.78	42	1.83	42
33 岡山県	Okayama-ken	40.7	24	1.93	22	4.02	21	2.66	17
34 広島県	Hiroshima-ken	49.9	18	1.89	30	4.02	20	2.52	24
35 山口県	Yamaguchi-ken	53.9	8	2.42	4	2.91	40	1.84	41
36 徳島県	Tokushima-ken	28.8	39	2.21	11	3.32	35	2.33	32
37 香川県	Kagawa-ken	64.8	2	2.00	18	4.04	19	2.41	28
38 愛媛県	Ehime-ken	20.7	45	1.90	29	4.39	13	2.99	12
39 高知県	Kochi-ken	50.3	14	2.41	6	4.18	15	2.95	13
40 福岡県	Fukuoka-ken	58.7	4	2.19	12	5.14	6	3.41	7
41 佐賀県	Saga-ken	50.0	16	2.15	15	3.50	32	2.37	30
42 長崎県	Nagasaki-ken	29.2	38	2.40	7	2.43	45	1.38	47
43 熊本県	Kumamoto-ken	25.3	41	1.81	36	3.00	37	1.97	39
44 大分県	Oita-ken	30.2	36	1.88	31	2.59	43	1.58	43
45 宮崎県	Miyazaki-ken	39.1	27	1.93	25	3.33	34	2.27	33
46 鹿児島県	Kagoshima-ken	30.7	34	1.95	21	2.94	38	2.03	38
47 沖縄県	Okinawa-ken	30.4	35	1.98	19	3.97	23	2.44	25

No. 381 刑法犯検挙率 (認知件数1件当たり) Percentage of arrests to recognitions of criminal offenses #K06201 % 2021 指標値 Indicator	順位 Rank	No. 382 窃盗犯検挙率 (認知件数1件当たり) Percentage of arrests to recognitions of larceny offenses #K06204 % 2021 指標値 Indicator	順位 Rank	No. 383 災害被害額 (人口1人当たり) Amount of damage by disasters (per capita) #K07105 円:yen 2021 指標値 Indicator	順位 Rank	No. 384 不慮の事故による死亡者数 (人口10万人当たり) Number of fatalities due to freak accidents (per 100,000 persons) #K08101 人:person 2021 指標値 Indicator	順位 Rank	No. 385 公害苦情件数 (人口10万人当たり) Cases of grievances against pollution (per 100,000 persons) #K09201 件:number of cases 2021 指標値 Indicator	順位 Rank	都道府県コード Pref. code
46.6		42.2		3,303		30.6		41.0		00
56.4	22	51.6	26	895	30	33.9	27	18.6	45	01
64.1	12	63.5	12	3,354	19	48.9	2	16.3	47	02
65.2	11	63.3	13	145	41	42.8	9	26.7	42	03
46.8	37	45.4	35	8,159	14	30.3	35	23.6	43	04
74.9	3	76.0	3	13,240	7	49.3	1	40.2	22	05
82.0	1	79.3	2	15,093	5	39.7	17	34.6	33	06
50.1	34	48.4	32	9,970	11	43.8	7	18.6	44	07
40.9	43	37.4	42	114	42	30.6	33	62.4	1	08
42.6	41	40.2	41	575	35	29.1	38	43.9	15	09
56.4	23	50.3	29	593	34	33.8	28	41.1	20	10
39.6	44	33.4	45	1	45	21.3	45	36.2	29	11
37.9	46	34.2	44	261	39	22.5	43	51.8	10	12
41.1	42	34.6	43	...	–	20.2	46	46.1	13	13
52.7	28	49.1	31	220	40	28.8	39	36.3	27	14
59.3	16	60.7	14	4,500	16	40.7	14	35.7	30	15
68.7	9	68.0	10	2,986	21	47.1	4	16.9	46	16
71.0	6	69.8	8	2,138	26	34.6	26	32.0	37	17
78.1	2	80.5	1	2,526	24	39.7	16	52.8	8	18
55.2	25	54.2	23	1,446	28	39.5	18	52.0	9	19
57.1	20	59.2	18	14,073	6	42.4	10	58.9	3	20
58.0	18	59.6	17	9,804	12	40.9	13	57.3	5	21
55.9	24	52.3	25	2,628	23	33.5	30	43.3	16	22
39.5	45	33.2	46	77	44	26.9	41	61.5	2	23
46.2	38	43.9	37	3,222	20	30.0	36	57.4	4	24
50.8	31	50.6	28	717	33	30.5	34	35.7	31	25
46.9	36	41.4	39	799	31	21.8	44	33.2	35	26
29.6	47	22.7	47	0	46	26.6	42	44.3	14	27
45.7	39	40.3	40	339	37	32.1	32	31.5	38	28
69.0	8	71.8	7	91	43	29.4	37	36.7	26	29
66.0	10	68.9	9	3,428	18	46.8	5	38.2	24	30
73.2	5	72.4	6	15,541	4	38.8	20	36.2	28	31
73.8	4	74.4	4	87,132	1	37.1	22	32.5	36	32
50.7	32	43.2	38	947	29	34.9	25	28.0	41	33
51.9	30	51.0	27	16,963	3	28.3	40	34.3	34	34
59.0	17	60.4	15	2,396	25	33.8	29	34.7	32	35
45.2	40	46.7	33	410	36	44.8	6	41.4	19	36
62.9	15	58.2	20	272	38	41.0	12	42.5	18	37
52.5	29	56.8	21	2,092	27	40.6	15	43.1	17	38
53.6	27	49.7	30	8,553	13	47.4	3	31.0	39	39
49.2	35	44.8	36	2,711	22	32.3	31	39.1	23	40
70.2	7	72.9	5	48,469	2	37.0	23	54.0	7	41
63.8	13	67.2	11	12,603	8	37.2	21	40.4	21	42
63.7	14	60.2	16	10,491	10	36.9	24	38.1	25	43
57.7	19	59.1	19	4,964	15	42.0	11	47.0	12	44
50.7	33	46.0	34	4,476	17	43.4	8	55.9	6	45
53.8	26	54.0	24	11,090	9	39.2	19	29.7	40	46
57.0	21	55.0	22	783	32	20.2	47	47.3	11	47

安全 K (指標)

			No. 386 ばい煙発生施設数 Number of soot and smoke emitting facilities #K09210		No. 387 一般粉じん発生施設数 Number of general dust discharging facilities #K09211		No. 388 水質汚濁防止法上の特定事業場数 Number of specified workplaces under the Water Pollution Prevention Act #K09220		No. 389 民間生命保険保有契約件数（人口千人当たり）Number of private life insurance policies in force (per 1,000 persons) #K10101	
単位		Unit	件：number of facilities		件：number of facilities		件：number of workplaces		件：number of contracts	
年度		Fiscal year	2021		2021		2021		2022	
都道府県		Prefecture	指標値 Indicator	順位 Rank	指標値 Indicator	順位 Rank	指標値 Indicator	順位 Rank	指標値 Indicator	順位 Rank
00	全国	All Japan	216,304		71,225		256,209		3,142.7	
01	北海道	Hokkaido	16,534	1	4,736	2	5,872	16	1,792.9	22
02	青森県	Aomori-ken	3,453	24	1,536	20	4,637	25	1,694.2	35
03	岩手県	Iwate-ken	3,558	23	1,732	15	5,164	19	1,599.1	42
04	宮城県	Miyagi-ken	4,347	17	727	33	4,954	20	1,827.4	17
05	秋田県	Akita-ken	2,544	31	565	41	3,102	41	1,585.1	43
06	山形県	Yamagata-ken	2,552	30	654	38	3,415	36	1,939.2	8
07	福島県	Fukushima-ken	4,733	14	2,367	10	7,255	13	1,695.1	34
08	茨城県	Ibaraki-ken	5,753	11	2,528	8	8,388	7	1,436.4	46
09	栃木県	Tochigi-ken	4,546	15	2,855	6	8,370	9	1,822.6	19
10	群馬県	Gumma-ken	4,162	19	634	39	4,850	22	1,735.3	30
11	埼玉県	Saitama-ken	6,991	9	1,583	17	8,379	8	1,514.2	45
12	千葉県	Chiba-ken	7,362	7	2,112	11	10,182	4	1,666.8	38
13	東京都	Tokyo-to	14,823	2	1,736	14	3,158	40	13,190.9	1
14	神奈川県	Kanagawa-ken	9,526	5	2,092	12	7,328	12	1,709.4	31
15	新潟県	Niigata-ken	5,686	12	886	30	8,414	6	1,697.9	32
16	富山県	Toyama-ken	3,214	27	1,193	22	3,349	38	2,259.1	4
17	石川県	Ishikawa-ken	2,521	32	662	36	3,876	32	1,869.7	15
18	福井県	Fukui-ken	1,926	36	549	43	2,407	45	2,130.1	6
19	山梨県	Yamanashi-ken	2,033	34	656	37	4,883	21	1,788.8	23
20	長野県	Nagano-ken	5,210	13	1,348	21	12,283	1	1,656.4	40
21	岐阜県	Gifu-ken	4,155	20	941	27	8,088	11	1,798.6	21
22	静岡県	Shizuoka-ken	7,086	8	1,117	23	10,920	2	1,973.9	7
23	愛知県	Aichi-ken	13,772	3	4,914	1	10,917	3	2,266.4	3
24	三重県	Mie-ken	4,272	18	1,825	13	8,243	10	1,748.5	27
25	滋賀県	Shiga-ken	3,261	26	432	44	3,170	39	1,677.3	37
26	京都府	Kyoto-fu	3,912	21	676	35	4,729	24	2,131.3	5
27	大阪府	Osaka-fu	13,372	4	1,566	18	4,186	29	2,907.0	2
28	兵庫県	Hyogo-ken	9,332	6	4,673	3	9,157	5	1,695.9	33
29	奈良県	Nara-ken	1,848	40	393	46	3,355	37	1,517.7	44
30	和歌山県	Wakayama-ken	1,800	41	1,550	19	3,806	34	1,807.5	20
31	鳥取県	Tottori-ken	1,085	47	334	47	2,242	46	1,924.6	9
32	島根県	Shimane-ken	1,390	44	611	40	2,893	43	1,647.5	41
33	岡山県	Okayama-ken	3,731	22	2,553	7	4,599	26	1,780.4	24
34	広島県	Hiroshima-ken	4,391	16	2,426	9	6,168	14	1,884.7	13
35	山口県	Yamaguchi-ken	3,336	25	1,684	16	4,207	28	1,737.4	29
36	徳島県	Tokushima-ken	1,587	42	828	31	4,394	27	1,892.6	12
37	香川県	Kagawa-ken	1,874	38	966	26	3,583	35	1,905.1	10
38	愛媛県	Ehime-ken	2,403	33	1,009	24	4,181	30	1,663.3	39
39	高知県	Kochi-ken	1,258	46	768	32	2,930	42	1,770.3	26
40	福岡県	Fukuoka-ken	6,793	10	3,382	4	4,801	23	1,898.9	11
41	佐賀県	Saga-ken	1,290	45	398	45	2,749	44	1,880.5	14
42	長崎県	Nagasaki-ken	1,897	37	967	25	6,095	15	1,777.2	25
43	熊本県	Kumamoto-ken	2,634	29	901	29	3,882	31	1,825.6	18
44	大分県	Oita-ken	1,936	35	2,990	5	5,308	18	1,834.1	16
45	宮崎県	Miyazaki-ken	1,867	39	550	42	3,854	33	1,685.1	36
46	鹿児島県	Kagoshima-ken	2,997	28	921	28	5,420	17	1,741.5	28
47	沖縄県	Okinawa-ken	1,551	43	699	34	2,066	47	1,181.2	47

No. 390 民間生命保険保険金額（保有契約1件当たり）Amount insured by private life insurance (per policy in force) #K10105 万円：10 thousand yen 2022		No. 391 民間生命保険保険金額（1世帯当たり）Amount insured by private life insurance (per household) #K10107 万円：10 thousand yen 2022		No. 392 火災保険住宅物件・一般物件新契約件数（一般世帯千世帯当たり）Number of new fire insurance policies effected for residential properties and general properties a) #K10306 件：number of contracts 2021		No. 393 火災保険住宅物件・一般物件受取保険金額（保有契約1件当たり）Amount of receipt from fire insurance for residential properties and general properties b) #K10308 万円：10 thousand yen 2021		都道府県コード
指標値 Indicator	順位 Rank	指標値 Indicator	順位 Rank	指標値 Indicator	順位 Rank	指標値 Indicator	順位 Rank	Pref. code
307.3		2,161.5		292.5		59.4		00
328.6	46	1,222.6	46	336.0	3	71.8	6	01
384.4	36	1,532.9	33	293.8	19	74.3	4	02
414.7	13	1,590.5	29	235.5	45	86.8	3	03
385.4	35	1,634.3	26	346.6	2	56.7	25	04
370.6	42	1,418.3	43	254.4	42	72.9	5	05
399.9	27	2,028.1	7	267.0	32	62.3	16	06
413.5	16	1,689.0	23	317.6	8	64.5	11	07
406.3	22	1,399.8	44	298.8	18	61.6	18	08
456.9	4	1,994.7	9	302.9	13	58.5	21	09
399.2	29	1,645.6	25	287.4	23	60.2	19	10
408.4	19	1,434.5	42	277.0	27	46.6	41	11
406.4	21	1,530.2	34	288.8	22	59.1	20	12
203.6	47	5,215.9	1	307.3	12	50.6	35	13
388.6	34	1,452.2	39	285.8	25	46.6	42	14
425.4	9	1,798.3	17	256.4	41	64.6	10	15
499.9	1	2,843.0	2	293.1	20	58.5	22	16
409.4	18	1,821.2	15	300.3	16	44.5	44	17
422.1	11	2,321.3	4	325.4	7	58.1	23	18
413.0	17	1,748.6	19	332.7	5	47.8	37	19
428.0	8	1,720.9	20	264.0	35	66.2	9	20
485.3	2	2,175.5	5	313.1	9	51.6	34	21
401.5	26	1,913.5	10	285.8	26	55.2	28	22
389.9	33	2,045.2	6	286.8	24	43.9	45	23
452.9	5	1,857.5	12	275.3	30	46.7	39	24
432.8	7	1,790.0	18	242.0	44	63.7	12	25
405.6	23	1,851.5	13	302.7	14	55.4	27	26
393.5	30	2,429.2	3	307.9	11	63.0	15	27
414.3	15	1,580.0	30	266.2	34	46.6	40	28
432.8	6	1,574.0	31	263.3	37	49.0	36	29
391.0	31	1,617.6	27	328.7	6	53.0	30	30
390.9	32	1,862.4	11	299.2	17	47.6	38	31
399.8	28	1,605.8	28	224.8	46	57.5	24	32
414.7	14	1,715.4	21	276.0	28	42.8	47	33
408.2	20	1,707.5	22	256.8	40	56.0	26	34
378.0	39	1,439.8	41	275.4	29	52.7	31	35
422.1	10	1,824.8	14	266.7	33	44.9	43	36
462.8	3	2,023.3	8	302.3	15	43.0	46	37
403.0	24	1,455.8	38	257.2	39	52.3	32	38
381.0	37	1,446.3	40	242.4	43	53.7	29	39
373.1	41	1,560.1	32	312.5	10	63.1	14	40
374.2	40	1,802.7	16	334.1	4	210.0	1	41
366.3	44	1,496.0	37	290.0	21	71.7	7	42
378.7	38	1,651.8	24	389.1	1	66.6	8	43
367.4	43	1,524.7	35	273.6	31	62.1	17	44
351.9	45	1,327.3	45	264.0	36	51.7	33	45
401.9	25	1,502.4	36	262.9	38	63.3	13	46
415.7	12	1,172.7	47	183.7	47	189.5	2	47

a) (per 1,000 private households)
b) (per policy in force)

安全 K（指標）

L．家計　　　L Family Budget

			No. 394		No. 395		No. 396		No. 397	
			実収入（二人以上の世帯のうち勤労者世帯）（1世帯当たり1か月間）　Monthly income per household (Two-or-more-person households - Workers' households)	*	世帯主収入（二人以上の世帯のうち勤労者世帯）（1世帯当たり1か月間）　Monthly wages and salaries of household head per household a)	*	年間収入（1世帯当たり）　Annual income per household		世帯主収入（年間収入）（1世帯当たり）　Annual income of household head per household	
			#L01201		#L01204		#L07601		#L07602	
単位	Unit		千円：thousand yen		千円：thousand yen		千円：thousand yen		千円：thousand yen	
年度	Fiscal year		2022		2022		2019		2019	
都道府県	Prefecture		指標値 Indicator	順位 Rank	指標値 Indicator	順位 Rank	指標値 Indicator	順位 Rank	指標値 Indicator	順位 Rank
00	全国	All Japan	617.7		450.9		5,578		2,856	
01	北海道	Hokkaido	581.4	32	425.8	27	4,488	44	2,357	26
02	青森県	Aomori-ken	546.0	41	362.1	46	4,952	37	2,059	43
03	岩手県	Iwate-ken	600.8	26	425.7	28	5,282	31	2,176	36
04	宮城県	Miyagi-ken	552.5	39	415.9	32	5,702	17	2,716	14
05	秋田県	Akita-ken	543.9	42	390.0	40	5,274	32	1,969	46
06	山形県	Yamagata-ken	628.7	20	393.0	39	5,856	13	2,195	35
07	福島県	Fukushima-ken	651.3	11	441.3	19	5,397	25	2,297	27
08	茨城県	Ibaraki-ken	616.9	21	447.8	15	5,956	8	2,893	9
09	栃木県	Tochigi-ken	678.5	6	520.2	4	5,828	14	2,842	10
10	群馬県	Gumma-ken	642.9	14	442.6	18	5,595	20	2,586	20
11	埼玉県	Saitama-ken	804.8	1	625.3	1	5,886	12	3,187	6
12	千葉県	Chiba-ken	704.6	2	537.3	2	5,952	9	3,319	4
13	東京都	Tokyo-to	695.5	3	530.2	3	6,211	2	3,520	2
14	神奈川県	Kanagawa-ken	666.6	7	512.3	5	6,220	1	3,631	1
15	新潟県	Niigata-ken	613.4	23	419.3	30	5,563	22	2,296	28
16	富山県	Toyama-ken	662.7	9	389.2	41	6,131	3	2,555	22
17	石川県	Ishikawa-ken	682.8	5	474.0	10	5,704	16	2,659	17
18	福井県	Fukui-ken	663.8	8	426.4	26	6,104	5	2,549	23
19	山梨県	Yamanashi-ken	588.3	30	423.0	29	5,374	27	2,286	30
20	長野県	Nagano-ken	616.8	22	454.3	13	5,637	19	2,490	25
21	岐阜県	Gifu-ken	690.5	4	506.1	6	6,054	7	2,680	15
22	静岡県	Shizuoka-ken	628.8	19	467.5	11	5,912	11	2,744	13
23	愛知県	Aichi-ken	639.8	15	485.8	7	6,125	4	3,379	3
24	三重県	Mie-ken	583.1	31	410.4	34	5,945	10	2,930	8
25	滋賀県	Shiga-ken	630.7	17	449.3	14	6,088	6	3,213	5
26	京都府	Kyoto-fu	598.5	28	462.8	12	5,316	30	2,763	11
27	大阪府	Osaka-fu	592.3	29	430.5	23	5,022	34	2,641	18
28	兵庫県	Hyogo-ken	534.6	44	427.5	24	5,584	21	2,971	7
29	奈良県	Nara-ken	660.8	10	481.2	8	5,452	23	2,663	16
30	和歌山県	Wakayama-ken	540.8	43	435.2	22	4,796	40	2,032	44
31	鳥取県	Tottori-ken	565.9	35	365.1	45	5,389	26	2,168	37
32	島根県	Shimane-ken	635.9	16	418.7	31	5,655	18	2,234	32
33	岡山県	Okayama-ken	555.1	37	403.1	38	5,729	15	2,759	12
34	広島県	Hiroshima-ken	612.1	24	438.7	21	5,323	29	2,641	18
35	山口県	Yamaguchi-ken	651.3	12	476.6	9	4,956	36	2,292	29
36	徳島県	Tokushima-ken	648.1	13	445.1	16	4,990	35	2,030	45
37	香川県	Kagawa-ken	629.6	18	427.3	25	5,348	28	2,557	21
38	愛媛県	Ehime-ken	473.9	47	371.8	44	4,846	39	2,119	38
39	高知県	Kochi-ken	607.1	25	409.1	35	4,474	45	1,891	47
40	福岡県	Fukuoka-ken	579.5	33	443.2	17	4,849	38	2,542	24
41	佐賀県	Saga-ken	577.8	34	404.5	37	5,447	24	2,227	33
42	長崎県	Nagasaki-ken	559.1	36	415.0	33	4,749	41	2,092	40
43	熊本県	Kumamoto-ken	531.4	45	389.0	42	5,026	33	2,207	34
44	大分県	Oita-ken	599.0	27	439.1	20	4,701	42	2,235	31
45	宮崎県	Miyazaki-ken	550.7	40	388.6	43	4,658	43	2,099	39
46	鹿児島県	Kagoshima-ken	552.9	38	407.8	36	4,300	46	2,077	41
47	沖縄県	Okinawa-ken	482.9	46	334.3	47	4,215	47	2,075	42

注）項目欄に「*」の付されている項目は、都道府県庁所在市のデータである。
Note : Items with * refer to the cities with prefectural governments.
a) (Two-or-more-person households - Workers' households)

No. 398 消費支出 （二人以上の世帯） （1世帯当たり1か月間） Monthly living expenditure per household (Two-or-more-person households) #L02211 千円：thousand yen 2022		No. 399 食料費割合 （対消費支出） （二人以上の世帯） Percentage of expenditure for food (Two-or-more-person households) #L02411 % 2022		No. 400 住居費割合 （対消費支出） （二人以上の世帯） Percentage of expenditure for housing (Two-or-more-person households) #L02412 % 2022		No. 401 光熱・水道費割合 （対消費支出） （二人以上の世帯） Percentage of expenditure for furniture and household utensils (Two-or-more-person households) #L02413 % 2022		No. 402 家具・家事用品費割合 （対消費支出） （二人以上の世帯） Percentage of expenditure for furniture and household utensils (Two-or-more-person households) #L02414 % 2022		都道府県コード
指標値 Indicator	順位 Rank	指標値 Indicator	順位 Rank	指標値 Indicator	順位 Rank	指標値 Indicator	順位 Rank	指標値 Indicator	順位 Rank	Pref. code
290.9		26.6		6.4		8.4		4.2		00
277.7	34	26.3	27	9.0	4	10.8	4	3.7	43	01
249.7	46	29.5	2	4.2	45	13.0	1	4.0	28	02
285.8	26	27.0	21	6.6	26	11.1	3	4.1	22	03
287.8	24	27.3	12	8.0	9	8.7	18	3.9	34	04
275.5	37	26.7	23	4.8	40	10.7	5	4.1	23	05
276.6	36	28.0	5	5.8	34	12.0	2	3.7	41	06
295.3	22	27.1	18	7.1	18	9.9	8	3.9	33	07
298.1	19	24.0	46	6.3	31	9.0	15	3.6	45	08
297.3	20	27.2	15	7.0	21	8.7	20	3.9	30	09
310.4	8	25.0	42	6.3	29	7.6	40	4.6	7	10
324.8	1	27.1	19	6.7	25	8.1	31	4.2	20	11
304.6	10	27.8	6	5.7	36	7.5	41	3.7	40	12
321.6	2	27.4	11	9.3	3	7.1	46	3.6	44	13
301.4	13	28.2	3	7.7	10	7.2	44	4.2	17	14
295.3	21	27.3	14	6.4	28	9.8	9	3.9	32	15
316.8	5	26.4	26	4.7	41	9.7	10	4.1	24	16
305.8	9	27.3	13	4.5	42	9.0	14	3.9	36	17
274.3	38	27.4	10	2.3	47	9.9	7	4.2	14	18
285.6	27	26.2	28	7.1	17	8.6	22	4.2	15	19
299.0	16	25.3	36	5.8	35	9.3	11	4.3	13	20
313.3	7	24.7	44	4.4	43	8.8	16	4.6	5	21
300.4	14	27.7	8	4.3	44	8.4	25	3.5	46	22
319.3	4	25.0	41	7.1	19	7.8	38	4.6	6	23
277.1	35	26.0	30	5.6	38	8.2	29	4.5	9	24
319.5	3	26.5	25	7.0	23	7.8	37	3.8	39	25
299.9	15	28.0	4	7.6	11	7.9	36	5.0	2	26
265.2	43	30.5	1	6.9	24	8.3	28	3.9	29	27
298.5	17	27.4	9	7.4	13	6.0	47	3.1	47	28
303.4	11	27.0	20	8.4	6	8.6	21	4.5	10	29
263.9	44	26.0	29	3.3	46	8.5	23	4.6	8	30
272.9	40	25.5	35	7.2	15	9.3	12	3.9	35	31
278.5	33	26.0	31	5.5	39	10.3	6	4.0	26	32
303.1	12	24.3	45	6.6	27	7.9	34	4.4	12	33
291.4	23	26.8	22	8.0	8	8.4	26	4.2	19	34
315.2	6	23.3	47	7.0	20	8.2	30	4.1	21	35
283.9	29	25.0	40	6.3	32	8.1	32	4.7	3	36
280.4	31	25.1	38	5.9	33	8.4	27	3.8	37	37
245.1	47	27.7	7	7.2	16	9.1	13	5.2	1	38
284.8	28	25.7	33	7.3	14	7.9	35	3.7	42	39
286.3	25	26.5	24	7.0	22	7.2	45	3.9	31	40
273.8	39	25.6	34	8.1	7	8.4	24	4.1	25	41
271.1	42	27.1	17	8.5	5	8.7	19	4.2	18	42
281.8	30	24.9	43	10.8	1	7.4	42	4.6	4	43
298.1	18	25.2	37	6.3	30	7.2	43	4.0	27	44
271.6	41	25.8	32	5.7	37	8.0	33	4.2	16	45
279.1	32	25.1	39	7.5	12	7.6	39	3.8	38	46
251.7	45	27.1	16	10.0	2	8.8	17	4.5	11	47

家 計 L （指標）

			No. 403 被服及び履物費割合（対消費支出）（二人以上の世帯） Percentage of expenditure for clothes and footwear (Two-or-more-person households) #L02415	*	No. 404 保健医療費割合（対消費支出）（二人以上の世帯） Percentage of expenditure for medical care (Two-or-more-person households) #L02416	*	No. 405 交通・通信費割合（対消費支出）（二人以上の世帯） Percentage of expenditure for transportation and communication b) #L02417	*	No. 406 教育費割合（対消費支出）（二人以上の世帯） Percentage of expenditure for education (Two-or-more-person households) #L02418	*
単位	Unit		%		%		%		%	
年度	Fiscal year		2022		2022		2022		2022	
都道府県	Prefecture		指標値 Indicator	順位 Rank	指標値 Indicator	順位 Rank	指標値 Indicator	順位 Rank	指標値 Indicator	順位 Rank
00	全国	All Japan	3.1		5.1		14.2		3.9	
01	北海道	Hokkaido	3.2	21	4.3	41	12.7	37	3.4	24
02	青森県	Aomori-ken	2.8	41	3.8	47	13.7	32	2.2	44
03	岩手県	Iwate-ken	3.0	28	4.7	32	13.9	30	2.7	39
04	宮城県	Miyagi-ken	3.2	19	5.0	23	14.3	27	2.0	47
05	秋田県	Akita-ken	3.1	27	4.2	44	16.3	7	3.1	30
06	山形県	Yamagata-ken	3.0	33	4.5	36	14.7	20	2.8	37
07	福島県	Fukushima-ken	2.9	38	4.4	39	15.2	15	3.7	17
08	茨城県	Ibaraki-ken	3.3	15	4.9	26	18.3	2	3.1	29
09	栃木県	Tochigi-ken	3.2	23	5.2	15	14.1	28	5.0	6
10	群馬県	Gumma-ken	3.1	25	4.9	27	14.9	18	3.4	23
11	埼玉県	Saitama-ken	3.3	16	4.5	38	11.8	42	8.6	1
12	千葉県	Chiba-ken	3.2	22	5.4	10	15.8	11	3.6	20
13	東京都	Tokyo-to	3.6	4	5.4	12	10.1	47	6.0	4
14	神奈川県	Kanagawa-ken	3.6	3	5.4	8	11.4	44	7.0	2
15	新潟県	Niigata-ken	2.7	47	4.3	43	15.4	13	3.4	26
16	富山県	Toyama-ken	3.1	26	5.0	22	15.1	16	3.0	32
17	石川県	Ishikawa-ken	3.3	17	5.5	6	15.1	17	3.8	15
18	福井県	Fukui-ken	3.0	30	4.2	45	16.6	6	2.8	35
19	山梨県	Yamanashi-ken	3.4	9	5.0	21	14.3	24	2.2	45
20	長野県	Nagano-ken	2.7	46	4.8	29	16.1	10	2.5	41
21	岐阜県	Gifu-ken	3.4	11	4.8	30	15.7	12	5.0	5
22	静岡県	Shizuoka-ken	3.2	24	5.1	18	14.4	23	4.3	9
23	愛知県	Aichi-ken	3.5	6	6.0	2	14.7	22	3.8	16
24	三重県	Mie-ken	2.9	35	5.6	5	15.3	14	2.8	38
25	滋賀県	Shiga-ken	3.6	5	5.1	20	13.9	31	6.2	3
26	京都府	Kyoto-fu	3.3	14	6.1	1	10.4	46	4.0	12
27	大阪府	Osaka-fu	3.3	12	4.7	31	10.6	45	2.6	40
28	兵庫県	Hyogo-ken	3.6	2	5.4	11	13.6	33	3.9	14
29	奈良県	Nara-ken	3.2	20	5.1	17	12.3	40	3.4	25
30	和歌山県	Wakayama-ken	2.8	43	4.1	46	19.1	1	4.5	7
31	鳥取県	Tottori-ken	2.8	42	4.3	42	16.9	5	2.5	42
32	島根県	Shimane-ken	2.8	45	4.5	37	16.1	9	2.1	46
33	岡山県	Okayama-ken	3.0	29	5.4	13	12.6	38	4.2	10
34	広島県	Hiroshima-ken	3.4	10	5.1	19	11.7	43	4.4	8
35	山口県	Yamaguchi-ken	2.8	40	4.5	35	17.4	3	2.9	33
36	徳島県	Tokushima-ken	3.4	7	5.4	9	14.3	25	3.4	22
37	香川県	Kagawa-ken	2.9	37	4.9	28	13.4	35	2.4	43
38	愛媛県	Ehime-ken	3.3	18	5.0	24	12.4	39	2.8	36
39	高知県	Kochi-ken	2.9	34	4.4	40	17.1	4	3.3	27
40	福岡県	Fukuoka-ken	3.3	13	5.0	25	13.6	34	4.0	13
41	佐賀県	Saga-ken	3.0	31	5.2	16	16.1	8	3.1	31
42	長崎県	Nagasaki-ken	2.9	36	5.9	4	12.1	41	3.2	28
43	熊本県	Kumamoto-ken	3.4	8	5.3	14	12.9	36	3.6	19
44	大分県	Oita-ken	3.7	1	4.7	33	13.9	29	3.5	21
45	宮崎県	Miyazaki-ken	2.9	39	5.4	7	14.8	19	2.8	34
46	鹿児島県	Kagoshima-ken	3.0	32	5.9	3	14.7	21	4.0	11
47	沖縄県	Okinawa-ken	2.8	44	4.6	34	14.3	26	3.6	18

注）項目欄に「＊」の付されている項目は、都道府県庁所在市のデータである。
Note : Items with * refer to the cities with prefectural governments.
b) (Two-or-more-person households)

No. 407 教養娯楽費割合（対消費支出）（二人以上の世帯） Percentage of expenditure for reading and recreation (Two-or-more-person households) #L02419 % 2022		No. 408 平均消費性向（消費支出／可処分所得）（二人以上の世帯のうち勤労者世帯） Monthly propensity to consume (Two-or-more-person households - Workers' households) #L02602 % 2022		No. 409 金融資産残高（貯蓄現在高）（二人以上の世帯）（1世帯当たり） Amount of savings per household (Two-or-more-person households) #L07201 千円：thousand yen 2019		No. 410 預貯金現在高割合（対貯蓄現在高）（二人以上の世帯）（1世帯当たり） Percentage of deposits per household (Two-or-more-person households) #L07212 % 2019		No. 411 生命保険現在高割合（対貯蓄現在高）（二人以上の世帯）（1世帯当たり） Percentage of life insurance savings per household (Two-or-more-person households) #L07213 % 2019		都道府県コード
指標値 Indicator	順位 Rank	指標値 Indicator	順位 Rank	指標値 Indicator	順位 Rank	指標値 Indicator	順位 Rank	指標値 Indicator	順位 Rank	Pref. code
9.2		64.0		14,497		63.7		20.1		00
9.8	7	63.3	27	9,994	43	70.0	3	22.1	21	01
8.0	41	60.1	40	8,413	46	65.1	24	25.7	8	02
9.0	24	62.3	33	11,657	35	66.8	14	26.3	5	03
9.2	21	64.4	24	13,691	23	62.6	40	23.0	16	04
8.8	26	69.0	7	10,205	41	66.5	15	27.0	4	05
8.1	39	56.8	46	11,631	36	63.8	32	26.1	6	06
8.8	27	61.0	37	11,895	33	63.5	34	23.5	15	07
8.7	30	68.4	9	14,493	18	68.6	5	19.6	38	08
8.4	34	61.1	36	13,619	24	64.5	27	21.4	26	09
9.3	17	69.4	6	13,326	28	63.5	35	21.4	27	10
10.8	2	53.4	47	15,478	11	64.3	29	18.8	42	11
9.9	6	63.5	26	16,000	8	62.1	43	19.1	40	12
10.3	4	62.7	30	17,562	3	61.3	45	18.0	45	13
9.8	9	62.2	34	18,218	1	57.8	47	19.0	41	14
8.4	32	66.6	15	12,745	30	73.1	1	20.1	33	15
9.5	12	60.3	39	16,231	6	66.1	20	22.9	17	16
10.9	1	57.0	44	14,822	14	66.4	17	21.8	23	17
8.4	33	56.9	45	14,653	16	63.7	33	24.6	11	18
8.0	43	66.7	14	11,758	34	67.7	8	21.5	25	19
9.0	25	66.0	18	13,531	25	67.5	9	22.0	22	20
8.7	28	62.6	32	14,903	13	66.1	19	19.7	37	21
9.4	15	66.8	13	15,864	10	65.8	21	19.9	36	22
9.7	11	69.8	5	17,685	2	61.9	44	16.3	47	23
9.5	13	65.2	20	14,481	19	65.5	22	20.1	34	24
9.2	22	66.4	16	16,922	5	65.0	26	20.5	30	25
9.3	19	63.1	28	15,875	9	63.1	38	22.1	20	26
9.8	8	57.7	43	14,236	22	64.0	31	17.9	46	27
10.6	3	70.9	1	16,051	7	64.4	28	18.1	44	28
9.7	10	60.7	38	16,999	4	63.3	36	18.5	43	29
8.2	37	70.2	4	13,360	27	66.8	13	21.6	24	30
8.3	36	64.7	21	13,429	26	64.2	30	23.9	14	31
9.2	20	59.7	41	14,307	21	66.5	16	24.8	10	32
8.3	35	70.7	2	14,453	20	63.3	37	22.9	18	33
9.3	18	62.6	31	14,588	17	67.0	11	21.2	28	34
7.3	45	66.4	17	12,639	31	70.0	2	20.3	32	35
9.4	16	58.9	42	14,773	15	66.3	18	19.5	39	36
8.5	31	62.0	35	15,248	12	65.2	23	21.2	29	37
9.2	23	68.8	8	12,944	29	68.0	6	20.0	35	38
8.0	42	64.7	22	12,231	32	66.8	12	24.5	12	39
9.9	5	63.1	29	10,959	37	60.7	46	25.0	9	40
7.7	44	64.1	25	10,447	40	62.3	42	28.4	3	41
6.5	47	68.0	10	10,828	38	62.6	41	28.7	2	42
8.7	29	67.3	11	10,124	42	67.0	10	24.3	13	43
9.5	14	66.9	12	10,559	39	67.8	7	22.8	19	44
8.1	38	64.5	23	8,880	44	65.0	25	26.0	7	45
8.0	40	65.5	19	8,704	45	62.8	39	29.9	1	46
7.3	46	70.3	3	6,021	47	69.8	4	20.3	31	47

家 計 L （指標）

都道府県 / Prefecture			No. 412 有価証券現在高割合（対貯蓄現在高）（二人以上の世帯）（1世帯当たり） Percentage of securities savings per household (Two-or-more-person households) #L07214		No. 413 金融負債現在高（二人以上の世帯）（1世帯当たり） Liabilities per household (Two-or-more-person households) #L07401		No. 414 住宅・土地のための負債割合（対負債現在高）（二人以上の世帯）（1世帯当たり） Percentage of liabilities for houses and land per household (Two-or-more-person households) #L07412	
単位	Unit		%		千円：thousand yen		%	
年度	Fiscal year		2019		2019		2019	
都道府県	Prefecture		指標値 Indicator	順位 Rank	指標値 Indicator	順位 Rank	指標値 Indicator	順位 Rank
00	全国	All Japan	14.7		6,110		86.1	
01	北海道	Hokkaido	7.1	43	4,025	38	87.0	14
02	青森県	Aomori-ken	8.4	35	4,400	31	83.8	27
03	岩手県	Iwate-ken	6.1	46	4,197	34	82.7	31
04	宮城県	Miyagi-ken	13.1	13	5,501	14	86.2	18
05	秋田県	Akita-ken	6.0	47	3,664	45	80.1	43
06	山形県	Yamagata-ken	9.4	32	4,300	33	80.5	41
07	福島県	Fukushima-ken	11.9	21	4,693	25	81.8	32
08	茨城県	Ibaraki-ken	9.9	30	5,809	11	80.9	38
09	栃木県	Tochigi-ken	12.8	17	5,028	21	86.1	19
10	群馬県	Gumma-ken	13.0	14	5,955	9	77.1	47
11	埼玉県	Saitama-ken	15.3	8	7,467	3	89.5	5
12	千葉県	Chiba-ken	17.2	4	6,842	5	90.5	2
13	東京都	Tokyo-to	19.1	2	9,132	2	81.8	33
14	神奈川県	Kanagawa-ken	21.7	1	9,304	1	91.8	1
15	新潟県	Niigata-ken	6.4	44	4,315	32	85.5	22
16	富山県	Toyama-ken	10.3	25	4,525	28	84.6	25
17	石川県	Ishikawa-ken	10.2	26	4,763	24	87.9	10
18	福井県	Fukui-ken	10.0	29	4,537	27	81.6	34
19	山梨県	Yamanashi-ken	10.0	28	4,009	39	86.4	16
20	長野県	Nagano-ken	10.1	27	5,546	13	85.7	21
21	岐阜県	Gifu-ken	13.5	11	5,435	16	89.7	3
22	静岡県	Shizuoka-ken	13.0	15	6,518	6	80.9	37
23	愛知県	Aichi-ken	19.0	3	7,000	4	89.1	6
24	三重県	Mie-ken	12.7	20	5,549	12	87.2	11
25	滋賀県	Shiga-ken	13.5	12	6,194	7	85.2	23
26	京都府	Kyoto-fu	13.9	9	5,895	10	87.1	12
27	大阪府	Osaka-fu	17.1	6	6,105	8	88.3	8
28	兵庫県	Hyogo-ken	16.2	7	5,480	15	87.0	13
29	奈良県	Nara-ken	17.1	5	5,324	17	89.7	4
30	和歌山県	Wakayama-ken	10.8	24	3,606	46	79.1	44
31	鳥取県	Tottori-ken	11.3	22	4,464	29	86.3	17
32	島根県	Shimane-ken	7.8	42	4,158	37	77.4	46
33	岡山県	Okayama-ken	12.9	16	5,242	19	86.9	15
34	広島県	Hiroshima-ken	9.7	31	4,846	23	85.8	20
35	山口県	Yamaguchi-ken	7.8	41	3,754	44	88.3	7
36	徳島県	Tokushima-ken	13.8	10	3,472	47	82.7	30
37	香川県	Kagawa-ken	12.7	19	3,944	40	88.2	9
38	愛媛県	Ehime-ken	11.2	23	5,151	20	84.4	26
39	高知県	Kochi-ken	8.1	39	3,835	43	80.7	40
40	福岡県	Fukuoka-ken	12.8	18	5,243	18	80.4	42
41	佐賀県	Saga-ken	8.3	36	4,458	30	81.5	35
42	長崎県	Nagasaki-ken	8.0	40	3,932	41	80.8	39
43	熊本県	Kumamoto-ken	8.3	37	5,001	22	78.3	45
44	大分県	Oita-ken	8.6	34	4,564	26	83.4	29
45	宮崎県	Miyazaki-ken	8.3	38	3,891	42	81.3	36
46	鹿児島県	Kagoshima-ken	6.2	45	4,174	35	83.4	28
47	沖縄県	Okinawa-ken	8.8	33	4,164	36	84.6	24

II 基礎データの説明

Explanation of Terms

本書に掲載する指標値の算出に用いた基礎データの説明として、次の事項を掲載している。

1 データの出典（調査、報告書等）

指標値算出に用いた基礎データの資料源としての調査の名称又は報告書名並びにその概要及びそれを所管している機関の名称を記載している。

2 各基礎データ項目の説明

個々の基礎データの概念、範囲、利用上の留意事項等について掲載している。

> この基礎データの説明は、各統計調査の調査概要や社会・人口統計体系「基礎データ項目定義」等に基づいて整理した。
> なお、説明の中で引用している法令等は原則として調査時点のものであることに注意されたい。
> 資料源に複数の番号を記載している項目は、収集年によって出典が異なる。

データの出典（調査、報告書等）

1.国勢調査（総務省統計局）

国内の人口・世帯の実態を把握し、各種行政施策の基礎資料を得るとともに、国民共有の財産として民主主義の基盤を成す統計情報を提供するものである。

2.人口推計（総務省統計局）

国勢調査の実施間の時点においての各月・各年の人口の状況を把握するものである。本書に掲載したデータは、国勢調査年以外の年は、人口推計の結果を用いている。

3.住民基本台帳に基づく人口、人口動態及び世帯数調査（総務省）

住民基本台帳法（昭和 42 年法律第 81 号）に基づき、毎年 1 月 1 日現在の住民票に記載されている者の数（住民基本台帳人口）及び世帯数並びに調査期日の前年の 1 月 1 日から 12 月 31 日までの間の人口動態（住民票の記載及び消除の数）について取りまとめたものである。

4.住民基本台帳人口移動報告年報（総務省統計局）

住民基本台帳法（昭和42年法律第81号）の規定による届出及び同法の規定により職権で住民票に記載された転入者について集計したものである。

なお、日本の国籍を有しない者は含まれなかったが、平成 25 年 7 月 8 日以降、日本の国籍を有しない者のうち住民基本台帳法で定めている者については含まれる。

5.人口動態調査（厚生労働省）

我が国の人口動態事象を把握し、人口及び厚生労働行政施策の基礎資料を得るものである。

6.都道府県別年齢調整死亡率ー主な死因別にみた死亡の状況ー（厚生労働省）

年齢構成の異なる地域間で死亡状況の比較ができるように年齢構成を調整し揃えた死亡率を取りまとめたものである。

7.全国都道府県市区町村別面積調（国土交通省国土地理院）

測量法（昭和 24 年法律第 188 号）の基本測量に関する長期計画に基づき、10 月 1 日時点の我が国の面積を取りまとめた技術資料である。

8.世界農林業センサス（農林水産省）

国際連合食糧農業機関（FAO）の提唱する世界農林業センサスの趣旨に従い、各国農林業との比較において我が国農林業の実態を明らかにするものである。

9.農林業センサス（農林水産省）

我が国の農林業の生産構造、就業構造を明らかにするとともに、農山村の実態を総合的に把握するものである。

10.自然公園の面積（環境省）

毎年度末における自然公園の指定の現況について、取りまとめたものである。

11.過去の気象データ（気象庁）

全国の気象台等で観測された地上気象観測を取りまとめたものである。

12.県民経済計算（内閣府）

都道府県（以下この項目において「県」という。）内、あるいは県民の経済の循環と構造を生産、分配、支出等各方面にわたり計量把握することにより県経済の実態を包括的に明らかにするものである。

13.市町村税課税状況等の調（総務省）

7月1日における全市町村の課税の状況等を集計編さんしたものである。

14.経済センサス-基礎調査（総務省統計局）

我が国の全ての産業分野における事業所の活動状態等の基本的構造を全国及び地域別に明らかにするとともに、事業所・企業を対象とする各種統計調査の母集団情報を整備することを目的とするものである。

15.経済センサス-活動調査（総務省統計局・経済産業省）

全産業分野の売上（収入）金額や費用などの経理項目を同一時点で網羅的に把握し、我が国における事業所・企業の経済活動を全国的及び地域別に明らかにするとともに、事業所及び企業を対象とした各種統計調査の母集団情報を得ることを目的とするものである。

16.生産農業所得統計（農林水産省）

農産物の産出額及び農業が生み出した付加価値額である生産農業所得を推計し、農業生産の実態を金額で評価することにより明らかにし、農政の企画やその実行のフォローアップに資する資料を提供するものである。

17.作物統計調査（面積調査）（農林水産省）

農業の生産基盤となる耕地と農作物の作付けの実態を明らかにすることにより、生産対策、構造対策、土地資源の有効活用等の各種土地利用行政の企画立案及び行政効果の判定を行うための資料として活用するものである。

18.経済構造実態調査（総務省統計局・経済産業省）

製造業及びサービス産業における企業等の経済活動の状況を明らかにし、国民経済計算の精度向上等に資するとともに、企業等に関する施策の基礎資料を得ることを目的とするものである。

19.障害者の職業紹介状況等（厚生労働省）

障害者の職業紹介状況を取りまとめ、就職率の指標を作成したものである。

20.株式会社ゆうちょ銀行

銀行法（昭和56年法律第59号）及び銀行法施行規則（昭和57年大蔵省令第10号）に基づき、業務及び財産の状況について説明している「ゆうちょ銀行 統合報告書 ディスクロージャー誌」より収集しているものである。

21.日本銀行

銀行の預金や貸出等の集計値の把握を目的としており、日本銀行の Web ページにて公表されている時系列統計データ検索サイト「貸出・預金動向」より収集しているものである。

22.内閣府子ども・子育て本部（内閣府）

内閣府子ども・子育て本部の Web ページにて公表されている都道府県別の認定こども園の数の推移より収集しているものである。

23.小売物価統計調査（動向編）（総務省統計局）

国民の消費生活上重要な商品の小売価格、サービスの料金及び家賃を調査して、消費者物価指数（CPI）や、消費生活に関する経済政策の基礎資料を得るものであり、動向編においては毎月、主要都市の物価を提供している。

24.小売物価統計調査（構造編）（総務省統計局）

国民の消費生活上重要な商品の小売価格、サービスの料金及び家賃を調査して、消費者物価指数（CPI）や、消費生活に関する経済政策の基礎資料を得るものであり、構造編においては毎年、地域別の価格水準や、店舗形態別等の物価の構造を明らかにしている。

25.都道府県地価調査（国土交通省）

国土利用計画法施行令（昭和49年政令第387号）第9条に基づき、都道府県知事が毎年7月1日における標準価格を判定し、土地取引規制に際しての価格審査や地方公共団体等による買収価格の算定の規準となることにより、適正な地価の形成を図ることを目的とするものである。

26.地方財政統計年報（総務省）

地方公共団体から報告された決算額（普通会計及び公営事業会計）を中心として、地方財政に関する主な統計資料等を集録したものである。

27.都道府県決算状況調（総務省）

各都道府県に対して照会した「地方財政状況調査」のうち、「都道府県の普通会計、国民健康保険事業会計、収益事業会計、交通災害共済事業会計及び公立大学附属病院事業会計の決算」を集計し、その一部を編集したものである。

28.学校基本調査（文部科学省）

学校に関する基本的事項を調査し、学校教育行政上の基礎資料を得るものである。

29.社会福祉施設等調査（厚生労働省）

全国の社会福祉施設等の数、在所者、従事者の状況等を把握し、社会福祉行政推進のための基礎資料を得るものである。

30.地方教育費調査（文部科学省）

学校教育、社会教育、生涯学習関連及び教育行政における地方公共団体から支出された経費並びに授業料等の収入の実態及び地方教育行政機関の組織等の実態を明らかにして、国・地方を通じた教育諸施策を検討・立案するための基礎資料を得るものである。

31.就業構造基本調査（総務省統計局）

国民の就業及び不就業の状態を調査し、全国及び地域別の就業構造に関する基礎資料を得るものである。

32.一般職業紹介状況（職業安定業務統計）（厚生労働省）

公共職業安定所における求人、求職、就職の状況（新規学卒者を除く。）を取りまとめ、求人倍率等の指標を作成するものである。

33.新規学卒者（高校・中学）の職業紹介状況（厚生労働省）

新規学卒者について公共職業安定所及び学校において取り扱った求職、求人及び就職状況を取りまとめたものである。

34.賃金構造基本統計調査（厚生労働省）

主要産業に雇用される労働者について、その賃金の実態を労働者の雇用形態、就業形態、職種、性、年齢、学歴、勤続年数、経験年数別等に明らかにするものである。

35.社会教育調査（文部科学省）

社会教育行政に必要な社会教育に関する基本的事項を明らかにするものである。

36.衛生行政報告例（厚生労働省）

衛生関係諸法規の施行に伴う各都道府県、指定都市及び中核市における衛生行政の実態を把握し、衛生行政運営の基礎資料を得るものである。

37.社会生活基本調査（総務省統計局）

国民の生活時間の配分や余暇時間における主な活動（スポーツ、趣味・娯楽、ボランティア活動等）の状況など、国民の社会生活の実態を明らかにするものである。

38.宿泊旅行統計調査（観光庁）

我が国の宿泊旅行の全国規模の実態等を把握し、観光行政の基礎資料とするものである。

39.旅券統計（外務省）

旅券発行数の動向等を明らかにすることを目的として、日本国内及び海外における日本国旅券の発行数を集計したものである。

40.住宅・土地統計調査（総務省統計局）

我が国における住宅及び住宅以外で人が居住する建物に関する実態並びに現住居以外の住宅及び土地の保有状況その他の住宅等に居住している世帯に関する実態を調査し、その現状と推移を全国及び地域別に明らかにするものである。

41.建築動態統計調査（建築統計年報）（国土交通省）

建築着工統計調査及び建築物滅失統計調査からなっており、全国における建築物の建設の着工動態を明らかにし、建築及び住宅に関する基礎資料を得るものである。

42.電気事業便覧（資源エネルギー庁）

我が国の電気事業の現状と累年的推移の概要を統計的に集録するものである。

43.石油連盟

石油連盟の Web ページにて公表されている統計資料リストより収集しているものである。

44.水道統計（公益社団法人日本水道協会）

水道施設の概況を明らかにし、国及び地方公共団体における水道行政運営の基礎資料にするとともに、関係各方面の利用に供するものである。

45.下水道施設等実態調査（下水道統計）（公益社団法人日本水道協会）

下水道事業の計画、施設及び維持管理状況を把握し、下水道行政の適正化を図るため、

公益社団法人日本下水道協会と国土交通省が共同で実施した「下水道施設等実態調査」等の結果を基に、取りまとめたものである。

46.一般廃棄物処理事業実態調査（環境省）
一般廃棄物行政の推進に関する基礎資料を得るものである。

47.日本郵便株式会社
日本郵便株式会社の Web ページにて公表されている「お知らせ・プレスリリース」から郵便局に関する基礎資料を収集しているものである。

48.東日本電信電話株式会社及び西日本電信電話株式会社
東日本電信電話株式会社及び西日本電信電話株式会社の Web ページにて公表されている電気通信役務契約等状況報告から収集しているものである。

49.通信量からみた我が国の音声通信利用状況（総務省）
国民生活や社会経済活動に不可欠な電気通信サービスの在り方を検討するために、その利用動向を客観性、信頼性のあるデータに基づいて把握し、国民利用者の電気通信サービスに対する理解を深めることを目的とするものである。

50.道路統計年報（国土交通省）
我が国唯一の道路（道路法（昭和 27 年法律第 180 号）第 3 条に定める道路で、 高速自動車国道、一般国道、都道府県道、市町村道である。）に関するものであり、社会状況に対応した道路整備計画の立案、策定及び道路施設の管理等、今後の道路行政に資するための基礎資料を得るものである。

51.都市計画現況調査（国土交通省）
都市計画に関する種々の現況を把握することを目的に、都道府県都市計画担当課に依頼し、都市計画の決定状況等を調査したものである。

52.都市公園データベース（国土交通省）
全国の都道府県・市区町村の協力を得て、都市公園等の整備状況の調査を行い、取りまとめたものである。

53.医療施設調査（厚生労働省）
病院及び診療所（以下この項目において「医療施設」という。）について、その分布及び整備の実態を明らかにするとともに、医療施設の診療機能を把握するものである。

54.介護サービス施設・事業所調査（厚生労働省）

全国の介護サービスの提供体制、提供内容等を把握することにより、介護サービスの提供面に着目した基盤整備に関する基礎資料を得るものである。

55.医師・歯科医師・薬剤師統計（厚生労働省）

医師、歯科医師及び薬剤師について、性、年齢、業務の種別、従事場所及び診療科名（薬剤師を除く。）等による分布を明らかにするものである。

56.病院報告（厚生労働省）

全国の病院、療養病床を有する診療所における患者の利用状況を把握し、医療行政の基礎資料を得るものである。

57.救急・救助の現況（総務省消防庁）

消防機関の行う救急業務、救助業務及び都道府県の行う消防防災ヘリコプターによる消防活動に関する実施状況について、数値データ等を基に体系的に整理した統計資料集である。

58.人口問題研究（厚生労働省国立社会保障・人口問題研究所）

研究所の機関誌として、人口問題に関する学術論文を掲載するとともに、一般への専門知識の普及をも考慮し編集を行ったものである。

59.完全生命表（厚生労働省）

ある期間における死亡状況（年齢別死亡率）が今後変化しないと仮定したときに、各年齢の者が1年以内に死亡する確率や平均してあと何年生きられるかという期待値などを死亡率や平均余命などの指標（生命関数）によって表したものである。

60.都道府県別生命表（厚生労働省）

ある期間における死亡状況（年齢別死亡率）が今後変化しないと仮定したときに、各年齢の者が1年以内に死亡する確率や平均してあと何年生きられるかという期待値などを死亡率や平均余命などの指標（生命関数）によって表したものである。

61.国民生活基礎調査（厚生労働省）

保健、医療、福祉、年金、所得等国民生活の基礎的事項を調査し、厚生労働行政の企画及び運営に必要な基礎資料を得るとともに、各種調査の調査客体を抽出するための親標本を設定するものである。

62.学校保健統計調査（文部科学省）

学校における幼児、児童及び生徒の発育及び健康の状態を明らかにするものである。

63.被保護者調査（厚生労働省）

　生活保護法（昭和25年法律第144号）に基づく保護を受けている世帯及び保護を受けていた世帯の保護の受給状況を把握し、生活保護制度及び厚生労働行政の企画運営に必要な基礎資料を得るものである。平成24年度より被保護者全国一斉調査と福祉行政報告例（生活保護部分）を統合している。

64.福祉行政報告例（厚生労働省）

　社会福祉関係諸法規の施行に伴う各都道府県、指定都市及び中核市における行政の実態を数量的に把握して、国及び地方公共団体の社会福祉行政運営のための基礎資料とするものである。

65.国民医療費（厚生労働省）

　当該年度内の医療機関等における保険診療の対象となり得る傷病の治療に要する費用を推計したものであり、国民に必要な医療を確保していくための基礎資料とするものである。

66.国民健康保険事業年報（厚生労働省）

　国民健康保険の事業状況を把握し、国民健康保険制度の健全な運営を図るための基礎資料とするものである。

67.事業年報（全国健康保険協会）

　医療保険制度の状況を、全国健康保険協会を中心に概観したものである。

68.後期高齢者医療事業年報（厚生労働省）

　後期高齢者医療制度の事業状況を把握し、後期高齢者医療制度の健全な運営を図るための基礎資料とするものである。

69.厚生年金保険・国民年金事業年報（厚生労働省）

　厚生年金保険及び国民年金の事業状況を把握し、厚生年金保険及び国民年金制度の適正な運営を図るための基礎資料として利用するものである。

70.雇用保険事業年報（厚生労働省）

　雇用保険の適用・給付状況を把握し、雇用保険制度の適正な運営を図るとともに、雇用対策等の基礎資料として利用するものである。

71.労働者災害補償保険事業年報（厚生労働省）

　労働者災害補償保険事業における適用状況、保険料徴収状況及び保険給付支払状況、年金受給者数、その他各種データを一元的に集計し、毎年一回公表しているものである。

72.労働災害動向調査（厚生労働省）

主要産業における年間の労働災害の発生状況を明らかにするものである。

73.消防年報（総務省消防庁）

各都道府県に照会した「消防防災・震災対策現況調査」の数値を集計作成したものである。

74.火災年報（総務省消防庁）

消防組織法（昭和22年法律第226号）に基づく「火災報告取扱要領」により、市町村が作成し、都道府県を通じて報告された1月から12月までの火災報告を集計作成したものである。

75.消防白書（総務省消防庁）

消防防災に対する国民の理解を深めることなどを目的としている。

76.道路の交通に関する統計（警察庁）

道路交通法（昭和35年法律第105号）第2条第1項第1号に規定する道路上において、車両、路面電車及び列車の交通によって起こされた人の死亡又は負傷を伴う事故を対象とし、全国の都道府県警察から報告された資料により状況等を把握して、国の交通安全対策の立案や交通事故の防止活動に役立てるものである。

77.児童生徒の問題行動・不登校等生徒指導上の諸課題に関する調査（文部科学省）

生徒指導上の諸課題の現状を把握することにより、今後の施策の推進に資するものである。

78.犯罪統計（警察庁）

犯罪情勢を把握し、警察活動等の分析に用いるため、犯罪統計規則（昭和40年国家公安委員会規則第4号）等に基づき、全国の都道府県警察本部から報告された資料により作成したものである。

79.地方公共団体定員管理調査（総務省）

地方公共団体の職員数や部門別の配置等の実態を調査し、適正な定員管理に資するものである。

80.公害苦情調査（公害等調整委員会）

全国の地方公共団体の「公害苦情相談窓口」に住民から寄せられた公害苦情の実態を把握し、この相談窓口で扱われた公害苦情の受付及び処理状況について、取りまとめたものである。

81.大気汚染防止法施行状況調査（環境省）

年度末現在における大気汚染防止法（昭和 43 年法律第 97 号）で規定するばい煙発生施設、揮発性有機化合物排出施設、一般粉じん発生施設、特定粉じん発生施設、特定粉じん排出等作業、水銀排出施設に係る届出状況及び規制事務実施状況に関する施行状況について調査を行ったものである。

82.水質汚濁防止法等の施行状況（環境省）

水質汚濁防止法（昭和 45 年法律第 138 号）、瀬戸内海環境保全特別措置法（昭和 48 年法律第 110 号）及び湖沼水質保全特別措置法（昭和 59 年法律第 61 号）に定められている各規定の施行状況について、都道府県等からの報告に基づきその件数や内容等を把握することにより、今後の水環境行政の円滑な推進に資するものである。

83.生命保険事業概況（一般社団法人生命保険協会）

生命保険協会加盟の生命保険会社において年度間に扱った個人保険・団体保険事業の主要業績を取りまとめたものである。

84.損害保険料率算出機構統計集（損害保険料率算出機構）

損害保険料率算出機構が参考純率又は基準料率を算出している任意自動車保険、火災保険、傷害保険、自動車損害賠償責任保険及び地震保険について集計した統計資料である。

85.家計調査（総務省統計局）

国民生活における家計収支の実態を把握し、国の経済政策・社会政策の立案のための基礎資料を提供することを目的とするものである。

86.全国家計構造調査（総務省統計局）

家計における消費、所得、資産及び負債の実態を総合的に把握し、世帯の所得分布及び消費の水準、構造等を全国的及び地域別に明らかにするものである。

114

各基礎データ項目の説明

A 人口・世帯

※資料源の番号は、「データの出典」に記載されている番号と対応している。

No.	項目符号	基礎データ名	説明	資料源※
1	A1101	総人口	本邦内(歯舞群島、色丹島、国後島、択捉島及び竹島(島根県)を除く。)に3か月以上にわたって住んでいるか、又は住むことになっている者の総数	1、2
2	A110101	総人口(男)	本邦内(歯舞群島、色丹島、国後島、択捉島及び竹島(島根県)を除く。)に3か月以上にわたって住んでいるか、又は住むことになっている者の男性の総数	1、2
3	A110102	総人口(女)	本邦内(歯舞群島、色丹島、国後島、択捉島及び竹島(島根県)を除く。)に3か月以上にわたって住んでいるか、又は住むことになっている者の女性の総数	1、2
4	A1102	日本人人口	国籍が日本である者の数	1、2
5	A1201	0〜4歳人口	年齢0〜4歳人口の総数	1、2
6	A1204	15〜19歳人口	年齢15〜19歳人口の総数	1、2
7	A1213	60〜64歳人口	年齢60〜64歳人口の総数	1、2
8	A1301	15歳未満人口	年齢15歳未満人口の総数	1、2
9	A1302	15〜64歳人口	年齢15〜64歳人口の総数	1、2
10	A1303	65歳以上人口	年齢65歳以上人口の総数	1、2
11	A1304	15歳未満人口割合	総人口に占める15歳未満人口の割合	1、2
12	A1305	15〜64歳人口割合	総人口に占める15歳〜64歳人口の割合	1、2
13	A1306	65歳以上人口割合	総人口に占める65歳以上人口の割合	1、2
14	A1405	0〜5歳人口	年齢0〜5歳人口の総数	1
15	A1407	0〜17歳人口	年齢0〜17歳人口の総数	1
16	A1408	3〜5歳人口	年齢3〜5歳人口の総数	1
17	A1409	6〜11歳人口	年齢6〜11歳人口の総数	1
18	A1411	12〜14歳人口	年齢12〜14歳人口の総数	1
19	A1413	15〜17歳人口	年齢15〜17歳人口の総数	1
20	A1414	15歳以上人口	年齢15歳以上人口の総数	1、2

No.	項目符号	基礎データ名	説明	資料源[※]
21	A141401	15歳以上人口(男)	年齢15歳以上(男性)人口の総数	1、2
22	A141402	15歳以上人口(女)	年齢15歳以上(女性)人口の総数	1、2
23	A1700	外国人人口	総人口のうち、外国国籍を有する者の数	1
24	A1801	人口集中地区人口	市区町村の境域内で人口密度の高い基本単位区(原則として人口密度が1km²当たり4,000人以上)が隣接し、それらの地域の人口が5,000人以上を有する地域に常住する人口の総数	1
25	A2301	住民基本台帳人口(総数)	日本国民で国内の市区町村に住所を定めている者として1月1日現在、当該市区町村の住民基本台帳に記載されている人口の総数	3
26	A4101	出生数	戸籍法及び死産の届出に関する規程により届け出られた出生の数	5
27	A4103	合計特殊出生率	15~49歳までの女性の年齢別出生率を合計したもので、一人の女性がその年齢別出生率で一生の間に生むとしたときの子どもの数	5
28	A4200	死亡数	戸籍法及び死産の届出に関する規程により届け出られた死亡の数	5
29	A4201	死亡数(0~4歳)	戸籍法及び死産の届出に関する規程により届け出られた死亡(0~4歳)の数	5
30	A4231	死亡数(65歳以上)	戸籍法及び死産の届出に関する規程により届け出られた死亡(65歳以上)の数	5
31	A424001	年齢調整死亡率(男)	年齢構成の異なる地域間で死亡状況の比較ができるように年齢構成を調整しそろえた男性の死亡率	6
32	A424002	年齢調整死亡率(女)	年齢構成の異なる地域間で死亡状況の比較ができるように年齢構成を調整しそろえた女性の死亡率	6
33	A4270	死産数	妊娠満12週以後の死児の出産をいい、自然死産数と人工死産数の合計	5
34	A4271	死産数(妊娠満22週以後)	妊娠満22週以後の死児の死産数	5
35	A4272	早期新生児死亡数	生後1週未満の死亡数	5
36	A4280	新生児死亡数	生後4週未満の死亡数	5
37	A4281	乳児死亡数	生後1年未満の死亡数	5
38	A4301	標準化死亡率(日本人)	都道府県別の死亡率を比較する場合、地域における人口の年齢構成の違いが影響する。この影響を除去する目的で年齢構成が一定であったときに予期される死亡率を推計したもの	58
39	A5103	転入者数	市区町村又は都道府県の区域内に、他の市区町村又は都道府県から住所を移した者の数	4
40	A5104	転出者数	市区町村又は都道府県の境界を越えて他の区域へ住所を移した者の数	4
41	A6104	流出人口(従業地・通学地人口)	当該地域に常住し、他の地域へ通勤・通学している人口	1
42	A6106	流入人口(従業地・通学地人口)	他の地域に常住し、当該地域へ通勤・通学している人口	1

No.	項目符号	基礎データ名	説明	資料源※
43	A6108	昼夜間人口比率	夜間人口100人当たりの昼間人口の比率	1
44	A7101	総世帯数	一般世帯と施設等の世帯を合わせた数	1
45	A710101	一般世帯数	(1)住居と生計を共にしている人の集まり又は一戸を構えて住んでいる単身者 (2)上記の世帯と住居を共にし、別に生計を維持している間借り又は下宿している単身者 (3) 会社・団体・商店・官公庁などの寄宿舎、独身寮などに居住している単身者	1
46	A710201	一般世帯人員	一般世帯を構成する各人を合わせた数	1
47	A810102	核家族世帯数	一般世帯の親族のみの世帯のうち、夫婦のみの世帯、夫婦と子供から成る世帯、男親と子供から成る世帯、女親と子供から成る世帯の数	1
48	A810105	単独世帯数	世帯人員が一人の世帯数	1
49	A8111	65歳以上の世帯員のいる世帯数	一般世帯のうち65歳以上の世帯員のいる世帯数	1
50	A8201	夫65歳以上、妻60歳以上の夫婦のみの世帯数	一般世帯のうち夫65歳以上、妻60歳以上の夫婦一組のみの世帯数	1
51	A8301	65歳以上世帯員の単独世帯数	一般世帯のうち65歳以上の者一人のみの世帯数	1
52	A9101	婚姻件数	我が国において各年1月1日から12月31日までの間に市区町村長に届出のあった婚姻した日本人についての件数	5
53	A9201	離婚件数	我が国において各年1月1日から12月31日までの間に市区町村長に届出のあった離婚した日本人についての件数	5

B 自然環境

※資料源の番号は、「データの出典」に記載されている番号と対応している。

No.	項目符号	基礎データ名	説明	資料源※
1	B1101	総面積(北方地域及び竹島を除く)	北方地域及び竹島を除く日本の面積	1、7
2	B1102	総面積(北方地域及び竹島を含む)	北方地域及び竹島を含む日本の面積	1、7
3	B1103	可住地面積	総面積(北方地域及び竹島を除く。)から林野面積と主要湖沼面積を差し引いて算出したもの	_
4	B1106	森林面積	木材が集団的に生育している土地及びその土地の上にある立木竹並びに木竹の集団的な生育に供される土地の面積	8、9
5	B2101	自然公園面積	自然風景地の保護とともに自然とのふれあいを図ることを目的として指定される地域の面積	10
6	B4101	年平均気温	℃ 単位で小数第1位まで観測し、1日24回の観測値から日平均気温を求め、それから算出した年平均気温	11
7	B4102	最高気温(日最高気温の月平均の最高値)	毎日の連続的観測記録のうち、1日の最高気温から、月平均の日最高気温を求め、それらの月平均気温のうち、年間を通じて最高の月平均気温	11
8	B4103	最低気温(日最低気温の月平均の最低値)	毎日の連続的観測記録のうち、1日の最低気温から、月平均の日最低気温を求め、それらの月平均気温のうち、年間を通じて最低の月平均気温	11
9	B4106	降水日数(年間)	日降水量が1mm以上であった日の年間の日数	11
10	B4108	日照時間(年間)	回転式日照計による値であり、直射日光が地表を照射した時間の年間の合計	11
11	B4109	降水量(年間)	転倒ます型雨量計による観測値で年間の総降水量をmm単位で示したもの	11
12	B4111	年平均相対湿度	蒸気圧と飽和蒸気圧との比を百分率(%)で表したものであり、1日24回の観測値から日平均相対湿度を求め、これから算出されたもの	11

C 経済基盤

※資料源の番号は、「データの出典」に記載されている番号と対応している。

No.	項目符号	基礎データ名	説明	資料源※
1	C1121	県内総生産額	県内にある事業所の生産活動によって生み出された生産物の総額(産出額)から、中間投入額(原材料費・光熱費・間接費等)を控除したものの額	12
2	C120110	課税対象所得	各年度の個人の市町村民税の所得割の課税対象となった前年の所得金額をいい、地方税法に定める各所得控除を行う前のもの	13
3	C120120	納税義務者数(所得割)	個人の市町村民税の所得割の納税義務者数	13
4	C1221	県民所得	県民雇用者報酬、財産所得及び企業所得の合計	12
5	C122101	一人当たり県民所得	当該県の県民所得を当該県の総人口で除したもの	12
6	C1328	名目県民総所得	県内総生産(支出側)に県外からの純所得を加えたものの名目値(実際に市場で取り引きされている価格に基づいて推計された値)	12
7	C2107	事業所数	一定の場所を占めて、単一の経営主体のもと、従業者と設備を有して、物の生産や販売、サービスの提供が継続的に行われているものの数	14
8	C2108	民営事業所数	国及び地方公共団体の事業所を除く事業所の数	14、15
9	C210801	従業者1～4人の民営事業所数	従業員1～4人の民営事業所の数	14、15
10	C210806	従業者100～299人の民営事業所数	従業員100～299人の民営事業所の数	14、15
11	C210807	従業者300人以上の民営事業所数	従業員300人以上の民営事業所の数	14、15
12	C2208	民営事業所従業者数	民営事業所の従業者数	14、15
13	C220801	従業者1～4人の民営事業所の従業者数	従業者が1～4人の民営事業所の従業者数	14、15
14	C220806	従業者100～299人の民営事業所の従業者数	従業者が100～299人の民営事業所の従業者数	14、15
15	C220807	従業者300人以上の民営事業所の従業者数	従業者が300人以上の民営事業所の従業者数	14、15
16	C3101	農業産出額	当該年における品目別生産数量に品目別農家庭先販売価格を乗じて求めたものの合計額	16
17	C3102	農家数	調査日現在の経営耕地面積が10アール以上の農業を行う世帯又は調査期日前1年間における農産物販売金額が15万円以上あった世帯の数	8、9
18	C310511	基幹的農業従事者数(個人経営体)	15歳以上の世帯員のうち、ふだん仕事として主に自営農業に従事している者の数	8、9
19	C3107	耕地面積	農作物の栽培を目的とする土地の面積	17
20	C3401	製造品出荷額等	製造品出荷額、加工賃収入額、その他収入額及び製造工程からでたくず及び廃物の出荷額の合計	15、18
21	C3403	製造業事業所数	工場、製作所、製造所あるいは加工所などと呼ばれているような、製造又は加工を行っている事業所の数	15、18

No.	項目符号	基礎データ名	説明	資料源※
22	C3404	製造業従業者数	工場、製作所、製造所あるいは加工所などと呼ばれているような、製造又は加工を行っている事業所の従業者の数	15、18
23	C3501	商業年間商品販売額(卸売業＋小売業)	1年間の商業事業所における有体商品の販売額	15、18
24	C3502	商業事業所数(卸売業＋小売業)	有体的商品を購入して販売する事業所の数	15
25	C3503	商業従業者数(卸売業＋小売業)	有体的商品を購入して販売する事業所の従業者の数	15
26	C360111	国内銀行預金残高	国内銀行の年度末現在における預金残高	21
27	C360120	郵便貯金残高	郵便貯金の年度末現在における貯金残高	20
28	C5501	標準価格対前年平均変動率(住宅地)	住宅地の前年と継続する基準地の価格の変動率の単純平均	25
29	C5701	消費者物価地域差指数(総合)	世帯が購入する各種の財及びサービスの価格を総合した物価水準の地域間の差を、全国平均価格を基準(=100)とした指数値で表したもの(総合) ＊持家の帰属家賃を除く。	24
30	C5702	消費者物価地域差指数(家賃を除く総合)	世帯が購入する各種の財及びサービスの価格を総合した物価水準の地域間の差を、全国平均価格を基準(=100)とした指数値で表したもの(家賃を除く総合)	24
31	C5703	消費者物価地域差指数(食料)	世帯が購入する各種の財及びサービスの価格を総合した物価水準の地域間の差を、全国平均価格を基準(=100)とした指数値で表したもの(食料)	24
32	C5704	消費者物価地域差指数(住居)	世帯が購入する各種の財及びサービスの価格を総合した物価水準の地域間の差を、全国平均価格を基準(=100)とした指数値で表したもの(住居) ＊持家の帰属家賃を除く。	24
33	C5705	消費者物価地域差指数(光熱・水道)	世帯が購入する各種の財及びサービスの価格を総合した物価水準の地域間の差を、全国平均価格を基準(=100)とした指数値で表したもの(光熱・水道)	24
34	C5706	消費者物価地域差指数(家具・家事用品)	世帯が購入する各種の財及びサービスの価格を総合した物価水準の地域間の差を、全国平均価格を基準(=100)とした指数値で表したもの(家具・家事用品)	24
35	C5707	消費者物価地域差指数(被服及び履物)	世帯が購入する各種の財及びサービスの価格を総合した物価水準の地域間の差を、全国平均価格を基準(=100)とした指数値で表したもの(被服及び履物)	24
36	C5708	消費者物価地域差指数(保健医療)	世帯が購入する各種の財及びサービスの価格を総合した物価水準の地域間の差を、全国平均価格を基準(=100)とした指数値で表したもの(保健医療)	24
37	C5709	消費者物価地域差指数(交通・通信)	世帯が購入する各種の財及びサービスの価格を総合した物価水準の地域間の差を、全国平均価格を基準(=100)とした指数値で表したもの(交通・通信)	24
38	C5710	消費者物価地域差指数(教育)	世帯が購入する各種の財及びサービスの価格を総合した物価水準の地域間の差を、全国平均価格を基準(=100)とした指数値で表したもの(教育)	24
39	C5711	消費者物価地域差指数(教養娯楽)	世帯が購入する各種の財及びサービスの価格を総合した物価水準の地域間の差を、全国平均価格を基準(=100)とした指数値で表したもの(教養娯楽)	24
40	C5712	消費者物価地域差指数(諸雑費)	世帯が購入する各種の財及びサービスの価格を総合した物価水準の地域間の差を、全国平均価格を基準(=100)とした指数値で表したもの(諸雑費)	24

D 行政基盤

※資料源の番号は、「データの出典」に記載されている番号と対応している。

No.	項目符号	基礎データ名	説明	資料源※
1	D2101	財政力指数(都道府県財政)	地方公共団体の財政力を示す指数で、基準財政収入額を基準財政需要額で除して得た数値の過去3年間の平均値	27
2	D2102	実質収支比率(都道府県財政)	実質収支の標準財政規模(臨時財政対策債発行可能額を含む。)に対する割合	27
3	D2103	経常収支比率(都道府県財政)	毎年度経常的に支出される経費に充当された一般財源の額が、毎年度経常的に収入される一般財源、減収補塡債特例分、猶予特例債及び臨時財政対策債の合計額に占める割合	27
4	D2109	一般財源(都道府県財政)	地方税、地方譲与税、地方特例交付金及び地方交付税の合計額	26
5	D3101	歳入決算総額(都道府県財政)	「地方税」、「地方譲与税」、「地方特例交付金」、「地方交付税」、「国庫支出金」、「地方債」及び「その他」の総額	26
6	D310101	地方税(都道府県財政)	都道府県税と市町村税を合わせたもの	26
7	D310103	地方交付税(都道府県財政)	国税のうち、所得税、法人税、酒税及び消費税のそれぞれ一定割合及び地方法人税の全額を、国が地方公共団体に対して交付する税	26
8	D310108	国庫支出金(都道府県財政)	国と地方公共団体の経費負担区分に基づき、国が地方公共団体に対して支出する負担金、委託費、特定の施策の奨励又は財政援助のための補助金等の額	26
9	D3102	自主財源額(都道府県財政)	「地方税」、「分担金及び負担金」、「使用料」、「手数料」、「財産収入」、「寄付金」、「繰入金」、「繰越金」及び「諸収入」の額	26
10	D3103	歳出決算総額(都道府県財政)	「民生費」、「教育費」及び「土木費」等行政目的に着目した都道府県における「目的別歳出」の額	26
11	D310303	民生費(都道府県財政)	児童、高齢者、障害者等のための福祉施設の整備、運営、生活保護等の実施等を行っており、これらの諸施策に要する都道府県の経費	26
12	D3103031	社会福祉費(都道府県財政)	「民生費」のうち、都道府県における総合的な福祉対策に要する経費	26
13	D3103032	老人福祉費(都道府県財政)	「民生費」のうち、都道府県における老人福祉行政に要する経費	26
14	D3103033	児童福祉費(都道府県財政)	「民生費」のうち、都道府県における児童福祉行政に要する経費	26
15	D3103034	生活保護費(都道府県財政)	「民生費」のうち、都道府県における生活保護行政に要する経費	26
16	D310304	衛生費(都道府県財政)	医療、公衆衛生、精神衛生等に係る対策を推進するとともに、ごみなど一般廃棄物の収集・処理等、諸施策に要する都道府県における経費	26
17	D310305	労働費(都道府県財政)	就業者の福祉向上を図るため、職業能力開発の充実、金融対策、失業対策等の都道府県における施策に要する経費	26
18	D310306	農林水産業費(都道府県財政)	農林水産業の振興と食料の安定的供給を図るため、生産基盤の整備、構造改善、消費流通対策、農林水産業に係る技術の開発・普及等の都道府県における施策に要する経費	26
19	D310307	商工費(都道府県財政)	地域における商工業の振興とその経営の強化等を図るため、中小企業の経営力・技術力の向上、地域エネルギー事業の推進、企業誘致、消費流通対策等さまざまな都道府県における施策に要する経費	26
20	D310308	土木費(都道府県財政)	地域の基盤整備を図るため、道路、河川、住宅、公園等の公共施設の建設、整備等を行うとともに、これらの施設の維持管理に要する都道府県における経費	26

No.	項目符号	基礎データ名	説明	資料源※
21	D310309	警察費(都道府県財政)	犯罪の防止、交通安全の確保その他地域社会の安全と秩序を維持し、国民の生命、身体及び財産を保護するため、警察行政に要する都道府県における経費	26
22	D310311	教育費(都道府県財政)	教育の振興と文化の向上を図るため、学校教育、社会教育等の教育文化行政、教育施策に要する都道府県における経費	26
23	D3103112	小学校費(都道府県財政)	「教育費」のうち、都道府県における小学校費	26
24	D3103113	中学校費(都道府県財政)	「教育費」のうち、都道府県における中学校費	26
25	D3103114	高等学校費(都道府県財政)	「教育費」のうち、都道府県における高等学校費	26
26	D3103115	特別支援学校費(都道府県財政)	「教育費」のうち、都道府県における特別支援学校費	26
27	D3103116	幼稚園費(都道府県財政)	「教育費」のうち、都道府県における幼稚園費	26
28	D3103117	社会教育費(都道府県財政)	「教育費」のうち、都道府県における社会教育費	26
29	D310312	災害復旧費(都道府県財政)	地震、台風その他異常な自然現象等の災害によって、被災した施設を原形に復旧するために要する都道府県における経費	26
30	D310401	人件費(都道府県財政)	職員給、地方公務員共済組合等負担金、退職金、議員報酬等、委員等報酬等から成る都道府県における経費	26
31	D310404	扶助費(都道府県財政)	社会保障制度の一環として、生活困窮者、児童、障害者等を援助するために要する都道府県における経費	26
32	D310406	普通建設事業費(都道府県財政)	公共又は公用施設の新増設等に要する都道府県における経費	26
33	D310407	災害復旧事業費(都道府県財政)	地震、豪雨、台風等の災害によって被災した施設を原形に復旧するために要する経費の額	26
34	D310408	失業対策事業費(都道府県財政)	失業者に就業の機会を与えることを主たる目的として、道路、河川、公園の整備等を行う事業に要する経費の額	26
35	D3105	地方債現在高(都道府県財政)	地方公共団体が前年度までに発行した額のうち、当該年度までに償還した分を差し引き、それに当該年度の新規発行額を加えた年度末現在額	27
36	D3203	歳出決算総額(市町村財政)	「民生費」、「教育費」及び「土木費」等行政目的に着目した市町村における「目的別歳出」の額	26
37	D3203001	歳出決算総額(市町村財政・東京都分)	「民生費」、「教育費」及び「土木費」等行政目的に着目した東京都における「目的別歳出」の額	26
38	D320303	民生費(市町村財政)	児童、高齢者、障害者等のための福祉施設の整備、運営、生活保護等の実施等を行っており、これらの諸施策に要する市町村の経費	26
39	D3203031	社会福祉費(市町村財政)	「民生費」のうち、市町村における総合的な福祉対策に要する経費	26
40	D3203032	老人福祉費(市町村財政)	「民生費」のうち、市町村における老人福祉行政に要する経費	26
41	D3203033	児童福祉費(市町村財政)	「民生費」のうち、市町村における児童福祉行政に要する経費	26

No.	項目符号	基礎データ名	説明	資料源※
42	D3203034	生活保護費(市町村財政)	「民生費」のうち、市町村における生活保護行政に要する経費	26
43	D320304	衛生費(市町村財政)	医療、公衆衛生、精神衛生等に係る対策を推進するとともに、ごみなど一般廃棄物の収集・処理等、諸施策に要する市町村における経費	26
44	D320308	土木費(市町村財政)	地域の基盤整備を図るため、道路、河川、住宅、公園等の公共施設の建設、整備等を行うとともに、これらの施設の維持管理に要する市町村における経費	26
45	D3203099	消防費(東京都・市町村財政合計)	火災、風水害、地震等の災害から国民の生命、身体及び財産を守り、これらの災害を防除し、被害を軽減するため、消防行政に要する東京都及び市町村における経費	26
46	D320310	教育費(市町村財政)	教育の振興と文化の向上を図るため、学校教育、社会教育等の教育文化行政、教育施策に要する市町村における経費	26
47	D3203102	小学校費(市町村財政)	「教育費」のうち、市町村における小学校費	26
48	D3203103	中学校費(市町村財政)	「教育費」のうち、市町村における中学校費	26
49	D3203104	高等学校費(市町村財政)	「教育費」のうち、市町村における高等学校費	26
50	D3203105	特別支援学校費(市町村財政)	「教育費」のうち、市町村における特別支援学校費	26
51	D3203106	幼稚園費(市町村財政)	「教育費」のうち、市町村における幼稚園費	26
52	D3203107	社会教育費(市町村財政)	「教育費」のうち、市町村における社会教育費	26
53	D320311	災害復旧費(市町村財政)	地震、台風その他異常な自然現象等の災害によって、被災した施設を原形に復旧するために要する市町村における経費	26
54	D420101	都道府県民税	道府県内に住所を有する個人、道府県内に事務所等を有する法人等に賦課される税の収入額及び東京都が徴収した市町村税相当額との合計	26
55	D420102	市町村民税	市町村内に住所を有する個人、市町村内に事務所等を有する法人等に賦課される税の収入額	26
56	D420201	固定資産税(都道府県財政)	大規模の償却資産で地方税法第349条の4に定める額を超えるものについて当該市町村を包括する都道府県が例外的に課税したものの収入額	26
57	D420202	固定資産税(市町村財政)	土地、家屋並びに土地及び家屋以外の事業の用に供することができる有形償却資産に対し課する市町村税の収入額	26

E 教育

※資料源の番号は、「データの出典」に記載されている番号と対応している。

No.	項目符号	基礎データ名	説明	資料源※
1	E1101	幼稚園数	学校教育法に規定する幼稚園の数	28
2	E1301	幼稚園教員数	幼稚園の本務の教員及び教育活動の補助に当たっている教育補助員の合計数	28
3	E1501	幼稚園在園者数	5月1日現在、当該幼稚園の在園者として指導要録が作成されている者の数	28
4	E1502	公立幼稚園在園者数	5月1日現在、当該公立幼稚園の在園者として指導要録が作成されている者の数	28
5	E1601	幼稚園修了者数	当該年度幼稚園修了者数	28
6	E2101	小学校数	学校教育法に規定する小学校の数	28
7	E2301	小学校学級数	5月1日現在届出をしている等、正規の手続を完了している(小学校)学級数	28
8	E2401	小学校教員数	小学校の本務の教員数	28
9	E240102	小学校教員数(女)	小学校の本務の教員のうち女性の数	28
10	E2501	小学校児童数	5月1日現在、当該学校の在学者(ただし、1年以上居所不明の者を除く。)として指導要録が作成されている者の数	28
11	E250102	小学校児童数(公立)	5月1日現在、当該学校の在学者(ただし、1年以上居所不明の者を除く。)として指導要録が作成されている者の数	28
12	E2502	小学校児童数(第1学年児童数)	5月1日現在、当該学校の在学者(ただし、1年以上居所不明の者を除く。)として指導要録が作成されている第1学年の者の数	28
13	E250802	不登校による小学校長期欠席児童数(年度間30日以上)	「病気」や「経済的理由」以外の何かしらの理由で、登校しない(できない)ことにより長期欠席した小学校の児童数	77
14	E3101	中学校数	学校教育法に規定する中学校の数	28
15	E3301	中学校学級数	5月1日現在届出をしている等、正規の手続を完了している(中学校)学級数	28
16	E3401	中学校教員数	中学校の本務の教員数	28
17	E340102	中学校教員数(女)	中学校の本務の教員のうち女性の数	28
18	E3501	中学校生徒数	5月1日現在、当該学校の在学者(ただし、1年以上居所不明の者を除く。)として指導要録が作成されている者の数	28
19	E350101	中学校生徒数(公立)	5月1日現在、当該学校の在学者(ただし、1年以上居所不明の者を除く。)として指導要録が作成されている者の数	28
20	E350502	不登校による中学校長期欠席生徒数(年度間30日以上)	「病気」や「経済的理由」以外の何かしらの理由で、登校しない(できない)ことにより長期欠席した中学校の児童数	77
21	E3801	中学校卒業者の進学率	中学校卒業者のうち高等学校等への進学者の割合	28
22	E4101	高等学校数	学校教育法に規定する高等学校の数	28

No.	項目符号	基礎データ名	説明	資料源※
23	E4401	高等学校教員数	高等学校の本務の教員数	28
24	E4501	高等学校生徒数	5月1日現在、当該学校の在学者(ただし、1年以上居所不明の者を除く。)として指導要録が作成されている者の数	28
25	E4512	高等学校生徒数(公立)	5月1日現在、当該学校の在学者(ただし、1年以上居所不明の者を除く。)として指導要録が作成されている者の数	28
26	E4601	高等学校卒業者数	当該年度高等学校卒業者(全日制及び定時制)の数	28
27	E460220	高等学校卒業者のうち大学進学者数	調査年の3月に卒業した者のうち大学(学部)へ進学し、5月1日現在在籍する者の数	28
28	E4604	高等学校卒業者のうち就職者数	高等学校卒業者で経常的な収入を得る仕事に就いた就職者の数	28
29	E460410	高等学校卒業者のうち県内就職者数	高等学校卒業者で経常的な収入を得る仕事に就いた就職者のうち就職先が県内(出身高等学校が所在する県)である者の数	28
30	E4701	高等学校卒業者の進学率	高等学校卒業者のうち大学等への進学者の割合	28
31	E470201	当該県の高校出身者で当該県の大学入学者数	当該県の高等学校出身者で当該県に所在する大学へ入学した者の数	28
32	E470205	大学入学者数(高校所在地による)	当該県の高等学校出身者で大学に入学した者の数	28
33	E5801	特別支援学校生徒数(公立)	学校教育法に規定する特別支援学校(公立)の生徒数	28
34	E6101	短期大学数	学校教育法に規定する短期大学の数	28
35	E6102	大学数	学校教育法に規定する大学の数	28
36	E6403	大学入学者数	当該年度に大学へ入学した者で5月1日現在在籍する者の数	28
37	E6502	大学卒業者数	当該年度の3月に大学(学部)を卒業した者の数	28
38	E650220	大学卒業者のうち就職者数	大学卒業者で経常的な収入を得る仕事に就いた者の数	28
39	E650230	大学卒業者のうち家事手伝い・進路未定者数	大学卒業者のうち進学も就職もしていないことが明らかな者の数	28
40	E7101	専修学校数	学校教育法に規定する専修学校の数	28
41	E7102	各種学校数	学校教育法に規定する各種学校の数	28
42	E8101	在学者1人当たりの学校教育費(幼稚園)	公立の幼稚園における学校教育活動のために支出された在園者1人当たりの経費	30
43	E810101	在学者1人当たりの学校教育費(幼保連携型認定こども園)	公立の幼保連携型認定こども園における学校教育活動のために支出された在園者1人当たりの経費	30

No.	項目符号	基礎データ名	説明	資料源※
44	E8102	在学者1人当たりの学校教育費(小学校)	公立の小学校における学校教育活動のために支出された在学者1人当たりの経費	30
45	E8103	在学者1人当たりの学校教育費(中学校)	公立の中学校における学校教育活動のために支出された在学者1人当たりの経費	30
46	E8104	在学者1人当たりの学校教育費(高等学校・全日制)	公立の高等学校(全日制)における学校教育活動のために支出された在学者1人当たりの経費	30
47	E9101	最終学歴人口(卒業者総数)	最終卒業学校の種類別の人口	1
48	E9102	最終学歴人口(小学校・中学校)	小学校・中学校を最終卒業学校とした人口	1
49	E9103	最終学歴人口(高校・旧中)	高校・旧制中学校を最終卒業学校とした人口	1
50	E9105	最終学歴人口(短大・高専)	短大・高等専門学校を最終卒業学校とした人口	1
51	E9106	最終学歴人口(大学・大学院)	大学・大学院を最終卒業学校とした人口	1

F 労働

No.	項目符号	基礎データ名	説明	資料源※
1	F1101	労働力人口	就業者と完全失業者を合わせた人数	1
2	F110101	労働力人口(男)	就業者と完全失業者を合わせた人数のうち男性の数	1
3	F110102	労働力人口(女)	就業者と完全失業者を合わせた人数のうち女性の数	1
4	F1102	就業者数	賃金、給料、諸手当、営業収益、手数料、内職収入など収入(現物収入を含む。)を伴う仕事を少しでもした人の数	1
5	F1107	完全失業者数	収入を伴う仕事を少しもしなかった人のうち、仕事に就くことが可能であって、かつ、ハローワークに申し込むなどして積極的に仕事を探していた人の数	1
6	F1202	有業者数	ふだん収入を得ることを目的として仕事をしており、調査日以降もしていくことになっている者及び仕事は持っているが現在は休んでいる者の数	31
7	F1501	共働き世帯数	夫婦のいる一般世帯のうち、夫、妻ともに就業者の世帯の数	1
8	F2116	就業者数(65歳以上)	賃金、給料、諸手当、営業収益、手数料、内職収入など収入(現物収入を含む。)を伴う仕事を少しでもした65歳以上の人の数	1
9	F2201	第1次産業就業者数	農業・林業及び漁業の就業者の数	1
10	F2211	第2次産業就業者数	鉱業・採石業・砂利採取業、建設業及び製造業の就業者の数	1
11	F2221	第3次産業就業者数	電気・ガス・熱供給・水道業、情報通信業、運輸業及びサービス業等の就業者の数	1
12	F2401	雇用者数	会社・団体・個人や官公庁に雇用されている人で、役員(社長・取締役・監査役、理事・監事等)を除く人の数	1
13	F2704	県内就業者数	当該都道府県に常住する就業者のうち、従業地が自県内の者の数	1
14	F2705	他市区町村への通勤者数	当該市区町村に常住する者のうち、県内外を問わず他の市区町村で従業する者の数	1
15	F2803	他市区町村からの通勤者数	当該市区町村で従業する者のうち、県内外を問わず他の市区町村に常住する者の数	1
16	F3102	月間有効求職者数(一般)(年度計)	前月末日現在において、求職票の有効期限が翌月以降にまたがっている就職未決定の求職者と当月の新規求職申込件数の年度の合計数	32
17	F3103	月間有効求人数(一般)(年度計)	前月末日現在において、求人票の有効期限が翌月以降にまたがっている未充足の求人数と当月の新規求人数の年度の合計数	32
18	F3241	女性パートタイム労働者数	通常の労働者より1日の所定労働時間が短い又は1週間の所定労働日数が少ない者のうち女性の労働者数	34
19	F3242	男性パートタイム労働者数	通常の労働者より1日の所定労働時間が短い又は1週間の所定労働日数が少ない者のうち男性の労働者数	34
20	F3302	新規学卒者求職者数(高校)	高等学校の新規学卒者について、公共職業安定所及び学校において取り扱った求職状況を取りまとめたものの数	33
21	F3312	新規学卒者求人数(高校)	高等学校の新規学卒者について、公共職業安定所及び学校において取り扱った求人状況を取りまとめたものの数	33
22	F341206	一般労働者数(65歳以上)(企業規模10人以上の事業所)	企業規模10人以上の事業所における短時間労働者以外の65歳以上の人の数	34

No.	項目符号	基礎データ名	説明	資料源※
23	F35021	障害者就職率	障害者の就職件数を障害者の新規求職申込件数で除したもの	19
24	F4201	継続就業者数	1年前も現在と同じ勤め先(企業)で就業していた者の数	31
25	F4202	転職者数	1年前の勤め先(企業)と現在の勤め先が異なる者の数	31
26	F4203	離職者数	1年前には仕事をしていたが、その仕事を辞めて、現在は仕事をしていない者の数	31
27	F4204	新規就業者数	1年前には仕事をしていなかったが、この1年間に現在の仕事に就いた者の数	31
28	F610203	所定内実労働時間数(男)	男性における、総実労働時間数から超過実労働時間数を差し引いた時間数	34
29	F610204	所定内実労働時間数(女)	女性における、総実労働時間数から超過実労働時間数を差し引いた時間数	34
30	F610205	超過実労働時間数(男)	男性における、所定内実労働時間以外に実際に労働した時間数及び所定休日において実際に労働した時間数をいう。	34
31	F610206	超過実労働時間数(女)	女性における、所定内実労働時間以外に実際に労働した時間数及び所定休日において実際に労働した時間数をいう。	34
32	F6207	男性パートタイムの給与	企業規模10人以上の事業所における、短時間労働者の1時間当たりのきまって支給する現金給与額のうち、超過労働給与額を差し引いた男性の額	34
33	F6206	女性パートタイムの給与	企業規模10人以上の事業所における、短時間労働者の1時間当たりのきまって支給する現金給与額のうち、超過労働給与額を差し引いた女性の額	34
34	F6407	新規学卒者所定内給与額(高校)(男)	学校教育法に基づく高校を卒業した者の、6月の1か月間の決まって支給する現金給与額のうち、超過労働給与額を差し引いた男性の額	34
35	F6408	新規学卒者所定内給与額(高校)(女)	学校教育法に基づく高校を卒業した者の、6月の1か月間の決まって支給する現金給与額のうち、超過労働給与額を差し引いた女性の額	34
36	F8101	労働災害度数率	100万延べ実労働時間当たりの労働災害による死傷者数をもって、災害発生の頻度を表したもの	72
37	F8102	労働災害強度率	1,000延べ実労働時間当たりの延べ労働損失日数をもって、災害の重さの程度を表したもの	72

G 文化・スポーツ

※資料源の番号は、「データの出典」に記載されている番号と対応している。

No.	項目符号	基礎データ名	説明	資料源※
1	G1201	公民館数	市町村その他一定区域内の住民のために、生活文化の振興、社会福祉の増進に寄与することを目的とした施設の数	35
2	G1401	図書館数	図書、記録その他必要な資料を収集し、整理し、保存して、一般公衆の利用に供し、その教養、調査研究、レクリエーション等に資することを目的とした施設の数	35
3	G1501	博物館数	歴史、芸術、民俗、産業、自然科学等に関する資料を収集し、保管し、展示して教育的配慮の下に一般公衆の利用に供することを目的とした施設の数	35
4	G1602	青少年教育施設数	青少年のために団体宿泊訓練又は各種の研修を行い、あわせてその施設を青少年の利用に供することを目的とした施設の数	35
5	G2101	青少年学級・講座数	一定期間にわたって組織的・継続的に行われる青少年を対象とした学級・講座の数	35
6	G2102	成人一般学級・講座数	一定期間にわたって組織的・継続的に行われる成人一般を対象とした学級・講座の数	35
7	G2103	女性学級・講座数	一定期間にわたって組織的・継続的に行われる女性のみを対象とした学級・講座の数	35
8	G2104	高齢者学級・講座数	一定期間にわたって組織的・継続的に行われるおおむね60歳以上の高齢者のみを対象とした学級・講座の数	35
9	G3102	社会体育施設数	一般の利用に供する目的で地方公共団体が設置した体育館、水泳プール、運動場等のスポーツ施設の数	35
10	G310203	多目的運動広場数(公共)	面積が992㎡以上で、必要に応じて各種のスポーツが行えるものの数	35
11	G5105	一般旅券発行件数	国の用務のため外国に渡航する者等へ発給される旅券以外の旅券であり、有効期間が5年、10年及び有効期間を限定したものの発行件数	39
12	G6417	ボランティア活動年間行動者率(10歳以上)	10歳以上人口に占める過去1年間にボランティア活動を行った人の割合(%)	37
13	G6500	スポーツ年間行動者率(10歳以上)	10歳以上人口に占める過去1年間にスポーツ活動を行った人の割合(%)	37
14	G6600	旅行・行楽年間行動者率(10歳以上)	10歳以上人口に占める過去1年間に旅行・行楽活動を行った人の割合(%)	37
15	G6605	海外旅行年間行動者率(10歳以上)	10歳以上人口に占める過去1年間に海外旅行活動を行った人の割合(%)	37
16	G7105	客室稼働率	利用客室数を総客室数で除して算出した率	38

H 居住

No.	項目符号	基礎データ名	説明	資料源※
1	H1100	総住宅数	一戸建の住宅やアパートのように完全に区画された建物の一部で、一つの世帯が独立して家庭生活を営むことができるように建築又は改造されたものの数	40
2	H1101	居住世帯あり住宅数	ふだん人が居住している住宅で、調査日現在当該住居に既に3か月以上にわたって住んでいるか、あるいは調査日の前後を通じて3か月以上にわたって住むことになっている住宅数	40
3	H110202	空き家数	別荘等のふだんは人が住んでいない二次的住宅や賃貸や売却のために人が住んでいない住宅及びそれ以外の人が住んでいない住宅の数	40
4	H1310	持ち家数	そこに居住している世帯が全部又は一部を所有している住宅の数	40
5	H1320	借家数	そこに居住している世帯以外の者が所有又は管理している住宅の数	40
6	H1322	民営借家数	国・都道府県・市区町村・都市再生機構(UR)・公社以外のものが所有又は管理している賃貸住宅で、「給与住宅」でないものの数	40
7	H1401	一戸建住宅数	一つの建物が1住宅であるものの数	40
8	H1403	共同住宅数	一棟の中に二つ以上の住宅があり、廊下・階段などを共用しているものや二つ以上の住宅を重ねて建てたものの数	40
9	H1800	着工新設住宅戸数	住宅の新築、増築又は改築によって新たに造られる住宅の戸の数	41
10	H1801	着工新設持ち家数	新築、増築又は改築によって新たに造られる住宅で、建築主が自分で居住する目的で建築するものの数	41
11	H1802	着工新設貸家数	新築、増築又は改築によって新たに造られる住宅で、建築主が賃貸する目的で建築するものの数	41
12	H211010	1住宅当たり居住室数(持ち家)	住宅の居間、茶の間、寝室、客間、書斎、応接間、仏間、食事室兼台所などの居住室の数(持ち家)	40
13	H211020	1住宅当たり居住室数(借家)	住宅の居間、茶の間、寝室、客間、書斎、応接間、仏間、食事室兼台所などの居住室の数(借家)	40
14	H212010	1住宅当たり居住室の畳数(持ち家)	住宅の居間、茶の間、寝室、客間、書斎、応接間、仏間、食事室兼台所などの居住室の畳数(広さ)の合計(持ち家)	40
15	H212020	1住宅当たり居住室の畳数(借家)	住宅の居間、茶の間、寝室、客間、書斎、応接間、仏間、食事室兼台所などの居住室の畳数(広さ)の合計(借家)	40
16	H213010	1住宅当たり延べ面積(持ち家)	住宅の床面積の合計(持ち家)	40
17	H213020	1住宅当たり延べ面積(借家)	住宅の床面積の合計(借家)	40
18	H2140	1住宅当たり敷地面積	住宅及び附属建物の敷地となっている土地の面積	40
19	H2500	着工居住用建築物床面積	専ら居住の用に供せられる建築物及び産業用と居住用が結合した建築物で、居住用の床面積が延べ面積の20%以上である建築物の床面積の合計	41
20	H2601	着工新設持ち家床面積	建築主が自分で居住する目的で建築するものの床面積	41
21	H2603	着工新設貸家床面積	建築主が賃貸する目的で建築するものの床面積	41

No.	項目符号	基礎データ名	説明	資料源※
22	H3110	普通世帯数	住居と生計を共にしている家族などの世帯の数	40
23	H3111	主世帯数	1住宅に1世帯が住んでいる場合及び2世帯以上住んでいる場合は主な世帯(家の持ち主や借主の世帯など)の数	40
24	H352401	1人当たり畳数(持ち家・主世帯)	住宅の居間、茶の間、寝室、客間、書斎、応接間、仏間、食事室兼台所などの居住室の1人当たりの畳数(持ち家)	40
25	H352402	1人当たり畳数(借家・主世帯)	住宅の居間、茶の間、寝室、客間、書斎、応接間、仏間、食事室兼台所などの居住室の1人当たりの畳数(借家)	40
26	H3730	最低居住面積水準以上の主世帯数	世帯人員に応じて、健康で文化的な住生活を営む基礎として必要不可欠な住宅の面積に関する水準以上の住宅に居住する主世帯の数	40
27	H410302	3.3㎡当たり家賃(民営賃貸住宅)	民営借家の都道府県庁所在市における毎月の調査値の3.3㎡当たり年平均価格	23
28	H4320	着工居住用建築物工事費予定額	専ら居住の用に供せられる建築物の工事に要する予定額であって主体工事費及び建築設備の工事費を合算した額	41
29	H5104	発電電力量	電気事業者が発電した電気の量(火力、水力、原子力、新エネルギー等発電所(風力、太陽光、地熱、バイオマス、廃棄物)、その他の合計)	42
30	H5105	電力需要量	電圧別(特別高圧、高圧、低圧計(特定需要、一般需要))の需要実績の合計	42
31	H5205	ガソリン販売量	石油製品製造・輸入業者の販売業者向け及び消費者向け販売数量の年度合計	43
32	H530101	上水道給水人口	計画給水人口が5,001人以上の水道で、年度末現在において当該水道により居住に必要な給水を受けている人口	44
33	H530102	簡易水道給水人口	計画給水人口が101人以上、5,000人以下の水道で、年度末現在において当該水道により居住に必要な給水を受けている人口	44
34	H530103	専用水道給水人口	寄宿舎、社宅等の自家用水道等で100人を越える居住者に給水するもの又は1日の最大給水量が20㎥を超えるもので、年度末現在において当該水道により居住に必要な給水を受けている人口	44
35	H540301	下水道排水区域人口	公共下水道、流域下水道及び特定環境保全公共下水道により下水を排除できる地域の年度末現在の人口	45
36	H550701	非水洗化人口	市町村等がその計画収集区域内において、し尿の収集を行っている人口と自家処理を行っている人口	46
37	H5609	ごみ総排出量	計画収集量、直接搬入量及び集団回収量の合計	46
38	H5614	ごみのリサイクル率	ごみの総処理量及び集団回収量のうち、直接資源化量、中間処理後再生利用量及び集団回収量の占める割合	46
39	H5615	ごみ最終処分量	直接最終処分量、焼却残渣量及び処理残渣量の合計	46
40	H5617	最終処分場残余容量	埋立中の処分地における残余容量及び工事着工した処分地の計画容量の合計	46
41	H6107	理容・美容所数	理容師法による理容所と、美容師法による美容所の施設数	36
42	H6108	クリーニング所数	クリーニング業法によるクリーニング所の施設数	36
43	H6109	公衆浴場数	公衆浴場入浴料金の統制額の指定等に関する省令に基づく都道府県知事の統制を受け、かつ、当該施設の配置について都道府県の条例による規制の対象にされている施設の数	36

No.	項目符号	基礎データ名	説明	資料源※
44	H6130	小売店数	個人用又は家庭用消費のために商品を販売するもの及び建設業、農林水産業等の産業用使用者に少量又は少額に商品を販売する店の数	14、15
45	H6131	飲食店数	客の注文に応じ調理した飲食料品、その他の食料品、アルコールを含む飲料をその場所で飲食させる店の数	14、15
46	H6132	大型小売店数	民営の小売業事業所のうち、50人以上の従業者を有する事業所の数	14、15
47	H6133	百貨店、総合スーパー数	衣・食・住にわたる各種の商品を小売する民営の事業所で、その事業所の性格上いずれが主たる販売商品であるかが判別できない事業所をいい、ここでは、従業者が常時50人以上の事業所の数	14、15
48	H7110	道路実延長	高速自動車国道を除く道路の総延長から重用延長、未供用延長及び渡船延長を除いた延長	50
49	H7111	主要道路実延長	一般国道、主要地方道（主要市道を含む。）及び一般都道府県道の実延長の合計	50
50	H7112	市町村道実延長	市町村の区域内に存する道路の実延長で、市町村長がその路線を認定したものの合計	50
51	H7121	主要道路舗装道路実延長	一般国道、主要地方道（主要市道を含む。）及び一般都道府県道のうち、セメント系・アスファルト系舗装道及び簡易舗装道の合計	50
52	H7122	市町村道舗装道路実延長	市町村の区域内に存する道路の実延長で、市町村長がその路線を認定したもののうち、セメント系・アスファルト系舗装道及び簡易舗装道の合計	50
53	H740104	家計を主に支える者が雇用者である普通世帯数(通勤時間90分以上)	家計を主に支える者が雇用者であって、自宅から勤め先までの通常の通勤所要時間（片道）が90分以上である普通世帯数	40
54	H7501	郵便局数	直営の郵便局（分室も含む。）及び簡易郵便局の合計数	47
55	H760101	住宅用電話加入数	住宅用として契約された単独電話の数	48
56	H7604	携帯電話契約数	移動通信に契約している数で、平成24年度以降はPHSを含む数	49
57	H8101	都市計画区域指定面積	都市計画法第5条の規定により、指定された区域の面積	51
58	H8102	市街化調整区域面積	都市計画法第7条の規定により、市街化を抑制すべき区域の面積	51
59	H8104	用途地域面積	土地の自然的条件及び土地利用の動向を勘案して、住居、商業、工業その他の用途を適正に配分した地域の面積	51
60	H810401	住居専用地域面積	第一種・第二種住居専用地域を合算した面積	51
61	H810407	工業専用地域面積	工業の利便を増進するため定められた地域の面積	51
62	H9101	都市公園数	国及び地方公共団体が設置する都市計画施設である公園又は緑地及び地方公共団体が都市計画区域内に設置する公園又は緑地の数	52
63	H9201	都市公園面積	国及び地方公共団体が設置する都市計画施設である公園又は緑地及び地方公共団体が都市計画区域内に設置する公園又は緑地の面積	52

I 健康・医療

※資料源の番号は、「データの出典」に記載されている番号と対応している。

No.	項目符号	基礎データ名	説明	資料源※
1	I1101	平均余命(0歳)(男)	0歳の男性が、その後生存できると期待される平均年数	59、60
2	I1102	平均余命(0歳)(女)	0歳の女性が、その後生存できると期待される平均年数	59、60
3	I1501	平均余命(65歳)(男)	65歳に達した男性が、その後生存できると期待される平均年数	59、60
4	I1502	平均余命(65歳)(女)	65歳に達した女性が、その後生存できると期待される平均年数	59、60
5	I411201	身長(中学2年)(男)	中学2年男性の身長計測値の合計を被計測者数で除して求めた平均値	62
6	I411202	身長(中学2年)(女)	中学2年女性の身長計測値の合計を被計測者数で除して求めた平均値	62
7	I412201	体重(中学2年)(男)	中学2年男性の体重計測値の合計を被計測者数で除して求めた平均値	62
8	I412202	体重(中学2年)(女)	中学2年女性の体重計測値の合計を被計測者数で除して求めた平均値	62
9	I510110	精神科病院数	精神病床のみを有する病院の数	53
10	I510120	一般病院数	精神科病院以外の病院の数	53
11	I5102	一般診療所数	医業又は歯科医業を行う場所(歯科医業のみは除く。)であって、患者の入院施設を有しないもの又は患者19人以下の入院施設を有するものの数	53
12	I5103	歯科診療所数	歯科医業を行う場所であって、患者の入院施設を有しないもの又は患者19人以下の入院施設を有するものの数	53
13	I521110	一般病院病床数	一般病院の病床数	53
14	I521130	精神病床数	精神科病院の病床数及び一般病院の精神病室の病床数の合計	53
15	I540201	救急告示病院数	医師が常時診療に従事し、手術などに必要な施設及び設備を備えるなど一定の基準に該当する病院であって、救急業務に協力する旨が告示された施設数	53
16	I540202	救急告示一般診療所数	医師が常時診療に従事し、手術などに必要な施設及び設備を備えるなど一定の基準に該当する診療所であって、救急業務に協力する旨が告示された施設数	53
17	I5506	介護療養型医療施設数	医療法に規定する医療施設かつ、介護保険法による都道府県知事の指定を受けた施設で、療養上の管理、看護、医学的管理の下における介護その他の必要な医療を行う施設の数	54
18	I6101	医療施設医師数	医師法に規定する医師国家試験に合格し、厚生労働大臣の免許を受け、医療施設に就業する者の数	55
19	I611112	一般病院医師数(常勤)	施設の所定の全診療時間を通じて勤務する医師の数	53
20	I6201	医療施設歯科医師数	歯科医師法に規定する歯科医師国家試験に合格し、厚生労働大臣の免許を受け、医療施設に就業する者の数	55
21	I6401	看護師数(医療従事者)	医療施設に就業する看護師のうち、看護業務に現に従事している者の数	36

No.	項目符号	基礎データ名	説明	資料源※
22	I641111	一般病院看護師数	一般病院に就業する看護師のうち、看護業務に現に従事している者の数	53
23	I6501	准看護師数(医療従事者)	医療施設に就業する准看護師のうち、看護業務に現に従事している者の数	36
24	I651111	一般病院准看護師数	一般病院に就業する准看護師のうち、看護業務に現に従事している者の数	53
25	I6801	保健師数	保健師のうち、現に保健業務に従事している者の数	36
26	I7101	医薬品販売業数	医薬品、医療機器等の品質、有効性及び安全性の確保等に関する法律第24条の規定により医薬品販売業の許可を受けたものの数	36
27	I7102	薬局数	医薬品、医療機器等の品質、有効性及び安全性の確保等に関する法律第4条第1項の規定により許可を受けている薬局(同条第2項の規定により更新を受けたものを含む。)の数	36
28	I8103	有訴者率	世帯員(入院者を除く。)のうち、病気やけが等で自覚症状のある者の人口千人当たりの数	61
29	I8104	通院者率	世帯員(入院者を除く。)のうち、病気やけがで病院や診療所、あん摩・はり・きゅう・柔道整復師に通っている者の人口千人当たりの数	61
30	I821101	一般病院外来患者延数	新来・再来・往診・巡回診療患者の区別なく、全てを合計した一般病院の患者の数	56
31	I821102	一般病院新入院患者数	一般病院に新たに入院した患者数であり、入院してその日のうちに退院した者も含む。	56
32	I821103	一般病院退院患者数	一般病院を退院した患者数であり、入院してその日のうちに退院した者も含む。	56
33	I821104	一般病院在院患者延数	毎日24時現在、一般病院に在院中の患者の当年中の合計数	56
34	I8401	2,500g未満の出生数	体重が2,500g未満で出生した乳児の数	5
35	I9101	生活習慣病による死亡者数	悪性新生物(腫瘍)、糖尿病、高血圧性疾患、心疾患(高血圧性を除く。)、脳血管疾患による死亡者数の合算値	5
36	I9102	悪性新生物(腫瘍)による死亡者数	人口動態調査における死因簡単分類コード02100の死因による死亡者数	5
37	I9103	糖尿病による死亡者数	人口動態調査における死因簡単分類コード04100の死因による死亡者数	5
38	I9104	高血圧性疾患による死亡者数	人口動態調査における死因簡単分類コード09100の死因による死亡者数	5
39	I9105	心疾患(高血圧性を除く)による死亡者数	人口動態調査における死因簡単分類コード09200の死因による死亡者数	5
40	I9106	脳血管疾患による死亡者数	人口動態調査における死因簡単分類コード09300の死因による死亡者数	5
41	I9110	不慮の事故による死亡者数	人口動態調査における死因簡単分類コード20100の死因による死亡者数	5
42	I9111	妊娠、分娩及び産じょくによる死亡者数	人口動態調査における死因簡単分類コード15000の死因による死亡者数	5

J 福祉・社会保障

※資料源の番号は、「データの出典」に記載されている番号と対応している。

No.	項目符号	基礎データ名	説明	資料源※
1	J1105	生活保護被保護実人員	現に保護を受けた人員及び保護停止中の人員の数	63
2	J110602	生活保護住宅扶助人員	居住に必要な金銭(現物)の給付を受けた人員の数。出典のデータは年度累計データであるため、1/12としている。	63
3	J110603	生活保護教育扶助人員	義務教育を受けるために必要な金銭(現物)の給付を受けた人員の数。出典のデータは年度累計データであるため、1/12としている。	63
4	J110604	生活保護医療扶助人員	治療を受けるに必要な金銭(現物)の給付を受けた人員の数。出典のデータは年度累計データであるため、1/12としている。	63
5	J1106041	生活保護介護扶助人員	介護に必要な金銭(現物)の給付を受けた人員の数。出典のデータは年度累計データであるため、1/12としている。	63
6	J110702	生活保護被保護高齢者数(65歳以上)	生活保護法による被保護者のうち、65歳以上の者の数	63
7	J1200	身体障害者手帳交付数	身体に障害のある者の申請に基づき、都道府県知事、指定都市及び中核市の市長が交付する手帳について、各都道府県等に備え付けられている台帳に記載されている数	64
8	J2201	保護施設数(詳細票)(医療保護施設を除く)	生活保護法に基づき、保護を必要とする生活困窮者の福祉対策として設置されているものの数	29
9	J2203	保護施設定員数(詳細票)(医療保護施設を除く)	生活保護法に基づき、保護を必要とする生活困窮者の福祉対策として設置されている施設の許可等を受けた定員の数	29
10	J2206	保護施設在所者数(詳細票)(医療保護施設を除く)	調査日現在に保護施設に在所している者の数	29
11	J230111	養護老人ホーム数(詳細票)	65歳以上の者で、環境上の理由及び経済的理由により居宅で養護を受けることが困難な者を入所させ、養護することを目的とする施設の数	29
12	J230112	養護老人ホーム定員数(詳細票)	65歳以上の者で、環境上の理由及び経済的理由により居宅で養護を受けることが困難な者を入所させ、養護することを目的とする施設における定員の数	29
13	J230113	養護老人ホーム在所者数(詳細票)	調査日現在に養護老人ホームに在所している者の数	29
14	J230121	介護老人福祉施設数(詳細票)	老人福祉法に規定する特別養護老人ホームで、かつ、介護保険法による都道府県知事の指定を受けた施設の数	54
15	J230124	介護老人福祉施設定員数(詳細票)	老人福祉法に規定する特別養護老人ホームで、かつ、介護保険法による都道府県知事の指定を受けた施設における定員の数	54
16	J230125	介護老人福祉施設在所者数(詳細票)	調査日現在に介護老人福祉施設に在所している者の数	54
17	J230131	軽費老人ホーム数(詳細票)	無料又は低額な料金で老人を入所させ、食事の提供その他日常生活上必要な便宜を供与する施設の数	29
18	J230132	軽費老人ホーム定員数(詳細票)	無料又は低額な料金で老人を入所させ、食事の提供その他日常生活上必要な便宜を供与する施設における定員の数	29
19	J230133	軽費老人ホーム在所者数(詳細票)	調査日現在に軽費老人ホームに在所している者の数	29
20	J230155	訪問介護事業所数	居宅サービス事業のうち、居宅で介護福祉士等から受ける入浴、排せつ、食事等の介護その他日常生活上の世話をする事業所の数	54

No.	項目符号	基礎データ名	説明	資料源※
21	J230156	訪問介護利用者数	9月中に居宅サービス事業所の訪問介護サービスを利用した者の数	54
22	J230221	有料老人ホーム数(詳細票)	老人を入所させ、入浴、排せつ若しくは食事の介護、食事の提供又はその他日常生活上必要な便宜を供与する施設の数	29
23	J230222	有料老人ホーム定員数(詳細票)	有料老人ホームにおいて、許可等を受けた定員の数	29
24	J230223	有料老人ホーム在所者数(詳細票)	調査日現在その施設有料老人ホームに在所している者の数	29
25	J250101	児童福祉施設等数(詳細票)(保育所等を除く)	児童福祉法に基づき設置されるもので、乳児院、母子生活支援施設、地域型保育事業所、児童養護施設、障害児入所施設、児童発達支援センター、児童心理治療施設、児童自立支援施設を合算した数	29
26	J2540	認定こども園数	保護者の就労の有無にかかわらず、就学前の子どもに幼児教育・保育を提供し、地域における子育て支援を併せ持っている施設の数	22
27	J3101	民生委員(児童委員)数	生活困窮者、老人、児童、障害者等で援護を要する者の相談に応じ、援助を行うため、民生委員法に基づき厚生労働大臣が委嘱した者の数	64
28	J3201	民生委員(児童委員)相談・支援件数	民生委員（児童委員）による地域住民の福祉増進のための相談・支援等の活動状況を合計した数	64
29	J3207	児童相談所受付件数	児童相談所が受け付けた相談件数のうち、当該年度中に判定会議等の結果、相談種別を決定した件数	64
30	J4004	1人当たりの国民医療費	国民医療費を当該年度の総人口で除した金額	65
31	J4101	国民健康保険被保険者数	他の被用者保険加入者や生活保護受給世帯を除く全ての被保険者の数	66
32	J4106	国民健康保険被保険者受診率(千人当たり)	国民健康保険の被保険者1,000人当たりの診療件数	66
33	J4107	国民健康保険被保険者1人当たり診療費	国民健康保険の被保険者1人当たりの診療費	66
34	J4202	全国健康保険協会管掌健康保険被保険者数	強制適用被保険者、任意適用被保険者及び任意継続被保険者を合計した数	67
35	J4203	全国健康保険協会管掌健康保険被扶養者数	被保険者に扶養されている者の数	67
36	J420421	全国健康保険協会管掌健康保険被保険者千人当たり受診率	全国健康保険協会管掌健康保険の被保険者の1,000人当たり診療件数	67
37	J420422	全国健康保険協会管掌健康保険被扶養者千人当たり受診率	全国健康保険協会管掌健康保険の被扶養者の1,000人当たり診療件数	67
38	J420531	全国健康保険協会管掌健康保険被保険者1人当たり医療費	全国健康保険協会管掌健康保険の被保険者1人当たりの医療費	67
39	J420532	全国健康保険協会管掌健康保険被扶養者1人当たり医療費	全国健康保険協会管掌健康保険の被扶養者1人当たりの医療費	67

136

No.	項目符号	基礎データ名	説明	資料源※
40	J450320	1人当たり後期高齢者医療費	後期高齢者医療費を当該年度の平均被保険者数で除した金額	68
41	J520101	国民年金被保険者数(第1号)	国民年金法第7条第1項第1号に規定する被保険者(農林漁家従事者、自営業者、学生等)の数	69
42	J520102	国民年金被保険者数(第3号)	国民年金法第7条第1項第3号に規定する被保険者(第2号被保険者の被扶養配偶者)の数	69
43	J6102	雇用保険被保険者数	雇用保険の適用事業所に雇用される全ての労働者の数	70
44	J6105	雇用保険基本手当受給者実人員	雇用保険基本手当給付を受けた受給資格者の実数	70
45	J6302	労働者災害補償保険適用労働者数	非現業の官公署、国の直営事業及び船員を除く労働者を雇用する事業場に雇用される全ての適用労働者の数	71
46	J6303	労働者災害補償保険給付件数	業務災害の療養補償給付及び通勤災害の療養給付に係る保険給付件数	71

K 安全

※資料源の番号は、「データの出典」に記載されている番号と対応している。

No.	項目符号	基礎データ名	説明	資料源※
1	K1101	消防本部・署数	消防本部及び消防署とその出張所の合計数	73
2	K1103	消防吏員数	主として消防活動に従事することに伴い、消防法上特別な権限(火災予防の措置命令、消防警戒区域の設定等)を有している者の数	73
3	K1104	消防団・分団数	消防団数と分団数の合計数	73
4	K1106	消防ポンプ自動車等現有数	消防本部、消防署及び消防団所有の消防自動車等の総数	73
5	K1107	消防水利数	消火栓、防火水槽、井戸及びその他を合計した数	73
6	K1201	消防機関出動回数	消防本部及び消防署と消防団の出動回数を合計した数	73
7	K120201	火災のための消防機関出動回数	建物火災、林野火災など全ての火災消火のための消防機関出動回数	73
8	K1209	救急自動車数	救急事故による傷病者が発生した場合、これを救急隊によって、医療機関その他の場所へ緊急に搬送する救急自動車の数	57
9	K1210	救急出動件数	救急自動車及び消防防災ヘリコプターによる出動件数	57
10	K2101	出火件数	全ての火災の総件数	74
11	K2102	建物火災出火件数	建物又はその収容物が焼損した火災件数	74
12	K2106	建物火災損害額	建物火災に関する焼き損害と消火損害の損害額	74
13	K2109	火災死傷者数	「応急消火義務者」、「消防協力者」及び「その他」の死者と負傷者の合計数	74
14	K2210	火災保険住宅物件・一般物件新契約件数	住宅物件・一般物件に係る住宅火災保険、普通火災保険及び総合保険の新契約件数の合計	84
15	K2214	火災保険住宅物件・一般物件保険金支払件数	住宅物件・一般物件に係る住宅火災保険、普通火災保険及び総合保険の支払件数の合計	84
16	K2216	火災保険住宅物件・一般物件保険金支払金額	住宅物件・一般物件に係る住宅火災保険、普通火災保険及び総合保険の支払金額の合計	84
17	K3101	交通事故発生件数	道路交通法に規定されている道路において、車両、路面電車及び列車の交通によって起こされた人の死亡又は負傷を伴う事故の件数	76
18	K3102	交通事故死傷者数	交通事故による「交通事故死者数」と「交通事故負傷者数」の合計数	76
19	K3103	交通事故死者数	交通事故の発生後24時間以内に死亡した者の数	76
20	K3201	立体横断施設数	一般国道、都道府県道及び市町村道に設置された横断歩道橋及び地下横断歩道の箇所数	50
21	K4102	警察官数	警視正以上の階級にある警察官を除く警察官の数	79

No.	項目符号	基礎データ名	説明	資料源※
22	K4201	刑法犯認知件数	犯罪について被害の届出、告訴、告発、その他の端緒によりその発生を警察において認知した件数	78
23	K420103	窃盗犯認知件数	「窃盗」について被害の届出、告訴、告発、その他の端緒によりその発生を警察において認知した件数	78
24	K4202	刑法犯検挙件数	犯罪について被疑者を特定し、送致・送付又は微罪処分に必要な捜査を遂げた事件の数	78
25	K420203	窃盗犯検挙件数	「窃盗」について被疑者を特定し、送致・送付又は微罪処分に必要な捜査を遂げた事件の数	78
26	K4401	道路交通法違反検挙総件数(告知・送致)	車両等の運転に関するものの反則事件告知件数と非反則事件送致件数を合計したものの数	78
27	K5112	災害被害額	暴風、竜巻、豪雨、豪雪、洪水、崖崩れ、土石流、高潮、地震、津波、噴火、地滑り、その他の異常な自然現象における被害額	75
28	K6103	公害苦情件数(典型7公害)	環境基本法に定める公害であり、大気汚染、水質汚濁、土壌汚染、騒音、振動、地盤沈下及び悪臭により健康や生活環境に係る苦情の件数	80
29	K610501	ばい煙発生施設数	年度末現在の大気汚染防止法、電気事業法、ガス事業法及び鉱山保安法に係るばい煙発生施設の合計数	81
30	K610502	一般粉じん発生施設数	年度末現在の大気汚染防止法、電気事業法、ガス事業法及び鉱山保安法に係る一般粉じん発生施設数の合計数	81
31	K6106	水質汚濁防止法上の特定事業場数	水質汚濁防止法及び瀬戸内海環境保全特別措置法の規定に基づき届出又は許可のあった特定施設を設置する工場、事業場の数	82
32	K7105	民間生命保険保有契約件数	生命保険会社における個人保険及び団体保険の被保険者の数	83
33	K7107	民間生命保険保有契約保険金額	生命保険会社における基本保険金額で計上され、年金保険、財形保険、附帯特約等は含まれない。	83

L 家計

※資料源の番号は、「データの出典」に記載されている番号と対応している。

No.	項目符号	基礎データ名	説明	資料源※
1	L3110	実収入(二人以上の世帯のうち勤労者世帯)	世帯員全員の現金収入(税込み)を合計したもので、勤め先収入、事業・内職収入、他の経常収入などの経常収入と、受贈金などの特別収入から成る。	85
2	L3111011	世帯主収入(二人以上の世帯のうち勤労者世帯)	世帯主の勤め先収入。副業による勤め先収入も含む。	85
3	L7610	年間収入	世帯における1年間の収入(税込み)で、勤め先収入、事業・内職収入、年金や給付金の受取金などの経常収入から成る。なお、退職金、財産の売却で得た収入、相続により得た預貯金などの一時的な収入は含めない。	86
4	L761101	世帯主収入(年間収入)	世帯主の1年間の勤め先収入。副業による勤め先収入も含む。	86
5	L3130	可処分所得(二人以上の世帯のうち勤労者世帯)	実収入から税金や社会保険料(公的年金の保険料や健康保険料)などの非消費支出を差し引いた額	85
6	L3211	消費支出(二人以上の世帯のうち勤労者世帯)	いわゆる生活費のことで、日常の生活を営むに当たり必要な商品やサービスを購入して実際に支払った額	85
7	L3221	消費支出(二人以上の世帯)	日常の生活を営むに当たり必要な財やサービスを購入して支払った現金支出、カード、商品券などを用いた支出	85
8	L322101	食料費(二人以上の世帯)	穀類、魚介類、肉類、乳卵類、野菜・海藻、果物、油脂・調味料、菓子類、調理食品、飲料、酒類、外食、賄い費	85
9	L322102	住居費(二人以上の世帯)	家賃地代、設備修繕・維持費(居住面積が増えるようなものは含まない。)	85
10	L322103	光熱・水道費(二人以上の世帯)	電気代、ガス代、他の光熱及び上下水道料	85
11	L322104	家具・家事用品費(二人以上の世帯)	家庭用耐久財(家事用耐久財、冷暖房用器具及び一般家具)、室内装備・装飾品、寝具類、家事雑貨、家事用消耗品、家事サービス	85
12	L322105	被服及び履物費(二人以上の世帯)	被服費、履物費、被服関連サービス代(洗濯代、被服賃借料など)	85
13	L322106	保健医療費(二人以上の世帯)	医薬品、健康保持用摂取品、保健医療用品・器具、保健医療サービス	85
14	L322107	交通・通信費(二人以上の世帯)	交通、自動車購入・維持費、通信	85
15	L322108	教育費(二人以上の世帯)	授業料等、教科書・学習参考教材、補習教育	85
16	L322109	教養娯楽費(二人以上の世帯)	教養娯楽用耐久財、教養娯楽用品、書籍・他の印刷物、教養娯楽サービス	85
17	L730101	金融資産残高(貯蓄現在高)(二人以上の世帯)	金融機関への預貯金、生命保険・積立型損害保険の掛金、株式・債券・投資信託・金銭信託等の有価証券と社内預金等のその他の貯蓄の合計	86
18	L730102	預貯金(二人以上の世帯)	通貨性預貯金と定期性預貯金の残高	86
19	L730103	生命保険など(二人以上の世帯)	生命保険、損害保険、簡易保険への積立掛金の総額	86

No.	項目符号	基礎データ名	説明	資料源※
20	L730104	有価証券(二人以上の世帯)	株式・株式投資信託、債券・公社債投資信託及び貸付信託・金銭信託の時価評価した保有総額	86
21	L740101	金融負債残高(二人以上の世帯)	金融機関からの借入金のほか、勤め先の会社・共済組合、親戚・知人からの借入金及び月賦・年賦の残高など金融機関外からの借入金の合計	86
22	L740102	住宅・土地のための負債(二人以上の世帯)	住宅を購入、建築あるいは増改築したり、土地を購入するために借り入れた場合又は割賦で住宅・土地の購入代金を支払っている場合の未払残高	86

参考1　社会・人口統計体系の概要

1　社会・人口統計体系とは

　社会・人口統計体系は、幅広い分野にわたる統計データを収集、蓄積、加工、編成することにより、国民生活の実態を様々な側面から記述し、各種行政施策及び地域分析の基礎資料を提供することを目的として、総務省統計局が1976年度から整備を開始した統計体系である。

　この体系は、都道府県別及び市区町村別に統計データを整備し、地域間比較を可能にした点に特色がある。

2　社会・人口統計体系において収集している基礎データ

　社会・人口統計体系では、「A人口・世帯」から「M生活時間」までの13分野にわたり、都道府県別に約2,750項目、市区別に約650項目、町村別に約640項目の基礎データを収集している（2023年度）。

　なお、収集している項目の一覧及び定義を総務省統計局ホームページにおいて提供している。

・基礎データ項目一覧　https://www.stat.go.jp/data/ssds/2.html
・基礎データ項目定義　https://www.stat.go.jp/data/ssds/9.html

3　社会・人口統計体系の整備

　社会・人口統計体系は、以下の流れに沿って整備している。

(1) 収集する基礎データの決定
(2) 基礎データの収集
　　・　各種統計データ（報告書、電磁的記録媒体）
(3) 基礎データの入力、審査
(4) 基礎データの加工、編成（指標値算出等）
(5) 結果提供―報告書、電磁的記録媒体、インターネット

4　社会・人口統計体系のデータの提供

　社会・人口統計体系により整備したデータは、政府統計の総合窓口（e－Stat）からダウンロードできるほか、電磁的記録媒体により提供している。詳細については、巻末の「社会生活統計指標　―都道府県の指標―」の利用案内を参照されたい。

(1) 電磁的記録媒体
・都道府県別基礎データ

　　全国・都道府県の1975年からの時系列データ

・市区町村別基礎データ

　　ブロック別に市区町村の1980年からの時系列データ

・「社会生活統計指標　－都道府県の指標－」掲載データ

・「統計でみる都道府県のすがた」掲載データ

・「統計でみる市区町村のすがた」掲載データ

(2) 報告書

・社会生活統計指標　－都道府県の指標－　2024（2024年2月刊行）

> 毎年刊行；561指標、541基礎データ
> https://www.stat.go.jp/data/shihyou/index.html

・統計でみる都道府県のすがた　2024（2024年2月刊行、本書）

> 毎年刊行；414指標
> https://www.stat.go.jp/data/k-sugata/index.html

・統計でみる市区町村のすがた　2023（2023年6月刊行）

> 毎年刊行；93基礎データ
> https://www.stat.go.jp/data/s-sugata/index.html

Appendix   Outline of the System of Social and Demographic Statistics of Japan

1. The System of Social and Demographic Statistics of Japan

The System of Social and Demographic Statistics of Japan is a system in which statistical data in a wide range of fields are collected, normalised and organised. The system describes the lives of Japanese people in various fields. The purpose of the system is to provide basic data useful for various kinds of administrative programmes, policy-making and analysis of regional differences. It was started by the Statistics Bureau in fiscal 1976.

What is characteristic of the system is that the data are organised for each of the prefectures (*To*, *Do*, *Fu* and *Ken*) and municipalities (*Shi*, *Ku*, *Machi* and *Mura*), thus enabling regional comparison and analysis.

2. Basic Data collected in the System

In the system, basic data are collected in 13 fields from "A. Population and Households" to "M. Daily Time". The number of basic data items is about 2,750 for prefectures, about 650 for *Shi* and *Ku*, and about 640 for *Machi* and *Mura* respectively (as of fiscal year 2023).

3. Compilation of the System

The system is compiled by the following process:
(1) Determination of basic data to be collected
(2) Collection of basic data
 ・ Statistical Data quoted from report books and computer-readable media
(3) Input and evaluation of basic data
(4) Systematisation of basic data and indicator calculation
(5) Provision of the results by report books, computer readable media, and online

4. Dissemination of the Data of the System

Data organised in the system are provided in computer readable media and publications, for free online.
(1) Computer readable media
 ・ Basic Data by prefecture (time series from 1975)
 ・ Basic Data by municipality (time series from 1980)
 ・ Data in "*Social Indicators by Prefecture*"
 ・ Data in "*Statistical Observations of Prefectures*"
 ・ Data in "*Statistical Observations of Municipalities*"
(2) Publications
 ・ *Social Indicators by Prefecture* (2024 edition) (bilingual, published annually; 561 social indicators and 541basic data)
 ・ *Statistical Observations of Prefectures* (2024 edition) (bilingual, published annually; 414social indicators)
 ・ *Statistical Observations of Municipalities* (2023 edition) (in Japanese only, published annually; 93 basic data for municipalities)
(3) Online
  Portal Site of Official Statistics of Japan (e-Stat);
  https://www.e-stat.go.jp/en/regional-statistics/ssdsview

参考2 「統計でみる都道府県のすがた　2024」のデータ掲載変更項目一覧

　下記「変更前」の項目は、前回報告書「統計でみる都道府県のすがた　2023」に掲載していたデータの項目であり、「変更後」の項目は、今回報告書に掲載したデータの項目である。
　「変更前」のデータは、当該統計調査等の調査項目であったが、集計項目の改廃により収集不可能となったもの等である。これに伴い今回の報告書では「変更後」欄に示す項目に変更し、掲載した。

変更前		変更後		備考
#C01111	県内総生産額対前年増加率(平成23年基準)	#C01121	県内総生産額対前年増加率(平成27年基準)	項目の入替え(注)
#C01115	県民所得対前年増加率(平成23年基準)	#C01125	県民所得対前年増加率(平成27年基準)	項目の入替え(注)
#C01116	県民総所得(名目)対前年増加率(平成23年基準)	#C01126	県民総所得(名目)対前年増加率(平成27年基準)	項目の入替え(注)
#C01311	1人当たり県民所得(平成23年基準)	#C01321	1人当たり県民所得(平成27年基準)	項目の入替え(注)
#C02104	第2次産業事業所数構成比(対事業所数)			削除
#C02105	第3次産業事業所数構成比(対事業所数)			削除
#C03305	第2次産業従業者数(1事業所当たり)			削除
#C03306	第3次産業従業者数(1事業所当たり)			削除
#E0110105	保育所等数(0～5歳人口10万人当たり)			削除
#E0510305	保育所等在所児数(保育所等保育士1人当たり)			削除
#E05205	公営保育所等在所児比率(対保育所等在所児数)			削除
#E0910101	幼稚園教育普及度			削除
#E0910102	保育所等教育普及度			削除
#F03101	就職率			削除
#F03104	充足率			削除
#F0320101	パートタイム就職率(常用)			削除
#G01202	常設の興行場数(映画館)(人口100万人当たり)			削除
#H06113	セルフサービス事業所数(人口10万人当たり)			削除
#H0611302	コンビニエンスストア数(人口10万人当たり)			削除

(注)出典の集計・推計方法の変更によるもの

総務省統計局が編集・刊行する総合統計書

　総務省統計局では、国勢調査などの調査報告書のほか、次のような総合統計書を編集・刊行しています。
　これらの総合統計書は、電子媒体でも提供しています。

日本統計年鑑
　我が国の国土、人口、経済、社会、文化などの広範な分野にわたる基本的な統計を網羅的かつ体系的に収録した総合統計書。
約540の統計表を収録

第 73 回日本統計年鑑

日本の統計
　我が国の国土、人口、経済、社会、文化などの広範な分野に関して、よく利用される基本的な統計を選んで体系的に編成し、ハンディで見やすい形に取りまとめた統計書。約370の統計表を収録

世界の統計
　世界各国の人口、経済、文化などに関する主要な統計を、国際機関の統計年鑑など多数の国際統計資料から選んで収録した統計書。約130の統計表を収録

社会生活統計指標　－都道府県の指標－
　都道府県の経済、社会、文化、生活などあらゆる分野に関する主要な統計を幅広く、体系的に収録した統計書。約560の統計指標は、原則として2015年度、2020年度及び最新年度の数字を収録

統計でみる都道府県のすがた
　「社会生活統計指標」に収録された統計データの中から主なものを選び、各指標における都道府県別の順位を参考として掲載している。

統計でみる市区町村のすがた
　市区町村の経済、社会、文化、生活などあらゆる分野に関する主要な統計を幅広く、体系的に収録した統計書。約100の基礎データの数字を収録

Statistical Handbook of Japan
　我が国の最近の実情を統計表、グラフを交え、英文で紹介

「統計でみる都道府県のすがた」の利用案内

　「統計でみる都道府県のすがた」は、次の方法により利用（閲覧・入手等）することができます。

「統計でみる都道府県のすがた」の閲覧

　国立国会図書館及び各支部、都道府県統計主管課、都道府県立図書館で閲覧できます。

◇　総務省統計図書館

〒162-8668　東京都新宿区若松町19-1

図書閲覧室　　　TEL：03-5273-1132

統計相談室　　　TEL：03-5273-1133

刊行物、内容を収録した電磁的記録の入手

＜刊行物＞

　一般財団法人日本統計協会を通じて入手できます。また、全国各地の官報販売所でも取り扱っています。

◇　一般財団法人　日本統計協会

〒169-0073　東京都新宿区百人町2-4-6　メイト新宿ビル6階

TEL：03-5332-3151

ホームページ：　https://www.jstat.or.jp/

◇　政府刊行物センター（霞が関）

〒100-0013　東京都千代田区霞が関1-4-1　日土地ビル1階

TEL：03-3504-3885

＜電磁的記録＞

　内容を収録した電磁的記録は、公益財団法人統計情報研究開発センターを通じて入手できます。

◇　公益財団法人　統計情報研究開発センター

〒101-0051　東京都千代田区神田神保町3-6　能楽書林ビル5階

TEL：03-3234-7471

ホームページ：　https://www.sinfonica.or.jp/

インターネット

　総務省統計局では、インターネットを通じて統計データや各種統計局関連情報を提供しています。ホームページのURLは、https://www.stat.go.jp/ です。

　また、政府統計の総合窓口（e－Stat）でも、統計データ等の各種統計情報が御覧いただけます。e－StatのホームページURLは、https://www.e-stat.go.jp/ です。

| 統計でみる都道府県のすがた | 検索 |

https://www.stat.go.jp/data/k-sugata/index.html

総務省統計局編集等・（一財）日本統計協会発行の新刊案内

新版 日本長期統計総覧（全 5 巻）　　　A4判　586頁〜746頁　CD-ROM付

我が国の統計を集大成した「日本長期統計総覧」を20年ぶりに抜本的に改訂。　第1巻〜第4巻は定価22,000円、第5巻は定価23,100円

第 73 回 日 本 統 計 年 鑑　　令和6年	B5 判	794 頁	電子データ提供	定 価　16,500 円
統 計 で み る 日 本 2024	A5 判	338 頁		定 価　2,750 円
日 本 の 統 計 2023	A5 判	308 頁		定 価　2,200 円
世 界 の 統 計 2023	A5 判	296 頁		定 価　2,200 円
STATISTICAL HANDBOOK OF JAPAN　2023	A5 判	214 頁		定 価　3,960 円
社 会 生 活 統 計 指 標 2024	A4 判	526 頁	電子データ提供	定 価　9,900 円
統 計 で み る 都 道 府 県 の す が た 2024	A4 判	172 頁	電子データ提供	定 価　3,300 円
統 計 で み る 市 区 町 村 の す が た 2023	A4 判	328 頁	CD-ROM付	定 価　5,610 円
デ ー タ 分 析 の た め の 統 計 学 入 門	A4 判	428 頁		定 価　1,980 円
GDP 統計を知る 国民経済計算の基礎 −改訂第2版−	A5 判	190 頁		定 価　2,420 円
公 的 統 計 に よ る 統 計 入 門	A5 判	178 頁		定 価　1,650 円
令 和 2 年 国 勢 調 査 報 告				
ライフステージでみる日本の人口・世帯	A4 判	66 頁		定 価　1,210 円
第1巻 人口等基本集計結果 その1 全国編	A4 判	382 頁	CD-ROM付	定 価　7,590 円
第1巻 人口等基本集計結果 その2 都道府県・市区町村編(6分冊)	A4 判	390頁〜644頁	CD-ROM付	定 価 5,830円〜7,150円
第2巻 就業状態等基本集計結果 その1 全国編	A4 判	454 頁	CD-ROM付	定 価　7,480 円
第2巻 就業状態等基本集計結果 その2 都道府県・市区町村編(6分冊)	A4 判	378頁〜538頁	CD-ROM付	定 価 7,590円〜8,360円
第3巻 従業地・通学地集計結果及び人口移動集計結果				
その1 全国編	A4 判	228 頁	CD-ROM付	定 価　8,140 円
その2 都道府県・市区町村編(6分冊)	A4 判	406頁〜566頁	CD-ROM付	定 価 7,920円〜8,360円
第4巻 抽出詳細集計結果 その1 全国編	A4 判	334 頁	電子データ提供	定 価　7,150 円
第4巻 抽出詳細集計結果 その2 都道府県・市区町村編(6分冊)	A4 判	368頁〜598頁	電子データ提供	定 価 8,250円〜9,900円
令 和 3 年 社 会 生 活 基 本 調 査 報 告				
第1巻 全国・地域　生活時間編	A4 判	610 頁	CD-ROM付	定 価　10,230 円
第2巻 全国・地域　生活行動編	A4 判	534 頁	CD-ROM付	定 価　9,900 円
第3巻 詳細行動分類による生活時間編	A4 判	368 頁	電子データ提供	定 価　9,240 円
令 和 3 年 経 済 セ ン サ ス - 活 動 調 査 報 告				
第1巻 解説・資料編	A4 判	410 頁	電子データ提供	定 価　8,360 円
第2巻 統計表編	A4 判	262 頁	電子データ提供	定 価　8,030 円
令 和 4 年 就 業 構 造 基 本 調 査 報 告				
第1巻 全 国 編	A4 判	636 頁	電子データ提供	定 価　10,450 円
第2巻 地 域 編	A4 判	628 頁	電子データ提供	定 価　10,450 円
労 働 力 調 査 年 報　令和4年	A4 判	348 頁	CD-ROM付	定 価　6,600 円
人口推計資料№96　人口推計 −令和4年10月1日現在-	A4 判	118 頁		定 価　3,080 円
住 民 基 本 台 帳 人 口 移 動 報 告 年 報　令和4年	A4 判	280 頁	電子データ提供	定 価　3,960 円
家 計 消 費 状 況 調 査 年 報　令和4年	A4 判	178 頁		定 価　3,410 円
家 計 調 査 年 報 < Ⅰ 家 計 収 支 編 >　令和4年	A4 判	432 頁	電子データ提供	定 価　7,480 円
家 計 調 査 年 報 < Ⅱ 貯 蓄 ・ 負 債 編 >　令和4年	A4 判	246 頁	電子データ提供	定 価　5,390 円
小 売 物 価 統 計 調 査 年 報　令和4年	A4 判	288 頁	電子データ提供	定 価　7,260 円
サ ー ビ ス 産 業 動 向 調 査 年 報　令和4年	A4 判	126 頁		定 価　3,080 円
科 学 技 術 研 究 調 査 報 告　令和4年	A4 判	344 頁	CD-ROM付	定 価　4,400 円
消 費 者 物 価 指 数 年 報　令和4年	A4 判	226 頁	CD-ROM付	定 価　6,050 円
個 人 企 業 経 済 調 査 報 告　令和4年	A4 判	300 頁		定 価　4,070 円
「 月 刊 統 計 」 ・ ・ 年間購読(割引あり)もできます。	B5 判			定 価　990 円

（定価は、税込価格です）

統計でみる都道府県のすがた
2024

Statistical Observations of Prefectures 2024

令和6年2月発行　　　定価:3,300円（本体価格 3,000円 + 税10%）
Issued in February 2024　　Price:3,300yen (3,000yen + tax10%)

編集: 総務省統計局

発 行　一般財団法人　日 本 統 計 協 会
Published by Japan Statistical Association
東京都新宿区百人町2丁目4番6号メイト新宿ビル内
Meito Shinjuku Bldg, 2-4-6, Hyakunincho, Shinjuku-ku, Tokyo, 169-0073
T E L : (03)5332-3151　F A X : (03)5389-0691
E-mail : jsa@jstat.or.jp
振　替 : 00120-4-1944
印　刷 : 名取印刷工業有限会社

ISBN978-4-8223-4217-3　C0033　　¥3000E

※ 電子データ提供：当書籍に掲載された統計データは、下記URLからご利用できます。
https://www.jstat.or.jp/miruken/